**100 Tests**
**Selbsterkenntn**

Helga Felbinger

# 100 Tests zur Selbsterkenntnis

**CIP-Titelaufnahme der Deutschen Bibliothek**

**Felbinger, Helga:**
100 (Hundert) Tests zur Selbsterkenntnis / Helga Felbinger. –
Wiesbaden: Englisch, 1988.

ISBN 3-88140-333-7

© 1988 by F. Englisch Verlag, Wiesbaden.
Alle Rechte vorbehalten.
Nachdruck, auch auszugsweise, verboten.
Printed in Germany.

Die Ratschläge in diesem Buch sind von der Autorin und vom Verlag sorgfältig erwogen und geprüft, dennoch kann eine Garantie nicht übernommen werden. Eine Haftung der Autorin bzw. des Verlages und seiner Beauftragten für Personen-, Sach- und Vermögensschäden ist ausgeschlossen.

# Inhaltsverzeichnis

|  | Seite |
|---|---|
| **Teil I: Sie und Ihre Persönlichkeit** | 11 |
| Was für ein Typ sind Sie? | 12 |
| Leben Sie mit sich selbst in Einklang? | 13 |
| Wie ehrlich sind Sie? | 16 |
| Kann man mit Ihnen Pferde stehlen? | 19 |
| Sind Sie ein Hasenfuß? | 21 |
| Sind Sie abergläubisch? | 24 |
| Sind Sie verschwiegen? | 25 |
| Sehnen Sie sich nach viel Abwechslung? | 27 |
| Sind Sie manchmal zu aufdringlich? | 30 |
| **Teil II: Ihr ganz persönliches Astro-Wesen** | 33 |
| Wie wichtig ist Ihnen als Widder-Eva die Liebe? | 34 |
| Wie wichtig ist Ihnen als Widder-Adam die Liebe? | 35 |
| Wie wichtig ist Ihnen als Stier-Eva die Liebe? | 36 |
| Wie wichtig ist Ihnen als Stier-Adam die Liebe? | 37 |
| Wie wichtig ist Ihnen als Zwillinge-Eva die Liebe? | 38 |
| Wie wichtig ist Ihnen als Zwillinge-Adam die Liebe? | 40 |
| Wie wichtig ist Ihnen als Krebs-Eva die Liebe? | 41 |
| Wie wichtig ist Ihnen als Krebs-Adam die Liebe? | 42 |
| Wie wichtig ist Ihnen als Löwe-Eva die Liebe? | 43 |
| Wie wichtig ist Ihnen als Löwe-Adam die Liebe? | 44 |
| Wie wichtig ist Ihnen als Jungfrau-Eva die Liebe? | 46 |
| Wie wichtig ist Ihnen als Jungfrau-Adam die Liebe? | 47 |
| Wie wichtig ist Ihnen als Waage-Eva die Liebe? | 48 |
| Wie wichtig ist Ihnen als Waage-Adam die Liebe? | 49 |
| Wie wichtig ist Ihnen als Skorpion-Eva die Liebe? | 50 |
| Wie wichtig ist Ihnen als Skorpion-Adam die Liebe? | 51 |
| Wie wichtig ist Ihnen als Schütze-Eva die Liebe? | 53 |
| Wie wichtig ist Ihnen als Schütze-Adam die Liebe? | 54 |
| Wie wichtig ist Ihnen als Steinbock-Eva die Liebe? | 55 |
| Wie wichtig ist Ihnen als Steinbock-Adam die Liebe? | 56 |
| Wie wichtig ist Ihnen als Wassermann-Eva die Liebe? | 57 |
| Wie wichtig ist Ihnen als Wasserman-Adam die Liebe? | 58 |
| Wie wichtig ist Ihnen als Fische-Eva die Liebe? | 60 |
| Wie wichtig ist Ihnen als Fische-Adam die Liebe? | 61 |
| Sind Sie ein typischer Widder-Mann? | 62 |
| Sind Sie eine typische Widder-Frau? | 63 |

Inhaltsverzeichnis

|  | Seite |
|---|---|
| Sind Sie ein typischer Stier-Mann? | 64 |
| Sind Sie eine typische Stier-Frau? | 66 |
| Sind Sie ein typischer Zwillinge-Mann? | 67 |
| Sind Sie eine typische Zwillinge-Frau? | 68 |
| Sind Sie ein typischer Krebs-Mann? | 69 |
| Sind Sie eine typische Krebs-Frau? | 71 |
| Sind Sie ein typischer Löwe-Mann? | 72 |
| Sind Sie eine typische Löwe-Frau? | 73 |
| Sind Sie ein typischer Jungfrau-Mann? | 74 |
| Sind Sie eine typische Jungfrau-Frau? | 76 |
| Sind Sie ein typischer Waage-Mann? | 77 |
| Sind Sie eine typische Waage-Frau? | 79 |
| Sind Sie ein typischer Skorpion-Mann? | 80 |
| Sind Sie eine typische Skorpion-Frau? | 81 |
| Sind Sie ein typischer Schütze-Mann? | 83 |
| Sind Sie eine typische Schütze-Frau? | 84 |
| Sind Sie ein typischer Steinbock-Mann? | 85 |
| Sind Sie eine typische Steinbock-Frau? | 87 |
| Sind Sie ein typischer Wassermann-Mann? | 88 |
| Sind Sie eine typische Wassermann-Frau? | 89 |
| Sind Sie ein typischer Fische-Mann? | 90 |
| Sind Sie eine typische Fische-Frau? | 92 |
| **Teil III: Sie und die Liebe** | **94** |
| Machen Sie Ihren Partner glücklich? | 95 |
| Sind Sie selbst rundherum glücklich? | 96 |
| Können Sie wirklich treu sein? | 99 |
| Hat Ihre Liebe eine Dauerchance? | 101 |
| Sind Sie seine ideale Partnerin? | 105 |
| Sind Sie ihr idealer Partner? | 107 |
| Steckt Ihre Partnerschaft in einer Krise? | 110 |
| Träumt Ihr Partner von einer anderen Frau? | 112 |
| Träumt Ihre Partnerin von einen anderen Mann? | 114 |
| Ist Ihr Partner ein Draufgängertyp? | 115 |
| Können Sie eigentlich noch richtig kuscheln? | 118 |
| **Teil IV: Sie und Ihre Familie** | **121** |
| Sind Sie ein geborener Familienmensch? | 122 |
| Sind Sie eine gute Mutter? | 124 |
| Sind Sie ein guter Vater? | 127 |
| Sind Sie fleißiger als Ihr Partner? | 130 |
| Können Sie Ihre Geld zusammenhalten? | 132 |

Welcher Urlaubstyp sind Sie? ........................................... 134
Ernähren Sie sich während der Schwangerschaft richtig? ................ 137
Ernährt sich Ihre Familie richtig? ..................................... 139

**Teil V: Sie und Ihr Job** ................................................. 142

Haben Sie den richtigen Job? ........................................... 143
Haben Sie das Zeug zum Boß? ............................................ 145
Kommen Sie mit Ihren Vorgesetzten gut aus? ............................. 148
Sind Sie ehrgeizig? .................................................... 151
Haben Sie einen kühlen Kopf? ........................................... 153
Nutzen Sie am Arbeitsplatz Ihre weiblichen Waffen? ..................... 155
Sind Sie zuverlässig? .................................................. 157
Können Sie Menschen führen? ............................................ 160
Können Sie eine eigene Meinung vertreten? .............................. 163
Sind Sie ein guter Menschenkenner? ..................................... 165
Haben Sie gesundes Mißtrauen? .......................................... 168

**Teil VI: Sie und Ihre Gesundheit** ........................................ 171

Stehen Sie zu sehr unter Streß? ........................................ 172
Wie schonend gehen Sie mit Ihrem Magen um? ............................. 175
Fühlen Sie sich noch wohl in Ihrer Haut? ............................... 179
Sind Sie alkoholabhängig? .............................................. 182
Droht Ihnen ein Herzinfarkt? ........................................... 185
Wie gut ist Ihr Nervenkostüm? .......................................... 189
Sind Sie rundherum fit? ................................................ 192
Sind Sie wetterfühlig? ................................................. 196
Neigen Sie zu Kopfschmerzen oder Migräne? .............................. 199
Schlafen Sie gut? ...................................................... 203
Ist Ihr Kreislauf okay? ................................................ 206

# Einleitung

Sind Sie ein neugieriger Mensch? Möchten Sie nicht nur alles über andere, sondern auch über sich selbst wissen? Dann ist dieses Buch genau richtig für Sie. Für Sie, Ihren Partner, Ihre Freunde.
Unsere über hundert Tests zur Selbsterkenntnis sollen Ihnen einen Einblick vermitteln in Ihre eigene Persönlichkeit, Ihr Innenleben ausleuchten und Ihnen erklären, warum Sie dieses tun und jenes lassen.
Aber keine Bange! Das Buch der vielseitigen Tests ist kein harscher Spiegel, der Ihnen vorgehalten werden soll. Im Gegenteil. Vielmehr hat dieses auf psychologischen Erfahrungen und Recherchen beruhende Werk das Bestreben, auf fast spielerische Art und Weise Einsichten und Erkenntnisse zu vermitteln, das Wie und Warum zu klären und so manchen überraschenden Blick hinter die Kulissen der eigenen Seele zu gewähren.
Diese Tests sollen kein endgültiges Werturteil über Sie abgeben. Selbst wenn Sie bei einem Psycho-Quiz einmal nicht so gut abschneiden, wenn Ihr Ergebnis etwas kümmerlich ist – lassen Sie den Kopf nicht hängen! Auch zwischen den Zeilen lassen sich Antworten lesen. Außerdem sind wir nicht an jedem Tag gleich aufgelegt. Würden wir heute noch die Frage „Sind Sie wankelmütig?" mit einem zögernden „Ja" beantworten, so könnte morgen an gleicher Stelle bereits ein entschiedenes „Nein" stehen.
Lassen Sie sich also nicht ins Bockshorn jagen. Dieses Buch soll in erster Linie eines: Spaß machen! Wenn Sie dabei zusätzlich noch eine Menge über Ihre Motive, darüber, wie Sie auf andere wirken, über Ihre Einschätzung Ihrer Umwelt, Ihr Verhältnis zu Ihrem Partner und Ihre Einstellung zum Leben schlechthin erfahren, um so besser.
Bedenken Sie aber auch: Entscheidende Aussagen über Ihren Charakter, Ihr Innenleben und Ihre Einstellung zur Gesundheit können diese Tests nur dann liefern, wenn die Fragen ehrlich und gleichzeitig spontan beantwortet wurden.
Nun aber den Bleistift gezückt! Denn wollten nicht auch Sie schon immer wissen, ob Sie noch seine Traumfrau sind beziehungsweise ihr Traummann?

*Helga Felbinger*

# TEIL I

# Sie und Ihre Persönlichkeit

## Was für ein Typ sind Sie?

Dieser Test verlangt von Ihnen eins: viel Aufrichtigkeit und die Bereitschaft, selbstkritisch zu antworten. Hier werden nämlich vier verschiedene Rubriken mit Eigenschaftswörtern angeboten, von denen Sie jene ankreuzen sollen, die Ihrer Meinung nach am besten zu Ihnen passen. Es reicht, wenn Sie insgesamt zwanzig Eigenschaften, die auf Sie zugeschnitten sind, angekreuzt haben. Prüfen Sie nun, ob die meisten Charakterzüge bei Ihnen in die Gruppe A, B, C oder D fallen.

A) sensibel – zart – großzügig – tolerant – selbstprüfend – rätselhaft – vielseitig – einzelgängerisch – zynisch – hartnäckig – anspruchslos – auffassungsfähig – rastlos – unabhängig – verstohlen – ruhig – begeisterungsfähig

B) leidenschaftlich – klug – praktisch – ehrlich – entschlußfreudig – energisch – komfortbewußt – risikobereit – ungeduldig – dickhäutig – intelligent – eigensinnig – ergeizig – rechthaberisch – ungestüm – zäh – selbstsicher – mutig

C) schönheitsliebend – besorgt – tagträumerisch – schwerfällig – systematisch – nachdenklich – launisch – gefühlsbetont – faul – friedfertig – gereizt – sinnlich – fröhlich – geduldig – unordentlich – sorgenvoll – liebevoll

D) beeinflußbar – angeberisch – hartherzig – eingebildet – freundlich – gesellig – spielerisch – waghalsig – nachsichtig – unerschrocken – sorglos – treu – aufdringlich – launisch – beliebt – anpassungsfähig – erfinderisch

**Wenn die meisten Ihrer Eigenschaften unter der Gruppe A zu finden waren:**

Sie sind ein schöpferischer und künstlerisch begabter Mensch von außerordentlicher Sensibilität. Ihre Persönlichkeit kommt dann am stärksten durch, wenn Sie ganz alleine und unabhängig Ihre Ziele verfolgen. Sie rebellieren gegen alle einschränkenden Regeln der Gesellschaft ud können es nicht vertragen, wenn Ihnen Vorschriften gemacht werden. Allerdings haben Sie auch nur relativ wenig Freunde. Mit den wenigen, zu denen Sie sich hingezogen fühlen, kommen Sie dafür ein Leben lang aus. Wenn Sie nicht selbst bestimmen können, wie es in Ihrem Leben weitergehen soll, sind Sie nicht zufrieden.

**Wenn die meisten Ihrer Eigenschaften unter der Gruppe B zu finden waren:**

Sie sind innerlich stark und treten überall sicher auf. Da Sie sich aber häufig zu intensiv in den Vordergrund drängen, sind Sie nicht sehr beliebt. Sie haben viele praktische Ideen, bringen eine Menge zustande und sind immer so voller Ehrgeiz, daß Ihnen das, was Sie geschafft haben, nicht ganz reicht. Nur schwer werden Sie damit fertig, Ratschläge anzunehmen oder sich unterzuordnen. Auch Ihre Partnerschaft ist auf diese Art und Weise belastet, denn ein Zusammenleben mit Ihnen ist nicht einfach. Oft glauben Sie, alles was in dieser Welt verkehrt ist, beseitigen zu können, wenn Sie nur am richtigen Hebel sitzen würden.

**Wenn die meisten Ihrer Eigenschaften unter der Gruppe C zu finden waren:**

Fleißig sind Sie und ein ehrlicher Mensch, der seine Ziele oft erst nach vielen Jahren mühseliger Arbeit erreicht. Sie müssen leider so manche Enttäuschung hinnehmen, rappeln sich aber immer wieder auf. Sie nehmen das Leben so hin, wie es nun einmal ist. Allerdings haben Sie immer die Hoffnung, daß Ihre Zukunft eines Tages besser wird, und daß Sie doch noch Großes erreichen. Es macht Ihnen wenig aus, wenn Ihnen jemand Vorschriften macht und Sie sich unterordnen müssen. Um sich herum verbreiten Sie Harmonie, Ausgeglichenheit und Ruhe. Ein Zusammenleben mit Ihnen ist sehr schön.

**Wenn die meisten Ihrer Eigenschaften unter der Gruppe D zu finden waren:**

Sie sind ein fröhlicher, aufgeschlossener Mensch und werden erst mit zunehmendem Alter etwas ruhiger. Manchmal sitzen Sie nämlich vor lauter Begeisterungsfähigkeit zwischen zwei Stühlen. Man kann Ihnen aber nicht böse sein, weil Sie dazu viel zu viel Charme haben, und weil Ihre unwiderstehliche Lebensart alle entzückt. Sie lieben das Dasein und sind immer bemüht, es auch anderen Menschen so schön wie möglich zu machen. Sie glauben an das Gute in der Welt und merken es mitunter nicht, wenn Sie ausgenutzt werden. Üble Zungen behaupten, Sie seien ein großgewordenes Kind. Lassen Sie sich dadurch nicht aus der Ruhe bringen! Wenn Sie weiterhin die Freuden des Lebens genießen, kann Sie ein solcher Vorwurf nicht treffen.

## Leben Sie mit sich selbst in Einklang?

Innere Harmonie und Ausgeglichenheit ist die beste Voraussetzung für ein intaktes Familienleben. Stehen Sie mit Ihrer Seele auf Kriegsfuß oder auf du und du?

1. Wie verhalten Sie sich in ungewöhnlichen, überraschenden Situationen?
    *a) abwartend und besonnen*
    *b) spontan und aktiv*
    *c) ängstlich und ablehnend*
2. Können Sie die Leistungen anderer anerkennen?
    *a) ganz und gar nicht*
    *b) nur mit Mühe*
    *c) natürlich*
    *d) eher als meine eigenen*

3. Kurbeln Sie Ihre erotische Fantasie an, wenn Ihnen ein gutaussehender Mann begegnet?
   a) *das hängt von meiner Laune ab*
   b) *das hängt vom Auftreten des Mannes ab*
   c) *nur, wenn ich nicht gerade verliebt bin*
   d) *natürlich, das macht doch Spaß*

4. Wie lange brauchen Sie für ein perfektes Make-up?
   a) *fünf bis zehn Minuten*
   b) *mindestens fünfzehn Minuten*
   c) *eine halbe Stunde*
   d) *länger als eine halbe Stunde*

5. Wenn Sie jetzt eine Minute lang nachdenken, wieviele Worte fallen Ihnen dann zum Thema Glücklichsein ein?
   a) *fünf Begriffe*
   b) *fünf bis zehn Begriffe*
   c) *zehn bis zwanzig Begriffe*
   d) *mehr als zwanzig Begriffe*

6. Wenn Sie zwischen Karriere und Partnerschaft wählen müßten, wofür würden Sie sich entscheiden?
   a) *für die Partnerschaft*
   b) *für die Karriere*
   c) *das käme auf die Situation am Arbeitsplatz an*
   d) *das käme auf den Partner an*
   e) *ich weiß es nicht*

7. Wann waren Sie das letzte Mal der Liebe wegen einen ganzen Tag im Bett?
   a) *noch nie*
   b) *innerhalb des letzten Monats*
   c) *innerhalb des vergangenen Jahres*
   d) *vor Jahren, als ich frisch verliebt war*

8. Wie sind die meisten Ihrer Träume?
   a) *Alp- und Angstträume*
   b) *Warnträume und Wahrträume*
   c) *Symbolträume*
   d) *Flug- und Schwebeträume*
   e) *erotische Träume*
   f) *romantische Liebesträume*

9. Haben Sie Spaß auf einem Rummelplatz?
   a) *wie eine kleines Kind*
   b) *das ist mir zu laut*
   c) *ich mag das Gedränge nicht*
   d) *kommt auf den Partner oder die Clique an, mit der ich unterwegs bin*

10. Wie alt wären Sie gern?
   *a) 50 und älter*
   *b) 40 bis 50*
   *c) 30 bis 40*
   *d) 20 bis 30*
   *e) unter 20*
   *f) so alt, wie ich gerade bin*

**Testpunkte**

| Frage | Antwort | | | | | |
|---|---|---|---|---|---|---|
|  | a | b | c | d | e | f |
| 1. | 3 | 4 | 1 | – | – | – |
| 2. | 0 | 1 | 4 | 2 | – | – |
| 3. | 3 | 2 | 1 | 5 | – | – |
| 4. | 1 | 2 | 3 | 4 | – | – |
| 5. | 0 | 2 | 4 | 6 | – | – |
| 6. | 4 | 5 | 3 | 2 | 1 | – |
| 7. | 1 | 4 | 3 | 2 | – | – |
| 8. | 1 | 3 | 2 | 4 | 5 | 0 |
| 9. | 5 | 1 | 2 | 0 | – | – |
| 10. | 1 | 3 | 4 | 2 | 3 | 6 |

**6 bis 20 Punkte:**

Was Sie erreicht haben, kann sich sehen lassen. Klopfen Sie sich getrost einmal auf die eigene Schulter! Die kleine Mißerfolge zwischendurch sind doch nur das Salz in der Suppe. Ignorieren Sie gelegentliche Schlappen! Gönnen Sie sich stattdessen bewußt Ihres Streicheleinheiten. Auch für Teilerfolge. Perfektionisten sind auch nicht glücklicher als Sie. Die stehen nämlich ständig unter ihrem eigenen Streß. Sie hingegen bringen leicht für andere mehr Bewunderung auf als für sich selbst. Warum eigentlich? Zufriedenheit kann man lernen. Sie steckt an, öffnete Türen und steht jeder Frau.

**21 bis 35 Punkte:**

Mit Ihrem gesunden Selbstvertrauen, gepaart mit einer verträglichen Portion Egoismus, kommen Sie recht gut durch's Leben. Sie halten sich zwar nicht für die Allergrößte, aber lassen sich auch nicht die Butter vom Brot nehmen. Manchmal hapert's, wenn Sie andere von Ihrem Können überzeugen wollen. Doch letztendlich gibt der Erfolg Ihnen recht. Daß Sie Neider haben, ist Ihnen nicht neu. Allerdings nehmen Sie diese als unvermeidbaren Pferdefuß Ihrer glücklichen Hand in beruflichen und privaten Dingen milde lächelnd in Kauf. Wichtig ist nur: Nicht unnötig drängeln! Sie stehen doch schon herrlich weit vorn.

**34 bis 48 Punkte:**

Hand auf's Herz: Sie finden sich ziemlich prima! Und diese beneidenswerte Einstellung tragen Sie auch lückenlos zur Schau. Dagegen ist nichts einzuwenden. Nur dürfen Sie nicht automatisch erwarten, daß alle Welt diese Meinung teilt. Außerdem sollten Sie anerkennen, daß es auch andere weit bringen. Dennoch: Lassen Sie sich Ihren Optimismus nur nicht nehmen! Er macht sich sowohl beruflich als auch privat sehr gut, bringt er Ihnen doch das Vertrauen jener Menschen ein, mit denen Sie jobmäßig zu tun haben. In der Liebe sind Sie hinreißend: Wer wünscht sich nicht eine Partnerin, die rundherum mit sich (und ihm) zufrieden ist.?

## Wie ehrlich sind Sie?

Haben Notlügen für Sie kurze Beine? Tragen Sie immer Ihr Herz auf der Zunge, und legen Sie nie ein Wort auf die Goldwaage? Vorsichtig! Sie können sich dabei auch mal den Mund verbrennen.

1. Ihr Partner hat Sie leidenschaftlich geliebt: Sicher: Er hatte was davon. Aber Sie? Dennoch hat seine Begeisterung bei Ihnen diesmal nicht mehr als ein müdes Lächeln hervorgerufen. Was tun Sie?
   a) *Offen darüber reden*
   b) *Aus Klugheit schweigen*
   c) *Seine Potenz loben*
   d) *Beleidigt zur Seite drehen*
   e) *Behaupten, es war Spitze*

2. Ihre Freundin sieht nach einem langen Tag im Büro abgespannt und wenig anziehend aus, möchte aber noch ausgehen.
   a) *Sie stärken Ihr Selbstbewußtsein durch Komplimente*
   b) *Sie raten ihr, sich vorher frisch zu machen*
   c) *Sie halten sich vorsichtshalber ganz dabei raus.*

3. Sie erfahren, daß ein Mensch, der Ihnen nahesteht, schwer krank ist, das Ausmaß seines Leidens jedoch nicht kennt.
   a) *Sie klären ihn sofort auf*
   b) *Sie helfen dabei, ihm weiterhin Sand in die Augen zu streuen*
   c) *Sie geben gute Ratschläge*
   d) *Sie spenden Trost*
   e) *Sie lenken bewußt ab*

4. Sie haben im Beruf einen gravierenden Fehler gemacht, der allerdings noch nicht ans Tageslicht gekommen ist.
   *a) Sie vertuschen ihn sorgfältig*
   *b) Sie gehen zum Chef und bekennen sich zu der Pleite*
   *c) Sie versuchen, das Ganze einem anderen in die Schuhe zu schieben, der sich Ihrer Meinung nach einen solchen Fehltritt eher leisten kann als Sie.*
5. Weihnachten ist Ihnen innerlich ein Greuel. Das ganze festliche Getue geht Ihnen auf die Nerven.
   *a) Sie zwingen sich, gute Mine zum bösen Spiel zu machen*
   *b) Sie machen aus Ihrem Herzen keine Mördergrube und schimpfen wie ein Rohrspatz*
   *c) Sie feiern bewußt alternativ*
   *d) Sie spielen den Kindern harmonische Feststimmung vor*
   *e) Sie schließen einen Kompromiß: Am ersten Weihnachtstag wird gefeiert „comme il faut". Am zweiten wird nur getan, was Spaß macht*
6. Sie sind mit dem falschen Bein aufgestanden und haben von Herzen schlechte Laune.
   *a) Sie überwinden den inneren Schweinehund und geben sich ausgeglichen*
   *b) Sie machen einfach mal blau*
   *c) Sie tragen Ihre Mißmutigkeit wie eine Trophäe zur Schau*
   *d) Sie warten ab, was im Laufe des Tages aus Ihre Laune wird*
   *e) Sie lassen sie an einem anderen aus. Das beruhigt so schön*
7. Sie spüren, daß Ihre Partnerschaft zur Routine geworden ist.
   *a) Sie planen den Ausstieg*
   *b) Sie sehen sich nach einem neuen Partner um*
   *c) Sie sprechen sich gründlich aus*
   *d) Sie geben sich wieder mehr Mühe*
   *e) Sie machen Ihrem Partner Vorwürfe*
8. Sie können Ihre Schwiegermutter nicht leiden.
   *a) Sie brechen den Kontakt ab*
   *b) Sie sagen es ihr ins Gesicht*
   *c) Sie bitten Ihren Mann um Vermittlung*
   *d) Sie zeigen sich von Ihrer charmantesten Seite*
9. Ihr Partner möchte mit Ihnen einen hohen Aussichtsturm besteigen. Sie haben Angst vor einem Höhenrausch.
   *a) Sie sagen ihm das*
   *b) Sie erfinden eine Ausrede, warum er allein kraxeln soll*
   *c) Sie gehen mit, damit er Sie nicht für einen Feigling hält*
   *d) Sie schlagen ein reizvolles Alternativ-Programm vor*
10. Er will Zärtlichkeit. Sie haben absolut keine Lust.
    *a) Sie „opfern" sich trotzdem*
    *b) Sie lenken ihn ab*
    *c) Sie stellen sich schlafend*

# Wie ehrlich sind Sie?

d) *Sie erfinden Kopfschmerzen*
e) *Sie vertrösten ihn auf später*
f) *Sie schenken ihm reinen Wein ein*

**Testpunkte**

| Frage | Antwort | | | | | |
|---|---|---|---|---|---|---|
| | a | b | c | d | e | f |
| 1. | 4 | 5 | 6 | 1 | 2 | – |
| 2. | 3 | 4 | 1 | – | – | – |
| 3. | 0 | 1 | 3 | 4 | 5 | – |
| 4. | 2 | 3 | 0 | – | – | – |
| 5. | 3 | 4 | 6 | 2 | 5 | – |
| 6. | 2 | 1 | 5 | 4 | 0 | – |
| 7. | 4 | 1 | 5 | 3 | 0 | – |
| 8. | 1 | 0 | 4 | 2 | – | – |
| 9. | 5 | 2 | 1 | 6 | – | – |
| 10. | 2 | 6 | 0 | 1 | 5 | 4 |

**5 bis 20 Punkte:**

Weil Sie ständig Ihr Herz auf der Zunge tragen, halten Sie sich für den ehrlichsten Menschen auf der Welt. Aber ist das nicht ein riskantes Lippenbekenntnis? Manchen Leuten treten Sie mit Ihrer schrankenlosen Offenheit ungewollt vors Schienbein. Ehrlichkeit darf nicht bedeuten, daß alle diplomatischen Ansätze im Keim erstickt werden. Halten Sie Ihre Zunge hin und wieder im Zaum. Das bringt Sie um Nasenlängen weiter.

**21 bis 35 Punkte:**

Sie sind ein wahrer Jongleur, der zirkusreif auszutaxieren versteht, wann Taktgefühl und diplomatisches Auftreten Sie weiterbringen als schonungslose Offenheit. Dadurch treten Sie anderen nur selten auf den Schlips. Sie wirken gewandt, aufgeschlossen und klug. Kleine Notlügen, bei denen man Sie mitunter ertappt, tun Ihrer Beliebtheit keinen Abbruch. Schließlich sind die Motive durchschaubar.

**36 bis 50 Punkte:**

Raffiniert, wie Sie sich schlangengleich aus jeder Affaire ziehen, sobald man Sie festnageln möchte. Sie sollten sich im diplomatischen Dienst bewerben. Bedenken Sie aber auch, daß Sie auf Dauer an Glaubwürdigkeit verlieren, wenn Sie Ihr Mäntelchen allzu oft nach dem Winde hängen. Böse Zungen könnten sonst von Ihnen behaupten, Sie seien eine opportunistische Schmeichlerin.

## Kann man mit Ihnen Pferde stehlen?

Sind Sie ein richtig dufter Typ? Ein Mensch, der sich nicht ziert? Der alles mitmacht? Der Spaß hat am Sex, und aus dieser Tatsache auch kein Geheimnis macht?
Gehören Sie zu jenen Wesen, die Lebens- und Liebesfreude ausstrahlen, sich im Bett auch einmal etwas Neues einfallen lassen, und ansonsten nie und nimmer ein Spielverderber sind?
Sie hofen es, wissen es aber nicht ganz genau? – Dann testen Sie doch einmal: Kann man mit Ihnen Pferde stehlen?

1. Gehen Sie mit auf eine Party, obwohl Sie vermuten müssen, daß es dort vielleicht Gruppensex, Drogen oder Austauschmanöver gibt?
   ○ *na klar*     3 Punkte
   ○ *kommt auf meinen Partner an*     2 Punkte
   ○ *bestimmt nicht*     1 Punkt

2. Sie können jemandem einen Streich spielen, der mit großer Wahrscheinlichkeit unentdeckt bleibt. Machen Sie mit?
   ○ *bin mir nicht sicher*     2 Punkte
   ○ *garantiert*     4 Punkte
   ○ *bestimmt nicht*     0 Punkte

3. Es läuft ein spannender Krimi. Ist Ihnen wichtiger, daß Sie jede Szene mitkriegen, oder daß Sie etwas Kuscheliges im Arm haben?
   ○ *der Ablauf des Films*     2 Punkte
   ○ *das kuschelige Wesen an meiner Seite*     4 Punkte

4. Wie finden Sie Petting?
   ○ *prima*     1 Punkt
   ○ *langweilig*     2 Punkte
   ○ *fies*     0 Punkte

5. Hand auf's Herz: Würden Sie gern mal mit Bo Derek bzw. Paul Newmann flirten?
   ○ *könnte mich reizen*     3 Punkte
   ○ *käme mir nie in den Sinn*     1 Punkt
   ○ *garantiert*     4 Punkte

6. Wählen Sie zwischen einem spannenden Pferderennen, einer heißen Sex-Runde und einem Wochenende in Paris – allein!
   ○ *Paris*     2 Punkte
   ○ *Sex-Runde*     5 Punkte
   ○ *Pferderennen*     3 Punkte

7. Wieviele Verflossene vor Ihrer festen Bindung geben Sie freiwillig zu?
   ○ *keine*     1 Punkt
   ○ *alle*     3 Punkte

    ○ *bis fünf*                                                     6 Punkte
    ○ *zehn und mehr*                                     4 Punkte

8. Verleihen Sie Ihr Auto, auch wenn Sie damit rechnen müssen, daß die Rücksitze zum Liebesnest werden?
    ○ *dann erst recht*                                  4 Punkte
    ○ *garantiert nicht*                                1 Punkt
    ○ *kommt darauf an, an wen*          2 Punkte

9. Lassen Sie sich als Frau gern verführen?
    ○ *nein, ich behalte lieber den Überblick*    1 Punkt
    ○ *es gibt nichts Schöneres*          4 Punkte
    ○ *hin und wieder machts Spaß*      3 Punkte

10. Überlassen Sie beim Sex gern einmal der Partnerin die Initiative?
    ○ *natürlich, ist doch riesig*         4 Punkte
    ○ *nein, ich bleibe gerne dominierend*   2 Punkte
    ○ *manchmal schon*                 3 Punkte

**11 bis 20 Punkte:**

Ein wenig verklemmt sind Sie schon. Sie denken viel zu sehr an Ihren guten Ruf, an das, was andere denken und merken dabei gar nicht, daß die schönsten (Sinnes-) Freuden des Lebens an Ihnen vorbeigehen, und daß Sie immer weniger Freunde haben, weil Sie riskieren, in den Verdacht zu geraten, ein permanenter Spielverderber zu sein. Etwas lockerer vom Hocker, und auch Sie mischen im heißen Topf der Leidenschaften wieder kräftig mit.

**21 bis 35 Punkte:**

Sie sind in jeder Beziehung gemäßigt und gehören bedauerlicherweise ein wenig zu den unterkühlten Typen, die nie so recht über Ihren eigenen Schatten springen können – es sei denn, Sie lassen sich von anderen mitreißen. Das ist ein Jammer, denn dadurch gerät Ihre erotische Ausstrahlung zu oft in den Schatten und kann nicht jenen umwerfenden Erfolg haben, von dem Sie Nacht für Nacht träumen. Für Sie gilt nur eins: Machen Sie sich frei von lästigen Zwängen! Genießen Sie Ihr Dasein! Spielen Sie sich nicht als Moralapostel auf, der Sie im Grunde Ihres Herzens auch gar nicht sind, und lernen Sie es vor allem, Ihr Sex-Appeal hemmungslos an den Mann, bzw. die Frau zu bringen, denn Sie sind doch gar kein Kind von Traurigkeit.

**31 bis 40 Punkte:**

Fortuna hat Ihnen eine beneidenswerte Portion Keckheit und Frechheit mit in die Wiege gelegt, Eigenschaften, die Sie durchaus zu nutzen wissen. Wo Sie sind, bleibt kein Auge trocken. Sie ziehen das andere Geschlecht wie magisch an. Man reißt sich um Ihre Gesellschaft, weil man ganz genau weiß, daß Sie alles mitmachen, daß Sie immer aufgeschlossen sind und auch dann ein Auge zudrücken oder eine Lippe riskieren, wenn Sie sich ein wenig am Rande der Legalität bewegen, oder aber hemmungslos mit einem Wesen flirten, das nach allen Gesetzen der Vernunft genaugenommen für Sie tabu sein sollte. Weiter so! Ihr Dasein wird garantiert nie langweilig!

## Sind Sie ein Hasenfuß

Gehören Sie zu jenen Menschen, die ständig die Faust im Nacken spüren, die sich verfolgt glauben und nicht allein in großen dunklen Räumen sein können? Haben Sie Angst vor der Zukunft? Sind Sie rundherum ein Hasenfuß, der sich am liebsten ständig in einem Mauseloch verkriechen würde? Oder sind Sie ein selbstbewußter, optimistischer Typ, der ohne Schrecken in die Zukunft sehen kann? Der Test gibt Ihnen die Antwort.

1. Sie sind ganz allein im Haus und wissen, daß im Fernsehen ein spannender aber ziemlich gruseliger Krimi läuft. Was tun Sie?
   *a) ich sehe ihn selbstverständlich trotzdem* — 0 Punkte
   *b) ich denke gar nicht daran, wenn ich allein bin, einen solchen Film anzuschauen* — 4 Punkte
   *c) das kommt ganz darauf an, wie sehr mich dieser Film reizt* — 2 Punkte
2. Sie sind zu einer Freundin eingeladen, die ziemlich abgeschieden wohnt. Um zu ihr zu gelangen, müssen Sie durch eine Gegend gehen, in der schon häufig etwas passiert ist. Sie haben keine Möglichkeit, daß jemand Sie hinfährt und besitzen auch kein eigenes Auto. Wie verhalten Sie sich?
   *a) ich sage dieser Freundin ab* — 3 Punkte
   *b) Sie nehmen die Einladung dankbar an, weil Sie sich sicher sind, daß Sie mit dem Weg fertig werden können* — 2 Punkte
   *c) Sie freuen sich riesig auf den Abend und verdrängen den Weg dort hin aus Ihren Gedanken* — 1 Punkt
3. Sie kommen am Abend nach Hause und stellen fest, daß in einem der Zimmer Licht brennt, obwohl Sie sich ganz sicher sind, daß Sie es morgens ausgeschaltet haben. Was nun?
   *a) Sie ärgern sich darüber, daß Sie das Licht vergessen haben. Messen dem Ganzen aber keine sonderliche Bedeutung bei* — 0 Punkte
   *b) Sie rufen sofort die Polizei an und bitten sie, zu Ihnen zu kommen, damit Sie nicht allein in das Haus gehen müssen* — 4 Punkte
   *c) Sie bewaffnen sich mit einem Stock oder mit etwas ähnlichem und gehen sehr vorsichtig in Ihre Wohnung* — 2 Punkte

4. Sie haben das Pech, an eine Gruppe von Menschen geraten zu sein, die über ein Thema diskutieren, das Ihnen völlig fremd ist. Genaugenommen können Sie nicht mitreden. Wie verhalten Sie sich in einer solchen Situation?
   a) *ich frage all das, was ich nicht begreife, um irgend wann einmal mithalten zu können* 0 Punkte
   b) *ich bringe ganz schnell ein neues Thema in das Gespräch, damit ich nicht länger Außenseiter bin* 3 Punkte
   c) *ich halte tunlichst den Mund, damit niemand merkt, daß ich von der Sache nichts verstehe* 5 Punkte

5. Sie haben ein sehr wertvolles Schmuckstück von Ihrer Großmutter geerbt. Tragen Sie es?
   a) *selbstverständlich, denn es ist mir eine liebe Erinnerung* 0 Punkte
   b) *ich trage es grundsätzlich nicht, sondern hebe es in einem Safe auf* 4 Punkte
   c) *ich trage es nur dann, wenn ich ganz sicher bin, daß es mir nicht gestohlen werden kann, also zum Beispiel in vertrauenswürdiger Begleitung oder in meinem eigenen Hause* 2 Punkte

6. Sie werden relativ unerwartet arbeitslos und stehen nun auf der Straße. Was tun Sie, so lange Sie nicht wissen, wie es weiter gehen soll?
   a) *ich bin ziemlich optimistisch, denn irgend etwas wird sich schon finden* 0 Punkte
   b) *ich mache mir entsetzliche Sorgen, denn ohne Geld kann ich auch nicht leben* 3 Punkte
   c) *ich buche erst einmal einen wunderschönen Flug und eine Reise, um auf andere Gedanken zu kommen und fasse mein Schicksal nach der Rückkehr an* 1 Punkt

7. Es ist abends, und Sie befinden sich alleine in Ihrem Haus. Plötzlich klingelt jemand und bittet darum, Ihr Telefon benutzen zu dürfen. Er spricht von einem Notfall. Lassen Sie das zu?
   a) *ich behaupte, das Telefon sei kaputt* 3 Punkte
   b) *selbstverständlich öffne ich die Tür, denn Menschen in Not muß man immer helfen* 0 Punkte
   c) *ich bitte darum, daß man mir die Nummer gibt und erledige den Anruf selbst, während der Betreffende draußen wartet. Das ist sicherer* 4 Punkte

8. Sie fahren mit einem Fahrstuhl in einem hohen Gebäude nach oben und müssen erleben, daß der Fahrstuhl plötzlich streikt.
   a) *ich drücke sofort auf den Alarmknopf* 2 Punkte
   b) *ich rufe laut um Hilfe, denn irgend jemand muß mich ja hören* 3 Punkte
   c) *ich warte in aller Ruhe ab, denn irgendwie wird dieser Fahrstuhl sicherlich computermäßig überwacht und demnächst wieder repariert* 0 Punkte

9. Sie haben einen schrecklichen Alptraum gehabt, in dekm es um einen Flugzeugabsturz ging. In wenigen Tagen wollen Sie jetzt auch mit dem Flugzeug verreisen. Tun Sie es trotzdem?
    a) auf keinen Fall, ich werde die Reise erst einmal verschieben   2 Punkte
    b) ich storniere die Reise sofort und fliege wahrscheinlich überhaupt nicht mehr   4 Punkte
    c) ich reise selbstverständlich trotzdem, denn auf einen Traum darf man nicht allzu viel geben   0 Punkte
10. Sie haben an einem Tag ein ausgesprochen schlechtes Horoskop. Es wird Ihnen unter anderem gesagt, daß Sie sich vor Verkehrsunfällen hüten sollten. Sie müssen aber noch am gleichen Tag eine geschäftliche Reise unternehmen. Treten Sie sie wirklich an?
    a) nein, ich bleibe vorsichtshalber im Bett   4 Punkte
    b) ich fahre nicht mit dem Wagen, sondern mit der Bahn, das ist mir sicherer   2 Punkte
    c) ich lasse mich von einem Horoskop doch nicht etwa beeinflussen, sondern unternehme meine Reise wie gewohnt   0 Punkte

**0 bis 15 Punkte**

Sie kann so schnell nichts aus der Ruhe bringen. Sie sind ein nüchtern denkender Mensch, der rationell an die Dinge herangeht und sich weder von irgendwelchem Hokuspokus, noch von ungünstigen Horoskopen oder bösen Ahnungen ängstigen läßt. Hut ab! Mit Ihnen könnte man sogar eine Safari unternehmen. Sie wären immer ein grandioser Partner.

**16 bis 30 Punkte**

Sie wissen schon, wann Sie Mutter Vorsicht walten lassen müssen. Unnötige Risiken gehen Sie jedenfalls nicht ein. Das gilt sowohl auf dem Gebiet der Gefühle, als auch auf dem des Geldes. Das, was Sie haben, halten Sie mit beiden Händen fest, weil Sie Angst haben, daß Sie es vielleicht nicht ersetzen könnten, wenn Sie es verlieren würden.

**31 Punkte und mehr:**

Sie sind ein Hasenfuß „par excellence". Alles und jedes schreckt Sie und macht Ihnen Angst. Oft malen Sie geradezu den Teufel an die Wand und sehen ständig schwarz. Versuchen Sie, sich aus Ihrem Pessimismus herauszuarbeiten und die Dinge nicht ganz so negativ zu sehen! Sie vergällen nicht nur sich selbst das Leben, sondern wirken auch auf andere wenig anziehend. Etwas mehr Fröhlichkeit und Zuversicht würden Ihnen blendend stehen.

## Sind Sie abergläubisch?

Natürlich glauben Sie nicht an den schwarzen Mann und die Unglückssträhne, die Ihnen ins Haus steht, wenn Ihnen eine Katze von links nach rechts über den Weg gelaufen ist. Sie schlagen auch kein Kreuz, wenn Sie etwas Bösem gerade noch entgangen sind. Und daran, daß Sie Pech haben werden, wenn Sie an einem Freitag, dem 13., etwas unternehmen, haben Sie noch nie gedacht. Oder doch? Hand aufs Herz: Sind Sie abergläubisch?

1. Wie 90 Prozent aller anderen Menschen auch lesen Sie mehr oder weniger regelmäßig Ihr Horoskop, weil
   - ○ *man ja nie weiß, wozu es gut ist*     2 Punkte
   - ○ *Sie sich im Verhalten danach richten*     4 Punkte
   - ○ *Sie neugierig sind*     3 Punkte
2. Glauben Sie an ein Leben nach dem Tode?
   - ○ *ich bin mir nicht sicher*     3 Punkte
   - ○ *ja*     4 Punkte
   - ○ *nein*     1 Punkt
3. Würden Sie sich in eine ganz bestimmte Situation, in der Sie schon einmal Pech hatten, noch einmal begeben?
   - ○ *natürlich nicht*     4 Punkte
   - ○ *vielleicht*     2 Punkte
   - ○ *bestimmt, denn nun will ich sie meistern*     0 Punkte
4. Lassen Sie sich von dem, was Sie gerade lesen, meistens ganz gefangennehmen?
   - ○ *ist unterschiedlich*     2 Punkte
   - ○ *nein, ich denke auch an anderes*     1 Punkt
   - ○ *ja*     3 Punkte
5. Ist es Ihnen wichtig, in weiß zu heiraten?
   - ○ *eigentlich nicht*     1 Punkt
   - ○ *natürlich*     3 Punkte
   - ○ *weiß ich nicht*     2 Punkte
6. Gruseln Sie sich, wenn Sie einen spannenden Krimi lesen oder im Fernsehen sehen?
   - ○ *meistens entsetzlich*     3 Punkte
   - ○ *nur selten*     2 Punkte
   - ○ *nein, gar nicht*     0 Punkte
7. Glauben Sie an einen Gott?
   - ○ *ja*     3 Punkte
   - ○ *nein*     2 Punkte
8. Klopfen Sie aus reiner Vernunft oder nur aus Spaß an der Sache auf Holz, wenn Sie Erfolg erstreben?
   - ○ *nein*     1 Punkt
   - ○ *ja*     4 Punkte

9. Sind Sie grundsätzlich gegen jede Art der Wette?
   ○ *nein, warum sollte ich?* 2 Punkte
   ○ *ja* 3 Punkte
10. Waren Sie schon einmal bei einem Astrologen, Handleser oder anderen Zukunftsdeuter?
    ○ *ja* 4 Punkte
    ○ *nein* 1 Punkt

**11 bis 18 Punkte:**

Sie kann so leicht nichts aus der Ruhe bringen. Sie stehen mit beiden Beinen auf dem Boden der Tatsachen und glauben nur das, was Sie selbst sehen und begreifen können.

**19 bis 28 Punkte:**

Einen Sinn für alles Transzendentale haben Sie durchaus, auch wenn Sie sich nicht bedingungslos der „schwarzen Kunst" verschreiben würden. Als vorsichtiger Mensch leben Sie nach dem Motto: „Man kann nie wissen, wozu es gut ist." Deshalb verweisen Sie auch nicht jeden Aberglauben ins Land der Träume.

**29 bis 35 Punkte:**

Sie sind durch und durch abergläubisch und plagen sich mit so mancher unbegründeten Furcht herum. Lassen Sie sich von anderen zukünftig nicht so leicht beeinflussen und werden Sie realistischer! Dann lebt's sich leichter...

## Sind Sie verschwiegen?

Unter dem „Siegel der Verschwiegenheit" werden mehr Geheimnisse ausgeplaudert als bei dem Versuch, jemanden bewußt bloßzustellen. Manche Menschen sind umso besessener darauf, eine Einzelheit weiterzugeben, je dringlicher sie gebeten wurden, sie für sich zu behalten. Und Sie?

1. Stellen Sie sich einmal vor, Sie müßten zum TÜV und wüßten ganz genau, daß Ihr Wagen nicht hundertprozentig in Ordnung ist. Könnten Sie den TÜV-Beamten dazu bringen, daß er die Sache auf die leichte Schulter nimmt?
   *a) das glaube ich schon*
   *b) ich bin mir nicht ganz sicher*
   *c) ganz bestimmt nicht*

2. Wenn Sie Ihren Traumberuf wählen könnten, was würden Sie gerne sein?
   *a) Richter*
   *b) Staatsanwalt*
   *c) Verteidiger*
3. Vorausgesetzt Sie interessieren sich für Schach – wie lange würden Sie bei einem Freundschaftsspiel zwischen zwei älteren Herren freiwillig zusehen?
   *a) höchstens drei Minuten*
   *b) bestimmt eine halbe Stunde*
   *c) solange, bis die Partie zu Ende ist*
4. Gehören Sie zu jenen Menschen, die gerne Komplimente machen?
   *a) durchaus, denn ich höre ja auch selbst gerne welche*
   *b) nur wenn sie wirklich stimmen*
   *c) dazu bin ich nicht geschaffen*
5. Gibt es Prominente, die Sie gerne Privat kennenlernen würden?
   *a) selbstverständlich, ich bin schließlich neugierig*
   *b) es gibt nur wenige, die mich interessieren würden*
   *c) mir fiele auf Anhieb niemand ein*
6. Angenommen Sie machen einen Spaziergang und begegnen einer älteren Dame, die auf einer Parkbank sitzt und Vögel füttert. Würden Sie sich die Zeit nehmen, mit ihr ins Gespräch zu kommen?
   *a) ganz bestimmt nicht*
   *b) das ist durchaus möglich*
   *c) natürlich*
7. Sie wissen doch, daß in den meisten Tierparks ein Fütterverbot angeordnet wurde. Halten Sie sich daran?
   *a) selbstverständlich*
   *b) meistens*
   *c) fast nie*

**Testpunkte**

| Frage | Antwort | | |
|---|---|---|---|
| | a | b | c |
| 1. | 5 | 3 | 2 |
| 2. | 3 | 1 | 4 |
| 3. | 2 | 3 | 5 |
| 4. | 1 | 4 | 3 |
| 5. | 2 | 3 | 4 |
| 6. | 2 | 3 | 5 |
| 7. | 3 | 4 | 1 |

**8 Bis 15 Punkte:**

Sie gehören zu jenen Menschen, die beinahe unbewußt Geheimnisse weitertragen, allerdings meistens ohne böse Absicht. Sie wollen nichts verraten, aber sind so erfüllt von dem, was Sie gehört haben, daß Sie Ihr Wissen anderen mitteilen müssen. Trotzdem kann man nicht sagen, daß Sie nicht vertrauenswürdig sind. Wirklich wichtige Dinge behalten Sie für sich oder erzählen Sie nur jenen Menschen, für deren Ohren sie bestimmt sind. Allerdings kann es Ihnen in der Hitze des Gefechtes passieren, daß Sie einmal eine Lippe zu viel riskieren.

**16 bis 25 Punkte:**

Sie behalten nur jene Dinge für sich, die Ihnen ungeheuer wichtig erscheinen. Manchmal weihen Sie allerdings die engsten Angehörigen ein. Sie brauchen schließlich jemanden, dem Sie sich mitteilen können. Die kleinen Geheimnisse des täglichen Lebens nehmen Sie weniger verschwiegen auf. Wenn Sie etwas erfahren, von dem Sie glauben, daß Sie damit kein Unheil anrichten, erzählen Sie es ganz bestimmt.

**26 bis 30 Punkte:**
Von Ihrem Naturell her sind Sie nicht gerade mitteilungsfreudig. Kein Wunder also, daß es Ihnen leichter als anderen fällt, verschwiegen zu sein und Geheimnisse für sich zu behalten. Kein Wunder ebenfalls, daß Sie auf diese Art und Weise viel Vertrauen entgegen gebracht bekommen. Sie geben lediglich solche Geheimnisse weiter, von denen Sie genau wissen, daß man von Ihnen erwartet, daß die Details unter Leute kommen.

## Sehnen Sie sich nach viel Abwechslung?

Nicht jedem ist es gegeben, beharrlich an einem Fleck zu bleiben, dort geduldig etwas aufzubauen und dann die Früchte der Bemühungen zu ernten. Manche haben Feuer im Blut und sind nur dann zufrieden, wenn sie ständig unterwegs sind. Zur Ruhe kommen sie nie. Wie ist es mit Ihnen? Brauchen Sie viel Abwechslung?

1. Finden Sie, daß Sie in Ihrem Leben schon so manches Mal etwas verpaßt haben?
   *a) nein*     0 Punkte
   *b) manchmal*     2 Punkte
   *c) ja, eine Menge*     4 Punkte

2. Was stört Sie am meisten, wenn Sie gerade eine Sendung im Fernsehen sehen wollen, die Sie sehr interessiert?
   - *a) eine Bildstörung* — 4 Punkte
   - *b) ein verzögerter Beginn* — 2 Punkte
   - *c) eine Programmänderung* — 0 Punkte
3. Betreiben Sie seit vielen Jahren das gleiche Hobby?
   - *a) natürlich, denn es wird erst nach einiger Zeit interessant* — 0 Punkte
   - *b) nein, daß würde mich ganz schnell langweilen* — 4 Punkte
   - *c) das ginge nur dann, wenn es ein sehr spannendes Hobby wäre* — 2 Punkte
4. Ihnen wird das Angebot gemacht, eine günstige Reise zu buchen. Einziger Nachteil: Sie erfahren erst am Ort, wo und wie Sie wohnen werden. Greifen Sie trotzdem zu?
   - *a) natürlich, sofort* — 4 Punkte
   - *b) bestimmt nicht* — 0 Punkte
   - *c) vielleicht* — 2 Punkte
5. Sie haben ein ganzes Wochenende lang nichts vor. Was tun Sie?
   - *a) ich mache es mir gemütlich und lese ein Buch* — 0 Punkte
   - *b) ich erledige all die Dinge, die ich lange vor mir hergeschoben habe* — 2 Punkte
   - *c) ich rufe Freunde an, fahre weg oder versuche noch etwas auf die Beine zu stellen* — 4 Punkte
6. Machen Sie eigentlich alle Modegags, wie Miniröcke, Maxi oder ähnliches mit?
   - *a) natürlich, denn das ist doch erfrischend und spannend* — 4 Punkte
   - *b) es kommt darauf an, ob es mir steht* — 2 Punkte
   - *c) nein, ich bin eher konservativ* — 0 Punkte
7. Sie haben für einen Abend gleich drei Einladungen. Für welche entscheiden Sie sich?
   - *a) für einen romantischen Abend mit Ihrem Traumpartner* — 0 Punkte
   - *b) für einen wahrscheinlich interessanten Abend mit neuen Leuten* — 2 Punkte
   - *c) für eine irre Party, auf der es ganz bestimmt drunter und drüber gehen wird* — 4 Punkte
8. Wie würde Ihr Partner Sie in Sachen Sex beschreiben?
   - *a) als erfinderisch* — 3 Punkte
   - *b) als neugierig* — 4 Punkte
   - *c) als prüde* — 1 Punkt
9. Welche Form von Reisen liegt Ihnen am meisten?
   - *a) die Erholungsreise* — 1 Punkt
   - *b) eine Fitnessreise* — 2 Punkte
   - *c) eine Abenteuerreise* — 4 Punkte
   - *d) eine Studienreise* — 3 Punkte

10. Wie verfahren Sie mit Erinnerungsphotos aus dem Urlaub?
   a) ich lasse sie einwickeln und vergesse sie dann        4 Punkte
   b) ich lasse sie rahmen und stelle sie in meiner Wohnung auf   0 Punkte
   c) ich klebe sie in ein Album ein                        1 Punkt
   d) ich zeige sie jedem, der sie sehen möchte             2 Punkte

**0 bis 15 Punkte:**

Wenn alles seinen geregelten Gang geht, sind Sie zufrieden. Gewohnheiten, Pflicht und überschaubare Pläne sind für Sie eher eine Hilfe als eine unangenehme Form der Bevormundung oder des Zwangs. Sie haben nichts gegen Routine. Abwechslung ist Ihnen nicht sonderlich wichtig, weil Sie sich lieber auf jene wenigen Dinge konzentrieren, an denen Ihr Herz hängt. Auch den Urlaub vom täglichen Einerlei finden Sie nur dann schön, wenn vorher alles geregelt ist und Sie nicht mit irgendwelchen Überraschungen rechnen müssen. Mit dem, was Sie haben, geben Sie sich zufrieden, ohne daß Sie von dem Wunsch geplagt werden, mehr zu schaffen oder gar unter Fernweh leiden. Versuchen Sie, sich nicht zu sehr in ein selbst gezimmertes Schneckenhaus zurückzuziehen, denn dann haben Sie es zwar bequem, aber werden in Ihren eigenen Ansichten immer starrer werden. Auch Neues kann seinen Reiz haben. Wagen Sie sich ruhig einmal daran! Es muß ja nicht gleich die ganz wilde Abwechslung sein.

**16 bis 25 Punkte:**

Als Belebung des Alltags schätzen Sie kleine Abwechslungen durchaus. Aber Sie tun sehr wenig, um diese Abwechslungen herbeizuführen. Lieber lassen Sie alles in Ruhe auf sich zu kommen. Wenn jemand Sie mitreißt oder dazu auffordert, etwas mitzumachen, dann sind Sie mit von der Partie. Sie sind von Ihrem Naturell her ausdauernd und beständig und pflegen Ihre einmal geknüpften Kontakte zuverlässig. Ihr Bedürfnis nach Abwechslung hält sich in Grenzen und ist nur dann erkennbar, wenn es um Hobbys oder den Freizeitbereich geht. Sie sollten unbedingt häufiger die Initiative ergreifen! Schon um Ihre Freizeit so zu gestalten, wie es Ihren eigenen Neigungen entspricht und nicht nur denen der Freunde, von denen Sie beeinflußt werden.

**26 bis 33 Punkte:**

Neugierig sind Sie wie ein kleines Kind. Sie sind aktiv und haben neben Ihrem normalen Alltag große Lust, Neues zu entdecken und Menschen kennenzulernen. Diese Abwechslung brauchen Sie. Sie sind auch bereit, dafür ein Risiko einzugehen. Wenn Sie feststellen müssen, daß Sie eine Angelegenheit nicht mehr fesselt, lassen Sie sie fallen wie eine heiße Kartoffel und suchen sich mit neuer Begeisterung etwas anderes. Meistens sind Sie aber beständig genug, um etwas Angefangenes zu Ende zu führen. Sie können anderen Menschen wertvolle Anregungen geben. Machen Sie davon Gebrauch!

**34 Punkte und mehr:**

Sie sind ständig in Bewegung mit all Ihren Vorstellungen, Träumen und Plänen. Es gehört zu Ihnen, daß Sie spontane Entschlüsse fassen und Ihre Entscheidungen immer noch wieder umstoßen. Menschen, die schon heute wissen, was sie übermorgen tun werden, sind Ihnen ein Greuel. Sie sind flexibel, und Ihre ganze Lebensweise drückt das aus. Es ist kein Wunder, daß auch in Ihrem Freundeskreis ständig neue Gesichter auftauchen. Ihres Tendenz nach Abwechslung in Ehren, aber die Gefahr der Oberflächlichkeit ist nicht ganz zu übersehen. Etwas mehr Beständigkeit und Zuverlässigkeit könnten Ihnen gut tun und Ihres Beziehungen zu anderen Menschen verbessern. Versuchen Sie es doch einmal!

## Sind Sie manchmal zu aufdringlich?

Vielleicht ist Ihnen auch mitunter das Herz so voll, daß Sie einfach nicht merken, daß Sie zu lange und zu ausführlich über sich selbst sprechen. Könnten Sie sich vorstellen, daß Sie auf andere mitunter aufdringlich wirken? Ehe Sie in eine peinliche Situation geraten – testen Sie die Wahrheit doch einmal in Ruhe!

1. In Ihrem Bekanntenkreis befindet sich ein Ehepaar, das sich fremd geworden ist. Mit Ratschlägen versuchen Sie, den beiden zu helfen!
    *a) ich rate dazu, daß sie sich trennen*
    *b) ich rate ihnen dazu, daß sie trotz allem versuchen, miteinander in Frieden zu leben*
    *c) ich rege eine sehr ehrliche und offene Aussprache an*
    *d) ich schlage vor, daß sie sich für eine Weile trennen, damit sie wissen, was von ihren Gefühlen noch übriggeblieben ist*
2. Was ist Ihrer Meinung nach der häufigste Grund, warum sich zwei Menschen fremd werden, die sich früher sehr nahe gestanden haben?
    *a) Sie haben zu wenig Zeit für einander gehabt*
    *b) Sie haben sich wahrscheinlich viel zu oft gesehen, und die Beziehung ist dadurch sehr schnell zur Routine geworden*
    *c) wahrscheinlich hat mindestens einer der Partner versucht, eigene Wege zu gehen, und der andere blieb auf der Strecke*
    *d) vielleicht haben sich die beiden Menschen gegenseitig zu wenig Freiheit gegeben*

3. Erwarten Sie von dem Paar, das sich fremd geworden ist, daß es sich mit Ihnen ausspricht und Sie um Rat bittet?
   *a) ja, das erwarte ich schon, denn wenn es sich um echte Freunde handelt, ist es doch selbstverständlich*
   *b) ich würde das nicht erwarten, aber ich würde trotzdem genau zuhören, wenn sie darüber sprechen wollen*
   *c) mir ist es irgendwie peinlich und unangenehm, wenn über solche Dinge mit mir gesprochen wird*
   *d) ich würde meinen Freunden raten, sich lieber an einen Eheberater zu wenden, als mich ins Vertrauen zu ziehen.*

4. Stellen Sie sich einmal das Bild der Mona Lisa vor und beantworten Sie folgende Frage: Ist diese Frau nicht sehr ablehnend?
   *a) ja, das finde ich auch*
   *b) ich glaube, das liegt nur an ihrem Lächeln, das irgendwie eingefroren ist*
   *c) ich finde nicht, daß sie ablehnend wirkt*
   *d) sie würde bestimmt nach einer Weile auftauen, wenn man sich mit ihr beschäftigen würde*

5. Würden Sie sich zutrauen, ausgerechnet die Mona Lisa zu einem herzlichen Lachen zu bewegen, wenn es diese Möglichkeit gäbe?
   *a) ja, natürlich traue ich mir das zu*
   *b) das könnte ich nur schaffen, wenn ich selbst in der richtigen Stimmung wäre*
   *c) dazu müßte auch die Mona Lisa in der richtigen Stimmung sein*
   *d) wahrscheinlich könnte ich so etwas nicht*

6. Plötzlich begegnet Ihnen mitten auf der Straße ein Mann, der ein abgerissenes Bidet in der Hand hält. Wie finden Sie eine solche Szene?
   *a) peinlich*
   *b) lustig*
   *c) lächerlich*
   *d) uninteressant*

7. Würden Sie auf der Straße stehenbleiben, wenn Sie eine solche Szene erleben würden?
   *a) ganz bestimmt, denn diesen Anblick würde ich mir gönnen*
   *b) ich würde weitergehen, aber sicherlich etwas langsamer als vorher*
   *c) ich würde nicht stehen bleiben, aber mich unauffällig umdrehen*
   *d) irgendwie glaube ich, daß diese Situation für den Betroffenen peinlich ist. Deswegen würde ich mich bemühen, ihn meine Neugierde nicht spüren zu lassen*

## Testpunkte

| Frage | Antwort |   |   |   |
|-------|---------|---|---|---|
|       | a       | b | c | d |
| 1.    | 1       | 0 | 5 | 4 |
| 2.    | 5       | 0 | 4 | 2 |
| 3.    | 4       | 1 | 0 | 5 |
| 4.    | 0       | 1 | 4 | 5 |
| 5.    | 5       | 2 | 0 | 3 |
| 6.    | 0       | 5 | 1 | 3 |
| 7.    | 2       | 0 | 5 | 4 |

**0 bis 15 Punkte:**

Sie sind ein äußerst sensibler und einfühlsamer Mensch, der sich sofort zurückzieht, wenn er spürt, daß er im Moment nicht als Typ gefragt ist. Sie sind dann nicht beleidigt oder gar verletzt, sondern haben ganz nüchtern erkannt, daß Sie niemandem nachlaufen wollen und daß sicherlich eine andere Chance kommen wird, bei der Sie aufmerksamere Zuhörer haben werden. Wenn jemand Ihre Gegenwart nicht schätzt, so ist er es Ihrer Meinung nach gar nicht wert, daß Sie sich um ihn bemühen. Allerdings fällt es Ihnen nicht immer leicht, auf andere zu verzichten. Doch das finden Sie immer noch vernünftiger, als ein Zusammensein erzwingen zu wollen.

**16 bis 20 Punkte:**

Natürlich möchten auch Sie nicht zu den aufdringlichen Menschen gezählt werden. Deshalb achten Sie darauf, daß Sie sich im richtigen Moment zurückziehen. Aber Sie fühlen sich verletzt, wenn Sie von einem Menschen, der Ihnen wichtig erscheint, nicht ernst genommen werden. Dann wollen Sie Erklärungen haben und forschen nach, ob Sie selbst einen Fehler gemacht haben, und übersehen es dabei mitunter, daß Sie gerade diese Neugierde nicht weiter bringt. Auch kommen auf diese Art und Weise leicht Mißverständnisse zustande, die vermeidbar wären, wenn Sie eine klare Absage auch als eine solche hinnehmen könnten.

**21 bis 35 Punkte:**

Sie sind äußerst betroffen und verletzt, würde jemand Sie als aufdringlich bezeichnen. Andererseits fällt es Ihnen schwer, sich im rechten Moment zurückzuziehen, selbst dann, wenn alle anderen bereits das Feld geräumt haben. Sie bleiben jedoch nicht aus Aufdringlichkeit, sondern haben immer das Gefühl, noch Wichtiges sagen zu müssen oder auch nur zuhören zu wollen. Erfreulicherweise haben Sie sehr viele Freunde, so daß es Ihnen nur selten passiert, daß Sie in solchen Momenten alleine sind, in denen Sie sich gerne mit einem anderen Menschen aussprechen würden.

# TEIL II
# Ihr ganz persönliches Astro-Wesen

## Wie wichtig ist Ihnen als Widder-Eva die Liebe?

1. Ihr Partner muß in erster Linie
   *a) finanziell gesichert sein* — 3 Punkte
   *a) in Sachen Liebe den Ton angeben* — 4 Punkte
   *c) ein Kavalier der alten Schule sein* — 2 Punkte
2. Sie geben zu, daß Sie
   *a) manchmal ein wenig zu zurückhaltend sind* — 2 Punkte
   *b) den Männern gern den Kopf verdrehen* — 5 Punkte
   *c) Männer am liebsten links liegen lassen* — 1 Punkt
3. Können Sie sich über das noch immer ausgeprägte Rollenverhalten hinwegsetzen?
   *a) in jeder Beziehung* — 3 Punkte
   *b) nein, das ist auch gar nicht mein Ziel* — 0 Punkte
   *c) ja, allerdings nur im Berufsleben* — 2 Punkte
4. Wie sehen Sie sich? Als
   *a) anlehnungsbedürftig und zärtlich* — 1 Punkt
   *b) impulsiv und ungebändigt* — 5 Punkte
   *c) ziemlich unausgeglichen und daher mal lebhaft mal anpassungsfähig* — 3 Punkte
5. Können Sie sich in der Liebe mit Mittelmäßigkeiten zufrieden geben?
   *a) ganz und gar nicht* — 4 Punkte
   *b) nur wenn es sein muß* — 3 Punkte
   *c) ohne alle Schwierigkeiten* — 2 Punkte

**6 bis 10 Punkte:**

Im Gegensatz zu den meisten Widder-Frauen fehlen Ihnen der Spaß und die Impulsivität bei der Liebe. Sie sind eher ein romantisches Wesen, das sich durch Rosen und Gedichte, durch Mondschein und Spaziergänge erobern läßt. Ihr Gefühl für Treue ist stark ausgeprägt.

**11 bis 16 Punkte**

Sie haben durchaus eine ganze Reihe von Widder-Frau-Eigenschaften, wenn es um die Liebe geht. Sie geben hin und wieder gerne den Ton an und verfügen über die Kunst des perfekten Flirtens. Sie machen kein Geheimnis daraus, wann Sie einen Mann wünschen, und stellen Ihre erotische Ausstrahlung nie in den Hintergrund.

**17 bis 21 Punkte**

Mehr als in den meisten Vertreterinnen anderer Sternzeichen lodert in Ihnen die Flamme der Liebe und der Leidenschaft. Sie spielen mit offenen Karten und zeigen Ihrem Partner ganz genau, was Sie sich wünschen. Gleichzeitig können Sie aber auch von zauberhafter Anschmiegsamkeit sein und haben somit die Garantie, Ihren Partner für immer an sich zu fesseln.

## Wie wichtig ist Ihnen als Widder-Adam die Liebe?

1. Ihnen begegnet eine begehrenswerte Frau
   - a) *Sie versuchen sofort mit ihr anzubandeln* — 3 Punkte
   - b) *Sie können nicht so recht die Initiative entwickeln, sie anzusprechen* — 2 Punkte
   - c) *Sie setzen Ihren ganzen Charme und Ihre ganzen Verführungskünste ein, um sie zu erobern* — 4 Punkte
2. Mögen Sie das, wenn eine Frau
   - a) *auch hin und wieder die Initiative ergreift* — 2 Punkte
   - b) *sogar sehr aktiv ist* — 1 Punkt
   - c) *sich passiv verhält und Ihnen das Erobern überläßt* — 3 Punkte
3. Auf Sie wirken nur solche Frauen, die
   - a) *erotischen Reiz auf Sie ausüben* — 2 Punkte
   - b) *Ihnen auch in geistiger Beziehung etwas geben können* — 5 Punkte
   - c) *mit denen Sie repräsentieren können* — 1 Punkt
4. Sie zeigen einer Frau, daß Sie sie verehren, indem Sie
   - a) *sie durch Geschenke überraschen* — 4 Punkte
   - b) *ihr den Alltag erleichtern* — 1 Punkt
   - c) *sie durch Ihren Einsatz als Mann und Eroberer für sich einnehmen* — 2 Punkte
5. Kann eine Frau Sie so fesseln, daß Sie freiwillig auf Ihre Freiheit verzichten?
   - a) *keineswegs* — 5 Punkte
   - b) *wenn die Liebe 100%ig stimmt, ja* — 0 Punkte
   - c) *nur wenn die Gefühle auch 100%ig erwiedert werden* — 4 Punkte

**5 bis 10 Punkte:**

Es ist keineswegs typisch für Sie als Widder-Mann, daß Sie so schüchtern sind und der Rolle des Eroberers kaum gerecht werden. Sie versäumen eine ganze Menge, weil Sie sich nicht herantrauen. Dabei nimmt die Liebe durchaus eine wichtige Rolle in Ihrem Leben ein, immer vorausgesetzt, Sie kommen auch zum Zuge.

**11 bis 12 Punkte:**

Ihre Einstellung zur Liebe ist durchaus widdergerecht. Sie gehen gern aufs Ganze, geben in Sachen Sex den Ton an und können die ganze Welt um sich herum vergessen, wenn es Sie erwischt hat. Allerdings können Sie auch wieder in eine Phase der Gleichgültigkeit fallen, sowie Ihr Interesse ein wenig erlahmt ist.

**17 bis 21 Punkte:**

Typischer kann ein Widder-Mann gar nicht sein. Sie machen ein Hobby daraus, jede Frau zu begeistern, besitzen zu wollen und zu erobern. Weil die Liebe Ihnen so viel Spaß macht, lassen Sie sich auch mit solchen Frauen ein, von denen Sie genau wissen, daß diese Sie bald wieder langweilen werden.

# Wie wichtig ist Ihnen als Stier-Eva die Liebe?

1. Glauben Sie, daß Sie ein Leben lang treu sein können?
    *a) nur wenn auch er treu ist* 4 Punkte
    *b) selbstverständlich* 2 Punkte
    *c) eigentlich nicht, das würde mich langweilen* 0 Punkte
2. Sind Sie der Typ, der einen Mann von morgens bis abends verwöhnt?
    *a) keineswegs, es sollte umgekehrt sein* 2 Punkte
    *b) ja, in jeder Beziehung* 6 Punkte
    *c) lediglich was die körperliche Liebe anbetrifft* 4 Punkte
3. Sie haben sich spontan in einen Mann verliebt?
    *a) es ist Ihnen gleichgültig, wer und was er ist* 2 Punkte
    *b) Sie erwarten, daß er Ihnen etwas bieten kann* 1 Punkt
    *c) Sie interessieren sich für seinen gesellschaftlichen Hintergrund* 4 Punkte
4. Finden Sie, daß Sie nur dann mit einem Mann schlafen sollten, wenn Sie sicher sind, daß er Sie auch heiraten wird?
    *a) das ist Unsinn* 0 Punkte
    *b) natürlich* 3 Punkte
    *c) schön wäre es ja, ist aber unrealistisch* 5 Punkte
5. Sie sind dann am glücklichsten, wenn Sie
    *a) himmelhochjauchzend verliebt sind* 4 Punkte
    *b) eine gesicherte Existenz haben und keine Sorgen kennen* 3 Punkte
    *c) ein abwechslungsreiches und interessantes Leben führen können* 1 Punkt

**4 bis 9 Punkte**

Sie sind verdammt berechnend. Sie lieben zwar leidenschaftlich, aber schalten dabei Ihren Verstand nicht ganz aus. Typisch ist es für Sie als Stier-Geborene, daß Sie sich im Bett lieber verwöhnen lassen, als selbst zu verwöhnen.

**10 bis 15 Punkte**

Natürlich lieben Sie die Liebe. Aber es ist relativ ungewöhnlich für eine Stier-Geborene, daß Sie der Meinung sind, das ganz große Glück muß nicht unbedingt mit einer Ehe verbunden sein. Ein guter Liebhaber ist Ihnen oft wichtiger als ein Ring am Finger.

**16 bis 23 Punkte:**

Die Liebe scheint Ihnen auf den Leib geschrieben. Sie genießen das Leben in vollen Zügen. Die Gelegenheit, eine herrliche Liebesnacht zu verbringen, lassen Sie nur ungern ungenutzt vorüberziehen. Trotzdem sind auch Sie in sofern stiertypisch, als Sie sich nach dem Standesamt sehnen.

# Wie wichtig ist Ihnen als Stier-Adam die Liebe?

1. Schauen Sie sich auch dann noch nach anderen Frauen um, wenn Sie bereits verheiratet sind?
    *a)* keineswegs — 1 Punkt
    *b)* ich flirte, mehr aber nicht — 5 Punkte
    *c)* ich warte darauf, ob mir die Frau entgegenkommt — 2 Punkte
2. Finden Sie
    *a)* daß das Leben oft ein Jammertal ist — 1 Punkt
    *b)* daß man die Sinnesfreuden des Daseins genießen sollte — 4 Punkte
    *c)* daß man es so leicht wie nur möglich machen sollte — 3 Punkte
3. Sind Sie der Meinung, daß
    *a)* ein Mann wenige, aber versierte Frauen gehabt haben muß, ehe er sich bindet — 2 Punkte
    *b)* ein Mann möglichst viele Frauen gehabt haben sollte, um in einer Partnerschaft glücklich zu werden — 4 Punkte
    *c)* ein Mann vor allem heißblütige Frauen kennengelernt haben muß, um zu einem guten Liebhaber zu werden — 5 Punkte

4. Was tun Sie, wenn Sie das Gefühl haben, daß eine Frau Sie auf den Arm nehmen möchte?
   a) *Sie ahnen die Absicht und sind verstimmt*     3 Punkte
   b) *Sie arbeiten mit den gleichen Waffen und legen die Frau herein*     5 Punkte
   c) *Sie kommen leider erst zu spät dahinter*     2 Punkte
5. Wie stellen Sie sich die ideale Liebe vor?
   a) *leidenschaftlich und wild*     4 Punkte
   b) *vor allem ausdauernd und zärtlich*     6 Punkte
   c) *vom gegenseitigen Vertrauen beseelt*     0 Punkte

**6 bis 10 Punkte:**

Ein echter Stier sind Sie in Sachen Liebe gewiß nicht. Sie haben auch nicht das dazugehörende Feuer. Es könnte nicht schaden, wenn Sie sich gerade in dieser Beziehung etwas von Ihrem Phlegma trennen und künftig gezielter herangehen. Es zahlt sich aus.

**11 bis 17 Punkte:**

Leidenschaftlich und erotisch sind Sie bis in die Fingerspitzen. Trotzdem halten Sie sich überraschenderweise in Sachen Liebe zurück. Das ist gar nicht typisch für den Stier-Geborenen und läßt darauf schließen, daß Sie mit Ihren sexuellen Kräften sparen, weil Sie noch viel vorhaben.

**18 bis 25 Punkte:**

Ihre Zärtlichkeit und Ihr Verständnis für Ihre Partnerin sind einmalig. Andererseits lieben Sie besitzergreifend und wollen immer den Ton angeben. Da Sie gleichzeitig eine romantische Ader haben, wird Ihnen letzteres nicht verübelt. Ohne eine erfüllende Liebe können Sie sich Ihr Dasein nicht vorstellen.

## Wie wichtig ist Ihnen als Zwillinge-Eva die Liebe?

1. Möchten Sie manchmal aus Ihrer Ehe oder Zweierbeziehung ausbrechen?
   a) *wenn es Schwierigkeiten gibt, durchaus*     3 Punkte
   b) *ein solches Risiko würde ich nie eingehen*     2 Punkte
   c) *vorstellen könnte ich es mir schon, tun würde ich es aber nie*     6 Punkte
2. Was ist Ihnen bei dem Mann, den Sie lieben, am wichtigsten?
   a) *seine finanzielle Lage*     1 Punkt
   b) *seine romantische Ader*     5 Punkte
   c) *seine Stellung in der Gesellschaft*     3 Punkte

3. Können Sie Ihrem Partner durch Ihre Verwandlungskünste dazu bringen, daß er Sie immer wieder neu begehrt?
   a) ich kann nun einmal nicht aus meiner Haut     2 Punkte
   b) das Verwandeln ist mir auf den Leib geschrieben     5 Punkte
   c) ich kann es, muß mir dazu aber Mühe geben     3 Punkte
4. Ihnen begegnet ein attraktiver Mann, und Sie sind gerade allen. Sie hoffen,
   a) daß daraus eine Dauerbindung wird     0 Punkte
   b) daß wenigstens ein spannendes Abenteuer zustande kommt     4 Punkte
   c) Sie lassen die Situation gelassen an sich herankommen     6 Punkte
5. Sie spüren deutlich, daß Sie begehrt werden
   a) Sie sträuben sich dagegen, zu leicht erobert zu werden     5 Punkte
   b) es ist Ihnen unangenehm so umworben zu werden     1 Punkt
   c) Sie wehren sich zunächst gegen eine Eroberung, um nicht Ihren guten Ruf zu verlieren     3 Punkte

**6 bis 12 Punkte**

Eine so treue und bodenständige Frau wie Sie, wird unter diesem Sternzeichen nur selten gefunden. Für Sie ist jede sexuelle Beziehung eine tiefe und ernste Angelegenheit, mit der nicht gespielt werden darf. Sie gehören zu jenen Frauen, die erst dann glücklich sind, wenn Ihr Liebesleben in geordneten Bahnen verläuft und es sich dabei immer um den gleichen Partner handelt, dem Sie ein Leben lang treu bleiben möchten.

**13 bis 8 Punkte:**

Sie sind schon eher eine echte Zwillige-Eva. Sie verführen gerne, haben Spaß am Flirten und lassen sich aber auch gerne erobern. An einer festen Bindung ist Ihnen bei der Liebe nicht unbedingt gelegen. Erst in späteren Jahren, wenn der Verstand etwas ausgeprägter ist, werden Sie seßhaft und wollen auch in Sachen Liebe genau wissen, wohin Sie gehören.

**19 bis 27 Punkte:**

Abwechslung ist für Sie das A und O. Mitunter können Sie die Männer an der Nase herumführen und die Liebe als ein Spiel hinnehmen. Als Geliebte sind Sie voller Ideen und Wandlungsfähigkeiten und schaffen es, Ihren Partner zu faszinieren. Auch wenn Sie in Ihren jungen Jahren etwas flatterhaft waren, landen Sie meistens doch im Hafen der Ehe. Als lebenslange Gefährtin sind Sie zuverlässig und mit der Gabe beseelt, die erotische Beziehung nie langweilig werden zu lassen.

# Wie wichtig ist Ihnen als Zwillinge-Adam die Liebe?

1. Sie springen auf den Frauentyp, der
   - a) *anlehnungsbedürftig ist* — 1 Punkt
   - b) *immer stark ist* — 4 Punkte
   - c) *mit dem man Pferde stehlen kann* — 2 Punkte
2. Können Sie Geduld haben, wenn es darum geht, eine Frau zu erobern?
   - a) *es fällt mir sehr schwer* — 6 Punkte
   - b) *durchaus, denn dann wird es noch viel schöner* — 1 Punkt
   - c) *das hängt von der Frau ab* — 3 Punkte
3. Glauben Sie, daß Sie gleichzeitig mehrere Frauen von Herzen lieben können?
   - a) *da habe ich gar keine Schwierigkeiten* — 5 Punkte
   - b) *wahrscheinlich wäre mir ein solcher Zustand zu anstrengend* — 1 Punkt
   - c) *vielleicht einmal zwei Frauen gleichzeitig, aber nicht auf die Dauer* — 3 Punkte
4. Reizen Sie Liebestechniken, die Sie noch nicht kennen?
   - a) *selbstverständlich, denn sonst wird es langweilig* — 6 Punkte
   - b) *eigentlich nicht, das verunsichert mich nur* — 4 Punkte
   - c) *nur wenn ich selbst nicht die Initiative ergreifen muß* — 0 Punkte
5. Können Sie sich ganz auf Ihre Partnerin eingehen?
   - a) *nein, es sollte umgekehrt sein* — 2 Punkte
   - b) *schon, aber nur wenn mir der Sinn gerade danach steht* — 5 Punkte
   - c) *ich gebe mir Mühe, schaffe es aber nicht immer* — 3 Punkte

**5 bis 11 Punkte:**

Für einen typischen Zwillinge-Adam sind Sie ein bißchen zu brav, ein bißchen zu bieder. Eine Frau kann an Ihrer Seite zwar das ruhige Glück finden und auch spannende Nächte erleben, aber der geborene Don Juan sind Sie gewiß nicht. Trotzdem ist die Liebe für Sie von immenser Bedeutung, denn sie gibt Ihnen die Selbstsicherheit und Ruhe, die Sie brauchen,

**12 bis 18 Punkte:**

Sie sind insofern ein typischer Zwillinge-Mann, als Sie nur mit größter Mühe Ihre erotische Phantasie auf ein einziges weibliches Wesen konzentrieren können. Sie lieben die Abwechslung, sind aufgeschlossen für neue Techniken und können von großem Charme und vor allen Dingen eindrucksvoller Eroberungskraft sein.

**19 bis 26 Punkte:**
In Sachen Liebe sind Sie der typische Zwilling. Ihre Begeisterungsfähigkeit ist so groß, daß Sie innerhalb kürzester Zeit mehrfach Feuer und Flamme sein können und dann keine Hindernisse in Kauf nehmen, um Ihr Ziel zu erreichen. Ein Dauerbrenner in Sachen Liebe sind Sie jedoch nicht. Wie andere Menschen Ihr Hemd wechseln Sie Ihre Partnerinnen und fühlen sich damit sogar noch glücklich. Erst in späteren Jahren sehnen Sie sich nach einem ruhenden Pol in Ihrem Leben.

## Wie wichtig ist Ihnen als Krebs-Eva die Liebe?

1. Auf welchen Männertyp fliegen Sie?
   *a) den zuverlässigen* 5 Punkte
   *b) den draufgängerischen* 2 Punkte
   *c) den abenteuerlichen* 3 Punkte
2. Finden Sie es leicht, den passenden Partner fürs Leben zu angeln?
   *a) nein* 5 Punkte
   *b) ja* 3 Punkte
   *c) nur wenn man viel unterwegs ist* 1 Punkt
3. Sie sind bis über beide Ohren verliebt
   *a) Sie erwarten, daß Ihr Partner Ihnen immer seine Liebe zeigt* 4 Punkte
   *b) Sie wollen nur hin und wieder hören, daß Sie geliebt werden* 2 Punkte
   *c) Sie legen selbst einen viel zu großen Wert auf Ihre Freiheit, um Ihren Partner zwingen zu wollen,*
   *seine Liebe ständig zu zeigen* 0 Punkte
4. Wobei verwöhnen Sie einen Mann am liebsten?
   *a) beim Essen* 4 Punkte
   *b) im Bett* 5 Punkte
   *c) in der geistigen Auseinandersetzung* 1 Punkt
5. Sie möchten mit Ihrem Partner Schluß machen, was tun Sie?
   *a) Sie gehen einfach aus seinem Leben* 0 Punkte
   *b) Sie reizen ihn so lange bis er seine Sachen packt* 4 Punkte
   *c) Sie sprechen sich gründlich aus und trennen sich in aller*
   *Freundschaft* 2 Punkte

**4 bis 9 Punkte:**
Eine echte Krebs-Eva sind Sie ganz bestimmt nicht. Dazu sind Sie in Sachen Liebe zu konsequent und zu robust. Sie sind egoistisch, was die sinnliche Seite des Zusammenlebens anbelangt. Den gefühlmäßigen Aspekt lassen Sie jedoch gern außer acht. Genaugenommen sind Sie im Sex fast eine Spur zu emanzipiert.

**10 bis 16 Punkte:**

Sie sind durchaus typisch für Ihr Sternzeichen. Sie brauchen viel Zärtlichkeit, Liebe und Zuwendung, ehe Sie sich zu einer Zweisamkeit entschließen können. Allerdings wollen Sie Ihre eigenen Rechte als Frau nicht unbedingt in den Hintergrund gedrängt wissen. Trotzdem neigen Sie nicht zur seligen Freiheit, sondern sind eher eine auf Beständigkeit ausgerichtete Partnerin.

**17 bis 23 Punkte:**

Sie gehören zu jenen Menschen, die wenig vom leichten Abenteuer und vom Flirt halten, dafür umso mehr von einer dauerhaften, ernstzunehmenden Partnerschaft. Das sexuelle Abenteuer ist Ihnen nicht halb so wichtig wie Ihre Sicherheit und das Gefühl der Zusammengehörigkeit. Sie haben nicht die geringsten Schwierigkeiten, Ihrem Partner treu zu bleiben.

## Wie wichtig ist Ihnen als Krebs-Adam die Liebe?

1. Ist es Ihnen wichtig, auch einmal wo anders zu lieben, als nur im Bett?
    - a) nein — 1 Punkt
    - b) ja, das ist sehr wichtig — 4 Punkte
    - c) nur, wenn das aus einer bestimmten Laune heraus geschieht — 2 Punkte
2. Küssen Sie gerne?
    - a) natürlich, denn das regt an — 5 Punkte
    - b) nein, eigentlich nicht. Es ist ein Umweg — 1 Punkt
    - c) das kommt auf die Partnerin an — 3 Punkte
3. Wie würden Sie mit einer gehemmten Frau umgehen, die sich in Sachen Liebe nicht traut?
    - a) ich würde versuchen, ihr die Komplexe zu nehmen — 4 Punkte
    - b) ich würde mich wahrscheinlich gar nicht erst mit ihr einlassen — 0 Punkte
    - c) ich würde ihr meine eigenen Schwächen zeigen und so zu ihr Zugang finden — 2 Punkte
4. Wie reagieren Sie, wenn Sie von Ihrer Partnerin beleidigt werden?
    - a) ich versuche darüber hinwegzusehen — 1 Punkt
    - b) ich warte darauf, daß sie sich entschuldigt — 4 Punkte
    - c) ich zahle es ihr mit gleichen Worten heim — 6 Punkte
5. Können Sie sich Sex vorstellen, ohne daß das Gefühl eine entscheidende Rolle spielt?
    - a) nein — 0 Punkte
    - b) mitunter — 6 Punkte
    - c) nur, wenn ich sicher sein kann, daß es bei der Partnerin auch nicht anders ist — 4 Punkte

**3 bis 9 Punkte:**

Ein sehr sensibler Krebs-Mann, dem die Liebe mit allen ihren Gefühlen wichtig ist, scheinen Sie nicht zu sein. Ihnen ist es recht, wenn Ihr Verlangen zufrieden gestellt wurde, aber darüber, ob es für die Partnerin auch der Himmel auf Erden war, machen Sie sich leider etwas zu wenig Gedanken. Sie leben mehr für den Augenblick als für eine dauerhafte Zweierbeziehung.

**10 bis 17 Punkte:**

Leider ist es Ihnen nicht immer bewußt, daß Körper und Seele eine Einheit bilden. Das ist um so erstaunlicher, als Sie selbst sehr viel Gefühl brauchen und erwarten. Sie gehören zu jenen Menschen, die nicht nur Zärtlichkeiten empfangen, sondern sie auch großzügig geben. Ein Leben ohne eine erfüllende Liebe ist für Sie unvorstellbar.

**18 bis 25 Punkte:**

Die Zärtlichkeit ist bei Ihnen ganz groß geschrieben. Sie sind anlehnungsbedürftig und zeigen viel Verständnis für ihre Partnerin. Auch auf seelischem Gebiet möchten Sie eine Einheit werden. Eine reine Sexbeziehung ohne gegenseitiges Verstehen ist für Sie undenkbar.

## Wie wichtig ist Ihnen als Löwe-Eva die Liebe?

1. In sexueller Beziehung halten Sie sich für
   - a) *ein ungezähmtes Tier* — 6 Punkte
   - b) *ein anschmiegsames Kätzchen* — 0 Punkte
   - c) *einen kühlen Eisberg* — 2 Punkte
2. Können Sie frei über Ihre erotischen Gefühle sprechen?
   - a) *ohne alle Schwierigkeiten* — 4 Punkte
   - b) *nur in einem ganz bestimmten Kreis* — 3 Punkte
   - c) *nicht einmal mit dem Partner* — 0 Punkte
3. Wäre für Sie eine Partnerschaft und Liebe ohne sexuelle Beziehung denkbar?
   - a) *nach einigen Jahren durchaus* — 1 Punkt
   - b) *undenkbar, denn der Sex ist Bestandteil der Liebe* — 4 Punkte
   - c) *höchstens eine Zeit lang, aber nicht auf Dauer* — 3 Punkte
4. Was macht Sie bei der Liebe ganz besonders an?
   - a) *zärtliches Streicheln* — 1 Punkt
   - b) *leidenschaftliches Küssen* — 5 Punkte
   - c) *das Verlangen des Partners deutlich zu spüren* — 3 Punkte

5. Welche Rolle spielen Sie im Bett am liebsten?
   a) die elegante, fast kühle Frau               4 Punkte
   b) den Unschuldsengel                          2 Punkte
   c) den unersättlichen Vamp                     5 Punkte

**4 bis 10 Punkte:**

Für eine typische Löwe-Eva ist Ihr sexuelles Verlangen nicht unausgeprägt. Sie ergreifen kaum die Initiative, sondern warten darauf, daß der Partner Sie verführt. Auch haben Sie oft nicht die nötige Geduld, um aus einem Liebesspiel wirklich das Schönste zu machen. Andererseits sind Sie außerordentlich verführerisch und könnten mit etwas mehr Anstrengung in den Genuß einer durch und durch zufriedenstellenden Zweisamkeit kommen.

**11 bis 17 Punkte:**

Sie machen gar kein Geheimnis daraus, daß Sie die Liebe lieben, und daß es Ihnen Spaß macht, die Männer zu verführen. Haben Sie aber den Partner fürs Leben gefunden, sind Sie hundertprozentig treu und gehören zu jenen Frauen, die alles tun, um die Beziehung ein Leben lang erhalten zu können.

**18 bis 24 Punkte:**

Sie sind die Löwe-Circe schlechthin. Sie sind selbstbewußt, attraktiv, sexy und verführerisch. Ohne Erotik können Sie sich ein Leben nicht vorstellen. Wichtig ist für Sie, daß Sie auch nach vielen Jahren noch verliebt sind. Das hindert Sie allerdings nicht daran, auch mit anderen Männern hemmungslos, wenngleich harmlos zu flirten.

## Wie wichtig ist Ihnen als Löwe-Adam die Liebe?

1. Wie nähern Sie sich einer schönen Frau?
   a) durch Schmeicheleien                        2 Punkte
   b) durch einen Appell an ihre Körperlichkeit   4 Punkte
   c) durch Kameradschaftlichkeit                 0 Punkte
2. Sie fliegen auf Frauen, die
   a) verdammt gut aussehen                       3 Punkte
   b) Sie in Ihrer Männlichkeit bestärken         5 Punkte
   c) Ihnen geistig gewachsen oder gar überlegen sind   2 Punkte

3. Sie haben eine Frau die Sie glücklich macht
   a) alle anderen weiblichen Wesen sind damit für Sie gestorben — 4 Punkte
   b) das ist noch lange kein Grund, daß Sie sich gehen lassen — 0 Punkte
   c) trotzdem flirten Sie weiter — 2 Punkte
4. Ihre Partnerin benimmt sich in einer Gesellschaft daneben. Sie
   a) stellen Sie zu Hause zur Rede und weisen ihr den richtigen Weg — 2 Punkte
   b) lassen sie fallen, weil Sie das unmöglich fanden — 6 Punkte
   c) zeigen sich künftig nicht mehr mit ihr in der Öffentlichkeit — 3 Punkte
5. Halten Sie sich für einen Mann, der seiner Partnerin
   a) nicht oft genug schmeichelt — 1 Punkt
   b) immer reichlich Liebe und Lob entgegenbringt — 3 Punkte
   c) sogar mehr gibt, als sie verdient — 5 Punkte

**5 bis 11 Punkte:**

Ein typischer Löwe-Mann sind Sie in Sachen Liebe ganz bestimmt nicht. Sie können nämlich auch dann blendend mit einer Frau auskommen, wenn Ihre sexuelle Einstellung mit der ihren zwar übereinstimmt, es sonst aber kaum Gemeinsamkeiten gibt. Ihre Ansprüche sind überraschend niedrig. Sie sehnen sich nicht unbedingt nach einer Partnerin, die schillert und glänzt, mit der Sie repräsentieren können, und um die Sie von den anderen Männern beneidet werden. Eher ist für Sie ein stilles Glück am eigenen Herd wichtig.

**12 bis 18 Punkte:**

Ihnen ist schon eher das Gebaren der typischen Löwen eigen. Sie brauchen die ständige Bestätigung Ihrer Partnerin, der beste Liebhaber aller Zeiten zu sein, und legen großen Wert darauf, daß Sie mit der Frau an Ihrer Seite repräsentieren können. Manchmal allerdings neigen Sie zur Unsicherheit. Das schließt das Bett ein. Alles in allem gibt Ihnen eine funktionierende Liebe jenes Selbstbewußtsein, ohne das Sie nur schlecht leben können.

**19 bis 24 Punkte:**

Ihr Selbstbewußtsein ist beachtlich. Sie setzen voraus, daß Ihre Partnerin immer wieder sagt, daß Sie der Allergrößte sind, und daß Sie sich ein Leben mit einem anderen Mann nicht vorstellen kann. Aber Sie haben auch Recht. In Sachen Liebe sind Sie unschlagbar, und es gibt kaum eine Frau, die Ihrem Charme widerstehen kann. Auch Sie können sich ein Dasein ohne eine erfüllende Zweierbeziehung kaum denken. Dabei machen Sie kein Geheimnis daraus, daß Sie hin und wieder auch mit einem prickelnden Flirt zufrieden sein können.

## Wie wichtig ist Ihnen als Jungfrau-Eva die Liebe?

1. Was halten Sie von einer stürmischen leidenschaftlichen Liebe?
   - a) *das sollte der Partner gar nicht erst anfangen* — 1 Punkt
   - b) *das darf auf keinen Fall zu einer Voraussetzung für das gemeinsame Glück werden* — 2 Punkte
   - c) *das ist nur dann richtig, wenn es aus einer bestimmten Situation heraus geschieht* — 4 Punkte
2. Zärtlich lieben und leidenschaftlich können Sie nicht sein, wenn
   - a) *die Situation nicht romantisch ist* — 6 Punkte
   - b) *sich die Beziehung bereits abgeflacht hat* — 4 Punkte
   - c) *Ihre Stimmung nicht danach ist* — 0 Punkte
3. Sie sind in den Mann an Ihrer Seite verliebt, weil
   - a) *ein seelisches Gleichgewicht besteht* — 4 Punkte
   - b) *Körperlichkeit nun einmal wichtig ist* — 1 Punkt
   - c) *gegenseitiges Verständnis da ist* — 3 Punkte
4. Was verlangen Sie von einem Mann, um ihn lieben zu können?
   - a) *er muß hundertprozentig loyal sein* — 5 Punkte
   - b) *ich muß ihm vertrauen können* — 0 Punkte
   - c) *er muß mich in erotischer Beziehung immer wieder stimmulieren* — 2 Punkte
5. Wie stehen Sie zu einem harmlosen Flirt?
   - a) *kommt nur in Frage, wenn es keiner merkt* — 1 Punkt
   - b) *liegt mir ganz und gar nicht* — 5 Punkte
   - c) *kann aus einer bestimmten Situation oder Laune heraus ganz prickelnd sein* — 3 Punkte

**3 bis 8 Punkte:**

Sehr anspruchsvoll sind Sie als Jungfrau-Geborene keineswegs. Allerdings gehören Sie zu jenen selten gewordenen Jungfrau-Evas, die absoluten Spaß an der Liebe haben und aus ihrem Herzen keine Mördergrube machen. Sie können sogar im entscheidenden Moment Ihren kühlen Verstand verlieren.

**8 bis 15 Punkte:**

Für Sie ist eine Liebesbeziehung erst dann sinnvoll, wenn Sie sich auch auf geistiger Ebene abspielt. Erst wenn eine seelische Vergleichbarkeit da ist, und wenn man sich in jeder Beziehung versteht, hat das Bett für Sie den Reiz, den Sie ihm gerne einräumen.

**16 bis 24 Punkte:**
Sie sind Ihrem sexuellen Verlangen nach alles andere als eine typische Jungfrau-Eva. Sie haben zwar Spaß am Sex, aber brauchen nicht unbedingt die ganz große Liebe, um mit Ihrem Leben und mit Ihrem Dasein zufrieden zu sein.

## Wie wichtig ist Ihnen als Jungfrau-Adam die Liebe?

1. Was halten Sie von einer Frau, die in sexueller Beziehung die Initiative ergreift?
   - *a) das macht mich ganz schön an* — 5 Punkte
   - *b) das ist mir gegen die Natur* — 0 Punkte
   - *c) hin und wieder kann das unterhaltsam sein* — 2 Punkte
2. Wenn Sie sich selbst und Ihre Freundin vergleichen, wer war leidenschaftlicher?
   - *a) meistens die Frauen* — 1 Punkt
   - *b) das hielt sich die Waage* — 3 Punkte
   - *c) meistens Sie selbst* — 4 Punkte
3. Wie behandeln Sie die Frau in Ihrem Leben, an der Ihnen liegt?
   - *a) ich möchte sie mit Haut und Haaren haben* — 0 Punkte
   - *b) ich räume ihr gewisse Freiheiten ein, weil sie diese braucht* — 4 Punkte
   - *c) ich mache das von dem abhängig, was sie selbst sich wünscht* — 2 Punkte
4. Glauben Sie, zu erkennen was sich Ihre Partnerin jeden Moment wünscht
   - *a) nein, darüber muß sie mit mir sprechen* — 1 Punkt
   - *b) ja, das spüre ich meistens* — 6 Punkte
   - *c) ich kann es zumindest durch gezielte Fragen feststellen* — 4 Punkte
5. Was tun Sie, wenn eine geliebte Frau Sie verläßt
   - *a) ich verhalte mich passiv* — 5 Punkte
   - *b) ich suche mir eine neue Frau* — 2 Punkte
   - *c) ich versuche alles, um sie von diesem Schritt abzuhalten* — 1 Punkt

**3 bis 8 Punkte:**
In Sachen Liebe sind Sie erfreulich aktiv. Sie wollen die Initiative ergreifen und spielen auch gerne den Patriarchen. Damit sind Sie keineswegs jungfrautypisch. Wichtig ist für Sie gegenseitiges Verständnis und Entgegenkommen.

**9 bis 15 Punkte:**
Sie sind schon eher dem Zeichen der Jungfrau verhaftet. Ihnen gefällt es, wenn Ihre Partnerin den Ton angibt und Sie verführt. Allerdings halten Sie wenig von einer Frau, die ihre Emanzipation ständig betont. Wichtig ist für Sie die Liebe deshalb, weil Sie Ihr Leben sonst ganz der Arbeit und dem Ergeiz widmen.

**16 bis 24 Punkte:**

Typischer als Sie kann ein Jungfrau-Geborener gar nicht sein. Sie warten gelassen ab, bis die Dame Ihres Herzens den ersten Schritt unternimmt. Sie selbst möchten gar nicht das Ruder in der Hand haben. Besser wäre es jedoch, wenn Sie etwas aktiver und leidenschaftlicher wären, denn dann ist die Wahrscheinlichkeit größer, daß Sie niemals alleine bleiben werden.

## Wie wichtig ist Ihnen als Waage-Eva die Liebe?

1. Was halten Sie davon, sich einmal außerhalb des Bettes zu lieben?
    - a) *das finde ich aufregend* — 2 Punkte
    - b) *das gefällt mir gar nicht* — 5 Punkte
    - c) *das ginge, wenn der Partner die Initiative ergreift* — 3 Punkte

2. Muß der Mann, den Sie lieben können, unbedingt schön und gepflegt sein?
    - a) *natürlich, sonst kann ich mich nicht für ihn erwärmen* — 4 Punkte
    - b) *das interessiert mich nur am Rande* — 0 Punkte
    - c) *es gefällt mir, ist aber nicht ausschlaggebend* — 2 Punkte

3. Was halten Sie von solchen Frauen, die für jeden zu erobern sind?
    - a) *ich finde sie dumm* — 5 Punkte
    - b) *ich beneide sie um ihre Freiheit* — 1 Punkt
    - c) *ich finde das zwar ein bißchen taktlos, aber wenigstens ehrlich* — 2 Punkte

4. Durch welche Taktik versuchen Sie meistens einen Mann zu erobern?
    - a) *durch eine abweisende, fast kühle Haltung* — 0 Punkte
    - b) *durch meine weiblichen Waffen und meine körperlichen Reize* — 4 Punkte
    - c) *durch Charme und Verstand* — 3 Punkte

5. Warum gehen Sie mit einem Mann ins Bett?
    - a) *weil mir die Liebe gefällt* — 5 Punkte
    - b) *weil es mein Selbstbewußtsein stärkt* — 1 Punkt
    - c) *weil ich hoffe, daß daraus eine lange währende Bindung werden könnte* — 2 Punkte

**4 bis 9 Punkte:**

Eine typische Waage-Frau sind Sie nicht, denn sonst wäre Ihnen die seelische Bindung viel wichtiger als der bloße Sex. Mitunter erobern Sie nur deshalb einen Mann, weil er Ihnen vom Aussehen zusagt. An eine Dauerbeziehung denken Sie meistens erst, wenn Sie etwas älter geworden sind.

**10 bis 15 Punkte:**

Sie sind ein ziemlich abgeklärter Typ, der sich gar nicht mehr aufregt, wenn sich eine sexuelle Beziehung ergibt, mit der zunächst nicht gerechnet werden konnte. Sie bemühen sich dabei um gegenseitigen Respekt und tun alles, um Ihre Verehrer möglichst lange zu halten. Ohne prickelnde Erotik ist das Dasein für Sie langweilig.

**16 bis 22 Punkte:**

Das Verführen ist Ihnen auf dem Leib geschrieben. Sie sind die geborene Circe. Dabei ziehen Sie vor allem perfekte Kavaliere vor und machen gar keinen Hehl daraus, daß Sie Ihren weiblichen Waffen schonungslos gebrauchen. Im Endeffekt zahlt sich das aus

## Wie wichtig ist Ihnen als Waage-Adam die Liebe?

1. Was erwarten Sie von Ihrer Partnerin, wenn Sie sie durch ein Geschenk verwöhnt haben?
    *a) Dankbarkeit* — 0 Punkte
    *b) körperliche Liebe* — 4 Punkte
    *c) ein Gegengeschenk* — 3 Punkte

2. Nach einem gemeinsamen Abend mit einer Frau erwarten Sie, daß
    *a) Sie noch mit in ihre Wohnung kommen* — 5 Punkte
    *b) auch sie sich darum bemüht, Sie zu erobern* — 0 Punkte
    *c) man sich genug Zeit läßt, einander kennenzulernen* — 3 Punkte

3. Was wünschen Sie sich unmittelbar nach der Liebe
    *a) ein wenig kuschelige Zärtlichkeit* — 1 Punkt
    *b) ein anregendes Gespräch* — 2 Punkte
    *c) gar nichts, denn danach wird geschlafen* — 4 Punkte

4. Mit welcher Taktik versuchen Sie eine Frau zu erobern
    *a) Sie gehen aggressiv vor* — 5 Punkte
    *b) Sie überlassen vieles dem Zufall und nehmen sich Zeit* — 3 Punkte
    *c) Sie warten darauf, daß sie Ihnen die ersten Signale gibt* — 1 Punkt

5. Wenn Sie sich Ihren eigenen Typ aussuchen könnten, wären Sie am liebsten
    *a) ein treusorgender Partner* — 1 Punkt
    *b) ein Don Juan* — 4 Punkte
    *c) ein findiger Verführer, der aber treu bleiben kann* — 5 Punkte

**3 bis 9 Punkte:**

Ein typischer Waage-Mann sind Sie in Liebesdingen bestimmt nicht. Bei Ihnen nehmen Liebe und Zärtlichkeit zwar großen Raum ein, aber Sie gehören nicht zu jenen Männern, die die Initiative ergreifen. Dazu sind Sie viel zu schüchtern, weil Sie immer damit rechnen, einen Korb kriegen zu können. Dabei wirken Sie auf das zarte Geschlecht und können ruhig mit etwas mehr Vertrauen ausgestattet sein.

**10 bis 16 Punkte:**

Sie sind schon eher typisch für Ihr Sternzeichen. Als geborener Kavalier denken Sie stets daran, eine Frau auf Händen zu tragen und aus Ihrem Herzen keine Mördergrube zu machen. Da Sie beliebt sind und überall ankommen, haben Sie keine Schwierigkeiten, Partnerinnen zu finden. Sie brauchen Frauen, denn sonst ist das Leben für Sie leer.

**17 bis 23 Punkte:**

Ein wenig flatterhaft sind Sie schon. Zunächst verspühen Sie zwar sehr viel Charme und verschwenden jede Aufmerksamkeit an Ihre Partnerin, doch nach kurzer Zeit kann Ihr Interesse bereits wieder erlahmen, wenn Sie Ihr Ziel erreicht haben. Wenn Sie jetzt verletzend kühl reagieren, dürfen Sie sich nicht wundern, daß Sie letztendlich allein dastehen. Zeigen Sie sich betont von Ihrer besten Seite, wenn Ihnen daran gelegen ist, eine Partnerschaft über längere Zeit zu erhalten!

## Wie wichtig ist Ihnen als Skorpion-Eva die Liebe?

1  Sie haben sich mit Ihrem Partner gestritten, können Sie anschließend zu ihm zärtlich sein?
    *a) ja, das ist sogar wichtig*      5 Punkte
    *b) nein, das geht erst, wenn wir uns wieder versöhnt haben*      3 Punkte
    *c) das ist mir unmöglich*      0 Punkte

2. Was ist das Wichtigste, was Sie von einem Mann erwarten
    *a) Nachgiebigkeit*      1 Punkt
    *b) hundertprozentige Treue*      4 Punkte
    *c) Zärtlichkeit*      5 Punkte

3. Wie möchten Sie am liebsten im Bett sein
    *a) hemmungslos*      2 Punkte
    *b) kühl und überlegen*      4 Punkte
    *c) anschmiegsam*      0 Punkte

4. Was halten Sie von einem weichen, nachgiebigen und zärtlichen Mann
   a) *er kommt für mich nicht in Frage*  4 Punkte
   b) *er wäre für mich genau richtig*  1 Punkt
   c) *ich würde ihm ein Rückrat einziehen*  2 Punkte
5. Was empfinden Sie, wenn Ihr Partner Sie nicht in seine Arme genommen hat
   a) *ich glaube, daß er mich nicht mehr liebt*  3 Punkte
   b) *ich konzediere Müdigkeit*  1 Punkt
   c) *ich nehme mir vor, das nächste Mal genau so kalt zu sein*  5 Punkte

**3 bis 8 Punkte:**

Einem erotischen Abenteuer können Sie nur recht wenig abgewinnen. Dabei sind Sie keineswegs anspruchslos. Sie wollen einen soliden und zuverlässigen Partner, der ein Leben lang zu Ihnen steht. Allerdings mangelt es Ihnen ein wenig an erotischem Feuer und an der Wildheit, nach der sich viele Männer sehnen. Durch Ihren Charme machen Sie das jedoch wieder wett.

**9 bis 14 Punkte:**

Sie sind insofern eine typische Skorpion-Frau, als die Leidenschaft es mitunter schafft, Sie von Ihrem Phlegma zu befreien und zu einer bezaubernden Geliebten zu machen. Im gemeinsamen Alltag neigen Sie jedoch dazu, den Dingen ihren Lauf zu lassen, ohne sich intensiv genug um den Partner zu kümmern.

**15 bis 23 Punkte:**

Man braucht Ihnen nur kurz begegnet zu sein, um genau zu wissen, daß Sie Leidenschaft und hemmungslose Liebe an den Tag legen können. Leider verbinden Sie das mit einer gewissen Kampflustigkeit, einem Egoismus und dem Bestreben, den Partner zu beherrschen. Erst wenn ein Mann es schafft, über Sie das Zepter zu schwingen und den Ton anzugeben, blicken Sie zu ihm auf und sind in der Lage, eine herrliche Zweierbeziehung aufzubauen.

# Wie wichtig ist Ihnen als Skorpion-Adam die Liebe?

1. Was halten Sie von der Treue in einer Partnerschaft?
   a) *hundertprozentig kann die keiner einhalten*  1 Punkt
   b) *das ist das A und O der Beziehung*  5 Punkte
   c) *man sollte wenigstens versuchen, die Treue zu wahren*  4 Punkte

Wie wichtig ist Ihnen als Skorpion-Adam die Liebe?

2. Als was für einen Liebhaber würden Sie sich bezeichnen?
   - a) als passiv — 0 Punkte
   - b) als wild — 6 Punkte
   - c) als zärtlich — 3 Punkte
3. Welchen Stellenwert hat die Leidenschaft bei Ihnen?
   - a) das ist überhaupt das Wichtigste — 4 Punkte
   - b) erst kommt die Bequemlichkeit — 1 Punkt
   - c) ist immer latent vorhanden, muß aber entfacht werden — 2 Punkte
4. Wie muß sich eine Frau verhalten, damit Sie vor Liebe zu ihr entbrennen?
   - a) sie muß die Initiative ergreifen — 0 Punkte
   - b) sie sollte sich wie ein echtes Weib erobern lassen — 5 Punkte
   - c) sollte es ruhig schwierig machen, zur Besiegten zu werden — 3 Punkte
5. Ist es Ihnen wichtig, im Bett den Überlegenen zu spielen?
   - a) ja, durchaus — 4 Punkte
   - b) nein, in der Beziehung spielt es keine Rolle — 2 Punkte
   - c) es ist nur dann wichtig, wenn ich eine sehr starke Partnerin habe — 3 Punkte

**4 bis 10 Punkte:**

Für einen echten Skorpion-Mann sind Sie viel zu anpassungsfähig und einfühlsam, aber auch zu zärtlich. Ihnen liegt es nicht zu kämpfen, und Sie wollen auch nicht unbedingt den Ton angeben. Damit werden Sie zu einem begehrenswerten Partner, mit dem sich eine solide Zweierbeziehung aufbauen läßt.

**11 bis 19 Punkte:**

Da Sie ein typischer Skorpion sind, läßt sich schon daran erkennen, daß Sie sich ein Dasein ohne eine erfüllende Liebe nicht vorstellen können. Sie haben eine wilde, hemmungslose Lust nach Zärtlichkeit. Sie sind aber auch bereit, den anschmiegsamen, sogar anspruchslosen Liebhaber zu spielen, wenn dafür gegenseitiges geistiges Verstehen da ist.

**20 bis 24 Punkte:**

Passivität ist Ihnen fremd. Sie erobern gerne und lieben noch lieber. Maß und Ziel kennen Sie dabei kaum. Von einem goldenen Mittelweg haben Sie noch nie etwas gehört. Es gibt nur das entweder Oder. Halbheiten sind Ihnen fremd. Damit sind Sie bei den Frauen ein sehr begehrter Liebhaber, auch wenn Sie mitunter für das Abenteuer eher geeignet scheinen als für eine dauerhafte Beziehung.

## Wie wichtig ist Ihnen als Schütze-Eva die Liebe?

1. Welchen Stellenwert hat bei Ihnen das zärtliche Vorspiel?
   - a) *es ist ungeheuer wichtig* — 1 Punkt
   - b) *es ist ja nur Zeitverschwendung* — 5 Punkte
   - c) *unbedingt notwendig ist es nicht* — 2 Punkte
2. Könnten Sie sich vorstellen, mehrere Liebhaber nebeneinander zu haben?
   - a) *das würde ich als unmoralisch empfinden* — 0 Punkt
   - b) *das wäre durchaus denkbar* — 2 Punkte
   - c) *es gibt Situationen, in denen es sich nicht vermeiden läßt* — 4 Punkte
3. Was erwarten Sie von einem Mann, der Sie begeistern soll?
   - a) *er muß anständig und fair sein* — 3 Punkte
   - b) *er soll in Sachen Liebe nicht zu lange fackeln* — 5 Punkte
   - c) *er muß unbedingt ehrlich und vor allem treu sein* — 1 Punkt
4. Was halten Sie von einem Liebesspiel in der freien Natur?
   - a) *ganz und gar nichts* — 0 Punkte
   - b) *das kann sehr reizvoll sein* — 4 Punkte
   - c) *das geht nur dann, wenn beide Partner es wollen* — 2 Punkte
5. Sprechen Sie gerne über Ihr Intimleben
   - a) *nein, so etwas diskutiere ich nicht* — 4 Punkte
   - b) *das ist ein durchaus interessantes Thema* — 1 Punkt
   - c) *das ist nur dann ein thema, wenn es um die beiden betroffenen geht.* — 3 Punkte

**3 bis 9 Punkte:**

Veträumt sind Sie und romantisch und brauchen für die Liebe sehr viel Zeit. Das ist keineswegs schützetypisch. Sie sind ein Mensch, der dem Partner treu bleiben kann und eine Beziehung sucht, die auf Ehrlichkeit und Offenheit aufgebaut ist. Damit sind die Chancen, daß das Glück von Dauer ist, für Sie sehr groß.

**10 bis 15 Punkte:**

Sie sind insofern eine echte Schütze-Frau, als Sie sich auf keinerlei Diskussionen um den sexuellen Bereich einlassen. Für Sie ist die Liebe in der Tat nicht sonderlich wichtig. Die seelische Bindung zählt dafür umso mehr. Auch das gegenseitige Vertrauen hat einen hohen Stellenwert.

**16 bis 22 Punkte:**

Erst wenn Sie etwas älter geworden sind, ist auch die seelische und geistige Bindung für Sie von großer Bedeutung. In den jüngeren Jahren sind Sie nur an Sex und an der Körperlichkeit interessiert. Sie wissen ziemlich genau, was Sie wollen, und lassen sich gar nicht erst mit einem Mann ein, von dem Sie befürchten, daß er Ihnen nicht das bietet, wonach Sie sich sehnen.

## Wie wichtig ist Ihnen als Schütze-Adam die Liebe?

1. Was halten Sie davon, mehrere Liebschaften nebeneinander zu haben?
   *a) das ist viel zu anstrengend*   0 Punkte
   *b) das könnte ganz reizvoll sein*   2 Punkte
   *c) das ist immer das Beste, weil man dann Ausweichmöglichkeiten hat*   4 Punkte
2. Was halten Sie von Komplimenten bei einer sexuellen Beziehung?
   *a) das ist sehr wichtig*   2 Punkte
   *b) das ist völlig unwichtig*   4 Punkte
   *c) das hängt vom Geschmack der Partnerin ab*   1 Punkt
3. Können Sie ein ganzes Leben lang einer einzigen Frau treu sein?
   *a) sicherlich, nur mit Schwierigkeiten*   4 Punkte
   *b) nur wenn die Frau hundertprozentig meinen Vorstellungen entspricht*   2 Punkte
   *c) natürlich, vor allem wenn sie es auch ist*   0 Punkte
4. Warum gehen Sie mit einer Frau ins Bett?
   *a) nur aus Liebe*   1 Punkt
   *b) weil ich Sex möchte*   3 Punkte
   *c) weil es sich um ein Abenteuer handelt*   5 Punkte
5. Was passiert, wenn Sie sich von einer geliebten Frau trennen müssen?
   *a) das ist entsetzlich schwer*   2 Punkte
   *b) das kann ich mir nicht einmal vorstellen*   1 Punkt
   *c) das berührt mich nur am Rande*   5 Punkte

**3 bis 9 Punkte:**
Sie sind ein begeisterungsfähiger Schütze-Verführer, dessen Herz immer mit dabei ist, wenn er sich in ein erotisches Abenteuer stürzt. Allerdings ist es Ihnen viel wichtiger, daß Sie die Frau, mit der Sie intim werden, auch wirklich von Herzen lieben und auf geistiger Ebene verstehen. Sie sind für gegenseitige Treue und absolute Ehrlichkeit.

**10 bis 15 Punkte:**
Die meisten Schütze-Vertreter sind Filous, die es weder mit der Treue noch mit der Ehrlichkeit zu genau nehmen. Bei Ihnen ist das anders. Sie sind zwar nie

gegen die Liebesabenteuer eingestellt, aber möchten dabei grundsätzlich Gefühle investieren. Zwei Beziehungen nebeneinander können Sie sich kaum vorstellen, denn das entspricht nicht Ihrem Prinzip, Ihr Leben in Ordnung zu halten.

**16 bis 22 Punkte:**
Manchmal hat es den Eindruck, als würden Sie nie erwachsen. Sie jagen als typischer Schütze-Geborener allem nach, was einen Rock an hat. Im ersten Überschwung Ihrer Gefühle können Sie sich auch mal in der Partnerin vergreifen. Aber später werden Sie doch etwas ruhiger und finden im Allgemeinen zu einer Gefährtin, mit der Sie ein harmonisches Leben und eine beglückende Liebe teilen können.

## Wie wichtig ist Ihnen als Steinbock-Eva die Liebe?

1. Wie behandeln Sie einen Mann, den Sie wirklich lieben?
    a) *wie den absoluten König* 4 Punkte
    b) *unterschiedlich, weil das von seinem Verhalten abhängt* 0 Punkte
    c) *je nach eigener Laune* 2 Punkte
2. Was ist Ihnen wichtig, wenn Sie sich mit einem Mann einlassen?
    a) *daß Sie ihn glücklich machen* 1 Punkt
    b) *daß er auf dem gesellschaftlichen Parkett eine gute Figur macht* 3 Punkte
    c) *daß er bei Ihren Verwandten und Bekannten ankommt* 5 Punkte
3. Was halten Sie von einer Liebe nach Zeitplan und Programm?
    a) *das ist entsetzlich langweilig* 4 Punkte
    b) *das kann reizvoll sein, weil man dann wenigstens weiß, woran man ist* 2 Punkte
    c) *das könnte mich niemals glücklich machen, weil es langweilig ist* 1 Punkt
4. Können Sie dem Mann Ihrer Träume wirklich sagen, wonach Sie sich sehnen?
    a) *natürlich, denn ich möchte alles haben* 0 Punkte
    b) *nein, nur in versteckten Andeutungen* 3 Punkte
    c) *ich möchte es gar nicht, denn das muß er selbst herausfinden* 5 Punkte
5. Was macht in Ihren Augen einen Partner besonders liebenswert?
    a) *regelmäßige Komplimente* 1 Punkt
    b) *Treue und finanzielle Sicherheit* 4 Punkte
    c) *einfühlsamer Sex* 3 Punkte

**3 bis 8 Punkte:**
Eine ganz typische Steinbock-Geborene sind Sie gewiß nicht, denn Sie verfügen über die seltene Gabe, auch mit Worten auszudrücken, wonach Sie sich sehnen. Sie können durchaus leidenschaftlich lieben, aber nur dann, wenn Sie dazu in der

Stimmung sind, und wenn Sie sicher sein können, daß Ihre Gefühle erwidert werden. Wenn Ihnen irgend etwas nicht paßt, können Sie erschreckend kalt sein.

**9 bis 15 Punkte:**

Wichtig ist für Sie, daß ein Mann auf dem gesellschaftlichen Parkett eine gute Figut macht. Auch auf die finanzielle Sicherheit, die er Ihnen bieten kann, legen Sie gesteigerten Wert. Trotzdem sind Sie nicht eine typische Steinbock-Geborene, denn dazu sind Sie ein wenig zu wählerisch. Nur jenen Mann, der auch hundertprozentig zu Ihnen paßt, überhäufen Sie mit Liebenswürdigkeiten, Sex und Aufmerksamkeit. Ganz schnell finden Sie den Absprung, wenn der Mann Ihrer Wahl plötzlich seine Stellung oder seinen gesellschaftlichen Ruf verliert.

**16 bis 22 Punkte:**

Sie sind die typische Steinbock-Frau, vor allem in Sachen Liebe. Ihnen ist wichtig, daß der Mann Ihrer Wahl in Ihrem Bekanntenkreis akzeptiert wird. Nur dann sind Sie bereit, ihm nicht nur Ihr Herz, sondern auch Ihr Schlafzimmer zu öffnen. Allerdings tragen Sie Ihr Herz im allgemeinen nicht auf der Zunge, sondern lassen sich von dem Partner nur mühsam zu Geständnissen bewegen.

## Wie wichtig ist Ihnen als Steinbock-Adam die Liebe?

1. Zu welchem Typ der Liebhaber würden Sie sich zählen?
    *a) zum geborenen Kavalier der alten Schule*  1 Punkt
    *b) zum etwas nachlässigen, aber charmanten Begleiter*  5 Punkte
    *c) nicht unbedingt zu einem Gentleman*  3 Punkte
2. Wie verhalten Sie sich als Liebhaber in Ihren jungen Jahren?
    *a) ich tobe mich aus, um später treu sein zu können*  4 Punkte
    *b) ich taste mich langsam an die ersten sexuellen Eroberungen heran*  0 Punkte
    *c) ich bin auch nicht anders, als ich es später sein werde*  2 Punkte
3. Wie stufen Sie Ihre eigene Liebe ein?
    *a) groß und unersetzlich*  5 Punkte
    *b) es ist eher eine Pflichtübung*  1 Punkt
    *c) manchmal ist es doch sehr anstrengend*  3 Punkte
4. Finden Sie ausgedehnte, lange Liebesspiele schön?
    *a) ja, sie sind für mich die Krönung*  4 Punkte
    *b) sie sind eigentlich überflüssig*  0 Punkte
    *c) manchmal sind sie sehr reizvoll*  2 Punkte

5. Wie verhalten Sie sich einer Frau gegenüber, die Sie lieben?
   a) ich zeige ihr meine Gefühle immer — 1 Punkt
   b) ich werde ihr ein Leben lang treu sein — 5 Punkte
   c) ich mache mich zunächst ein wenig rar, um ihr Interesse noch zu steigern — 3 Punkte

**3 bis 9 Punkte:**

Diejenigen Frauen, die mit Ihnen zu tun haben, werden Sie kaum für einen typischen Steinbock-Mann halten. Sie sind immer charmant und zu jedem Kompliment bereit, aber können es sich nur schwer vorstellen, ein Leben lang an der Seite der gleichen Verehrerin zu verbingen. Ihnen liegt es mehr, von Blume zu Blume zu flattern und immer wieder etwas Neues auszuprobieren.

**10 bis 16 Punkte:**

Erst in Ihrem Alter werden Sie seßhaft und beständig. In Ihrer Jugend toben Sie sich ungehindert aus und tummeln sich wie ein Fisch im Wasser. Haben Sie aber erst einmal die richtige Partnerin gefunden, dann bleibt Ihr sexuelles Interesse auch bis ins hohe Alter bestehen. Langweilig wird ein Leben an Ihrer Seite bestimmt nicht, und das schließt das Schlafzimmer ein.

**17 bis 23 Punkte:**

Sie sind ein Steinbock-Mann, wie er im Buche steht. Bestimmt werden Sie nicht lange solo bleiben, denn Sie halten sich für unwiderstehlich und übertragen dies auf die Weiblichkeit. Wenn Sie etwas reifer geworden sind, suchen Sie sich eine Partnerin, der Sie ein Leben lang treu bleiben können, und mit der Sie auch in seelischer und geistiger Beziehung glücklich sind.

# Wie wichtig ist Ihnen als Wassermann-Eva die Liebe?

1. Wie stufen Sie den Sex ein?
   a) *er ist immer schön* — 4 Punkte
   b) *manchmal ist er auch eine Pflichtübung* — 3 Punkte
   c) *er gehört nun einmal dazu, um eine Partnerschaft in Gang zu halten* — 1 Punkt

2. Wie gehen Sie vor, wenn Sie einen Partner für die Liebe finden wollen?
   a) *ich suche sehr lange* — 5 Punkte
   b) *mir ist jeder recht, der das gewisse Etwas hat* — 1 Punkt
   c) *bei mir geht das ziemlich schnell* — 3 Punkte

3. Was möchten Sie bei einer sexuellen Beziehung fühlen?
   a) *die absolute Freiheit* — 5 Punkte
   b) *hin und wieder auch ein bißchen Druck von oben* — 1 Punkt
   c) *absolute Gleichberechtigung* — 3 Punkte
4. Wie bezeichnen Sie Ihre eigene Liebe?
   a) *als leidenschaftlich und stürmisch* — 2 Punkte
   b) *als romantisch und verträumt* — 5 Punkte
   c) *als aufopfernd und ein wenig passiv* — 0 Punkte
5. Fühlen Sie sich in der Liebe
   a) *nur manchmal richtig zufrieden* — 2 Punkte
   b) *oft enttäuscht* — 4 Punkte
   c) *immer glücklich* — 0 Punkte

**3 bis 9 Punkte:**

Eigentlich sind Sie auffallend unselbständig, was die Liebe betrifft, und das ist keineswegs typisch für die Wassermann-Eva. Sie nehmen sich nicht den ersten besten Mann zum Liebhaber, sondern suchen sich Ihre Freunde sehr sorgfältig aus. Von Anfang an sind Sie nämlich auf eine möglichst dauerhafte Beziehung aus.

**10 bis 16 Punkte:**

Auch bei Ihnen dauert es lange, bis Sie den richtigen Partner gefunden haben. Auf irgendwelche Zwielichtikeiten lassen Sie sich gar nicht erst ein. Wenn Sie den richtigen gefunden haben, vergessen Sie Ihre eigene Persönlichkeit und ordnen sich bis zur Selbstaufgabe unter. Dann sind Sie Feuer und Flamme.

**17 bis 23 Punkte:**

Ihre persönliche Freiheit geben Sie auch für den geliebten Mann nie ganz auf. Sie sind eine vielgeliebte Partnerin, wenn man Ihnen lange Zügel läßt, und können jeden Mann durch Ihre Verwandlungskünste und Ihren Ideenreichtum wieder aufs neue entflammen. Daran liegt Ihnen auch, denn die Liebe hat in Ihrem Leben einen hohen Stellenwert.

# Wie wichtig ist Ihnen als Wassermann-Adam die Liebe?

1. Sie finden, in der Partnerschaft muß eine Frau
   a) *sich ständig um Sie kümmern* — 1 Punkt
   b) *sich wie ein Kumpel verhalten* — 4 Punkte
   c) *immer treu sein* — 2 Punkte

2. Wenn Sie bis über beide Ohren verliebt sind, dann
   a) denken Sie nicht mehr an irgendwas anderes         1 Punkt
   b) kommt das übrige Leben trotzdem nicht zu kurz      5 Punkte
   c) denken Sie schon wieder darüber nach, ob es nicht noch eine
      andere Frau geben kann                             3 Punkte
3. Was brauchen Sie Ihrer Meinung nach im Bett noch zusätzlich?
   a) mehr Abwechslung                                   4 Punkte
   b) mehr Zärtlichkeit                                  2 Punkte
   c) mehr Schlaf                                        0 Punkte
4. Sie sind ein verheirateter Mann und auf Geschäftsreise. Was passiert?
   a) keine andere Frau kann Sie reizen                  1 Punkt
   b) Sie laufen immer Gefahr, doch schwach zu werden    3 Punkte
   c) Sie wissen genau, daß Sie hin und wieder etwas Neues
      brauchen                                           5 Punkte
5. Haben Sie es schon einmal erlebt, daß Sie heute von einer Frau ganz hingerissen waren, um sie morgen fallen zu lassen
   a) ist schon passiert                                 3 Punkte
   b) ja, aber nur selten                                5 Punkte
   c) nein, das ist mir noch nicht widerfahren           0 Punkte

**3 bis 9 Punkte:**

Ein typisch Wassermann-Geborener sind Sie in Sachen Liebe bestimmt nicht. Sie sind ungewöhnlich gefestigt in Ihren Gefühlen, wollen nicht immer eine neu Frau kennenlernen und fühlen sich glücklich, wenn Sie treu sein können und wissen, daß auch Ihre Partnerin diese Tugend teilt. Jede Frau an Ihrer Seite kann sich glücklich schätzen, Sie zum Mann zu haben.

**10 bis 16 Punkte:**

Bei Ihnen ist der Wassermann-Einfluß stark ausgeprägt. Das zeigt sich vor allen Dingen in der Unbeständigkeit Ihrer Beziehungen zu den Frauen. Sie ziehen deshalb eine Partnerin vor, die Sie festhält, auch wenn Sie nur ungern Ihre Freiheit aufgeben. Aber ein Leben ohne eine feste Bindung können Sie sich auch nicht vorstellen.

**17 bis 23 Punkte:**

Sie sind ein Wassermann, wie er im Buche steht. Auf der einen Seite sehnen Sie sich nach einer festen und harmonischen Beziehung, auf der anderen können Sie sich aber nicht vorstellen, daß dies nun das Ende der Welt sein soll. Sie brauchen immer mehrere heiße Eisen im Feuer, um rundherum glücklich zu sein. Erst in späteren Jahren gelingt es Ihnen, sich auf einen Menschen festzulegen.

## Wie wichtig ist Ihnen als Fische-Eva die Liebe?

1. Was ist Ihnen bei der Liebe am wichtigsten?
   a) *die Hemmungslosigkeit* — 0 Punkte
   b) *die Zärtlichkeit* — 3 Punkte
   c) *die Abwechslung* — 2 Punkte
2. Was halten Sie von immer neuen Liebespraktiken?
   a) *das regt mich auf* — 4 Punkte
   b) *das ist mir unwichtig* — 0 Punkte
   c) *das ist nur dann interessant, wenn der Partner genau weiß, was er tut* — 2 Punkte
3. Ein Mann, der zu Ihnen gehört
   a) *könnte Sie niemals betrügen* — 4 Punkte
   b) *muß sehr geschickt vorgehen, um Sie unbemerkt hintergehen zu können* — 2 Punkte
   c) *er hat es leicht, Sie zu hintergehen* — 0 Punkte
4. Womit versuchen Sie, einen Mann auf Dauer zu halten?
   a) *mit dem Verstand* — 3 Punkte
   b) *mit dem Aussehen* — 5 Punkte
   c) *mit der erotischen Ausstrahlung* — 2 Punkte
5. Was erwarten Sie hauptsächlich von dem Mann in Ihrem Leben?
   a) *daß er sich anpaßt* — 1 Punkt
   b) *daß Sie für ihn unentbehrlich sind* — 3 Punkte
   c) *daß er Ihnen den Alltag erleichtert* — 4 Punkte

**4 bis 9 Punkte:**
Sie sind sehr sexbetont und damit bestimmt keine typische Fische-Geborene. Sie wollen immer etwas Neues erleben und geben sich so emanzipiert, daß Sie so manchen möglichen Partner vergraulen. Erst in späteren Jahren werden Sie ganz Dame und beschränken sich auf einen Mann an Ihrer Seite, dem Sie dann treu sein können.

**10 bis 15 Punkte:**
Verleugnen können Sie ganz gewiß nicht, daß Sie unter dem Sternzeichen Fische geboren wurden. Sie sind anschmiegsam und zärtlich und tun alles, um es dem Manne an Ihrer Seite so schön wie nur möglich zu machen. Mitunter stellen Sie dabei Ihre eigenen Wünsche und Bedürfnisse sogar in den Hintergrund. Eine Eigenschaft, die Sie sich tunlichst abgewöhnen sollten.

**16 bis 21 Punkte:**
Sie sind sehr verschwiegen, wenn es darum geht, über Ihr Intimleben zu sprechen. Außerdem sind Sie ausgesprochen sentimental, denn Sie können kaum

einem Mann, der in Ihrem Leben einmal eine Rolle gespielt hat, wieder vergessen. Vom astrologischen Naturell her sind Sie eine Frau, die eine dauerhafte und beglückende Zweierbeziehung braucht, und die nicht geschaffen ist für immer neue Partner und immer neue Sexvarianten. Anlehnungsbedürftig wie Sie sind, sehnen Sie sich nach Sicherheit und dem Gefühl der Zusammengehörigkeit.

## Wie wichtig ist Ihnen als Fische-Adam die Liebe?

1. Was muß eine Frau tun, um Sie auf erotischem Gebiet zu erregen
   - a) sie muß einfallsreich sein — 3 Punkte
   - b) sie muß sich reizvoll kleiden — 5 Punkte
   - c) sie braucht gar nichts zu tun, denn Sie wissen selbst, wen Sie begehren — 1 Punkt

2. Sind Sie in der Lage öffentlich zuzugeben, was Ihnen die körperliche Liebe bedeutet
   - a) das geht niemanden etwas an — 5 Punkte
   - b) selbstverständlich — 3 Punkte
   - c) so wichtig ist das Ganze nicht — 2 Punkte

3. Was versetzt Sie in eine erotische Stimmung
   - a) aufreizende Frauen und aufpeitschende Musik — 0 Punkte
   - b) eine intime Atmosphäre — 4 Punkte
   - c) ein anregendes Gespräch — 2 Punkte

4. Würden Sie sich selbst als einen romantischen Liebhaber bezeichnen
   - a) unbedingt — 3 Punkte
   - b) ganz und gar nicht — 0 Punkte
   - c) das kommt auf die Frau an — 2 Punkte

5. Was empfinden Sie, wenn Sie alleine sind
   - a) ich bin mir selbst genug — 1 Punkt
   - b) ich weiß überhaupt nicht, wofür ich lebe — 4 Punkte
   - c) mir ist der Zustand unangenehm, und ich hoffe, daß er nicht auf Dauer ist — 3 Punkte

**4 bis 9 Punkte:**
Der typische Fische-Mann sind Sie ganz gewiß nicht. Vor allen Dingen nicht im Bett. Für Zärtlichkeiten und Romantik bringen Sie nur selten die nötige Geduld und Zeit auf. Sie sind eher ein Mensch, der sich im verbalen Bereich über das, was er empfindet, äußert, aber dem nicht unbedingt die entsprechenden Taten folgen läßt.

**10 bis 15 Punkte:**
In Sachen Liebe sind Sie durchaus ein typischer Fische-Vertreter, denn Ihnen ist an Herzlichkeit, gegenseitiger Zuneigung und Zärtlichkeit sehr viel gelegen. Eine

Frau, die nur schön ist, könnte Ihnen nie etwas bieten. Auch die geistige Übereinkunft muß da sein und die innere Harmonie. Treue ist Ihnen dann auf den Leib geschrieben.

**16 bis 21 Punkte:**

Sie sind der richtige Fische-Liebhaber. Sinnlich sind Sie, einfallsreich, zärtlich und auch diskret. Sie können einer Frau das Gefühl geben, von Ihnen in jeder Minute begehrt und niemals durch eine andere ersetzt zu werden. Gleichgültigkeit in Sachen Sex ist Ihnen absolut fremd.

## Sind Sie ein typischer Widder-Mann?

|  | JA | NEIN |
|---|---|---|
| 1. Sind Sie vom Temperament her ein Phlegmatiker? | 0 | 3 |
| 2. Finden Sie, daß ein Mann unmöglich sein Leben lang mit einer einzigen Frau auskommen kann | 4 | 2 |
| 3. Finden Sie, daß sich die Frauen auch im Zeitalter der Emanzipation unterordnen müßten? | 2 | 1 |
| 4. Gehört es zu Ihren Kindheitsträumen, Flugkapitän oder Lokführer zu werden? | 3 | 0 |
| 5. Würde es Sie stören, wenn Ihre Freundin auch mit anderen Männern flirtet? | 4 | 1 |
| 6. Geben Sie sich Mühe, möglichst allen Schwierigkeiten aus dem Weg zu gehen? | 1 | 3 |
| 7. Finden Sie es schön, wenn Sie vor sich hingrübeln können, ohne etwas tun zu müssen? | 2 | 4 |
| 8. Finden Sie, daß Sie niemals unbeherrscht sind, sondern sich immer in der Gewalt haben? | 0 | 2 |
| 9. Ist es Ihnen wichtig, privat und beruflich immer den Ton anzugeben? | 3 | 2 |
| 10. Geben Sie rasch auf, wenn alles nicht so läuft, wie Sie sich das vorgestellt haben | 1 | 4 |
| 11. Können Sie gut zuhören? | 1 | 3 |
| 12. Glauben Sie, daß Sie als Kind leicht erziehbar waren? | 0 | 2 |
| 13. Halten Sie sich selbst für bescheiden? | 1 | 4 |

**Bis zu 12 Punkte:**

Ein ganz typischer Widder-Mann sind Sie bestimmt nicht. Ihre zurückgezogene Art, Ihr Hang fürs Gemütliche und Ihr Bestreben, Auseinandersetzungen aus dem Weg zu gehen, sind nicht sehr verbreitete Eigenschaften dieses Sternzeichens. Außerdem halten Sie sich bescheiden im Hintergrund und sollten sich nicht wundern, wenn Sie gelegentlich übersehen werden. Etwas mehr Ellenbogenfreiheit könnte bestimmt nicht schaden.

**13 bis 28 Punkte:**
Sie einzuordnen ist keineswegs einfach. Während Ihr Temperament innerhalb der Familie gebändigt ist, fällt es Ihnen in der Schule und später auch im Berufsleben schwer, sich unterzuordnen. Sie sind ein hervorragender Organisator und gehen alle Probleme tatkräftig an. Dennoch schätzen Sie – im Gegensatz zum ganz typischen Widder-Mann – gelegentlich ein besinnliches Gespräch. Mit Ihrer Einstellung zum Leben und zu Ihrer Umwelt werden Sie kaum Schwierigkeiten haben, Freunde zu finden und Vorgesetzte zu begeistern.

**29 Punkte und mehr:**
Sie sind ein ganz typischer Widder-Mann. Dafür spricht unter anderem Ihre Eifersucht und die doppelte Moral, die Sie für sich geltend machen. Sie verlangen eine ganze Menge. Sie sehnen sich nämlich nach einer Partnerin, die zugleich Kumpel ist, aber auch Geliebte und verständnisvolle Gefährtin. Ihren Weg ins Glück werden Sie machen, denn Sie haben Ausstrahlungskraft, setzen sich durch und kommen an.

## Sind Sie eine typische Widder-Frau?

| | JA | NEIN |
|---|---|---|
| 1. Greifen Sie mitunter zu einer Notlüge? | 0 | 3 |
| 2. Muten Sie sich manchmal mehr zu, als Sie eigentlich schaffen können? | 3 | 1 |
| 3. Ist es Ihnen wichtig, Ihre Unabhängigkeit zu bewahren? | 3 | 1 |
| 4. Halten Sie sich für einen phlegmatischen Typ? | 1 | 4 |
| 5. Können Sie nach einer Auseinandersetzung den ersten Schritt zur Versöhnung tun? | 0 | 2 |
| 6. Können Sie eine Enttäuschung leicht überwinden? | 1 | 3 |
| 7. Konzentrieren Sie sich mitunter dermaßen auf Ihre Arbeit, daß Sie darüber alles andere vergessen? | 4 | 2 |
| 8. Finden Sie, daß Sie sportlich sind? | 3 | 1 |
| 9. Fehlt es Ihnen an Selbstbewußtsein? | 1 | 3 |
| 10. Finden Sie, daß eine Frau erst dann glücklich ist, wenn Sie verheiratet ist? | 2 | 4 |
| 11. Halten Sie solche Frauen, die zu allem Ja und Amen sagen, für ziemliche Nervensägen? | 1 | 3 |
| 12. Finden Sie, daß eine Frau, die sich den Männern immer unterordnet, besonders große Chancen hat? | 2 | 0 |
| 13. Könnten Sie eine Frau, die sich Ihnen in allem anpaßt, zu Ihrer Freundin machen? | 3 | 1 |

**Bis 12 Punkten:**

Starke und oft auch schwierige Persönlichkeiten – das sind die typischen Widder-Frauen. Auf Sie trifft das allerdings nicht zu. Sie ordnen sich freiwillig und gerne unter und möchten zu dem Partner an Ihrer Seite aufsehen können. Außerdem sind Sie unkompliziert und gradlinig. Ihr Zärtlichkeitsbedürfnis und Ihre Sanftmut sind zwar typisch frauliche, aber auf keinen Fall typische Widder-Eigenschaften.

**13 bis 28 Punkte:**

Ehrgeizig sind Sie bestimmt. Manchmal können Sie sich in Ihre Arbeit regelrecht hineinbeißen. Als echte Widder-Frau wollen Sie etwas leisten, erreichen und darstellen. Es liegt Ihnen, Ihr eigener Herr, beziehungsweise Ihre eigene Herrin zu sein. Nur in der Liebe, da sind Sie anpassungsfähig und dulden auch eine starke Führung. Und diese Eigenschaft entspricht gar nicht der typischen Widder-Dame. Wenn es Ihnen gelingt, einen Kompromiß zu finden zwischen Ihrer privaten und beruflichen Persönlichkeit, sind Sie auf dem richtigen Wege.

**29 Punkte und mehr:**

Sie sind eine Widder-Frau wie Sie im Buche steht: Energiegeladen, selbstbewußt, durchsetzungskräftig und stolz. Halbheiten liegen Ihnen überhaupt nicht. Auch Kompromisse sind Ihnen verdächtig. Sie wollen respektiert und geachtet werden und kommen nur mit solchen Menschen aus, zu denen Sie aufsehen können. Einziger Nachteil: Ihre grenzenlose und schwer zu kontrollierende Leidenschaft führt Sie oft zu Enttäuschungen und mitunter auch zu einer Position zwischen zwei Stühlen. Versuchen Sie, sich in dieser Beziehung zu mäßigen! Dann ist Ihnen das Glück bald hold.

## Sind Sie ein typischer Stier-Mann?

|  | JA | NEIN |
|---|---|---|
| 1. Mögen Sie es von Ihrer Partnerin auch im Zeitalter der Emanzipation, daß Sie zu Ihnen aufsieht? | 3 | 1 |
| 2. Machen Komplimente Sie verlegen? | 2 | 3 |
| 3. Neigen Sie zu unkontrollierbarer Eifersucht? | 2 | 3 |
| 4. Finden Sie, daß Sie ein durchaus häuslicher Mensch sind? | 4 | 2 |
| 5. Glauben Sie, daß Sie wirklich die Wahrheit sagen, wenn Sie behaupten, kein Egoist zu sein? | 0 | 3 |
| 6. Sind Sie so gutgläubig, daß Sie auf andere Menschen hereinfallen? | 1 | 4 |

|  |  | JA | NEIN |
|---|---|---|---|
| 7 | Haben Sie schon oft gehört, Sie seien ein unverbesserlicher Dickkopf? | 3 | 1 |
| 8 | Sind Sie leicht entflammbar? | 2 | 4 |
| 9. | Würden Sie eine Frau, die Sie über alles lieben, auf Händen tragen? | 3 | 4 |
| 10. | Galten Sie früher als ein strebsamer Schüler? | 3 | 1 |
| 11. | Verfolgen Sie Ihre Ziele mit großer Zähigkeit? | 3 | 1 |
| 12. | Verlieren Sie sich oft in Träumereien und bauen Sie unbewohnbare Luftschlösser? | 0 | 3 |
| 13. | Fühlen Sie sich oft so gehetzt, als sei Ihnen der Leibhaftige auf den Fersen? | 1 | 4 |

**15 bis 22 Punkte:**

Bei Ihrer Geburt scheinen Ihre Sterne keinen sonderlichen Einfluß auf Sie ausgeübt zu haben. Mit Ihrer Nervosität, Ihrer Ungeduld, der Tatsache, daß Sie immer auf dem Sprung sind, sind Sie das genaue Gegenteil eines typischen Stier-Mannes. Sowohl Frauen gegenüber als auch im beruflichen Bereich verlieren Sie schnell die Ausdauer. In solchen Fällen behaupten Sie dann, vom Pech verfolgt zu sein. Dabei fehlt es Ihnen in Wirklichkeit an der nötigen Energie bei dem Erreichen Ihrer Ziele und der Realisierung Ihrer Wünsche. Wären Sie ein hundertprozentiger Stier-Mann, würden Sie gar nicht so schnell aufgeben. Doch trösten Sie sich! Dafür sind Sie anhänglich, liebenswert und hilfsbereit.

**23 bis 31 Punkte:**

Ein feuriger Romeo sind Sie gerade nicht. Im Gegenteil. Sie brauchen eine lange Anlaufzeit, bis Sie Frauen gegenüber auftauen. Aber auch dann fällt es Ihnen noch schwer, Ihr Herz auf der Zunge zu tragen und Liebesgeständnisse zu machen. Das ist für einen Stier-Mann ganz typisch. Mit Ihrer Vorliebe für kameradschaftliche, tüchtige, sogar überlegene Frauen entsprechen Sie aber gar nicht Ihrem Sternzeichen. Normalerweise mögen Stiergeborene romantische Frauentypen, die sich anschmiegen.

**34 bis 41 Punkte:**

Ein Stier, wie er im Bilderbuch steht, das sind Sie: Ausdauernd bis zur Verbissenheit, strebsam, willensstark und nicht zu leicht aus der Ruhe zu bringen. Eine gewisse Portion Egoismus und Mißtrauen paaren sich bei Ihnen mit Starrköpfigkeit und gelegentlichen Anflügen von Arroganz. In der Liebe können Sie sehr eifersüchtig und besitzergreifend sein. Doch Sie haben ein Recht zu dieser Einstellung, denn die Frau, die sich ein bißchen um Sie kümmert und Ihr Herz gewonnen hat, findet in Ihnen einen treuen und häuslichen Partner.

## Sind Sie eine typische Stier-Frau?

| | JA | NEIN |
|---|---|---|
| 1. Würden Sie von sich selbst sagen, daß Sie eifersüchtig sind? | 2 | 0 |
| 2. Haben Sie Schwierigkeiten, sich auf die Eigenheiten anderer Menschen einzustellen? | 4 | 2 |
| 3. Kommen solche Männer, die Ihnen Komplimente machen, bei Ihnen schneller ans Ziel? | 3 | 1 |
| 4. Finden Sie zu anderen Menschen sehr schnell und leicht Kontakt? | 1 | 3 |
| 5. Kann es Ihnen passieren, daß Sie arrogant wirken, obwohl Sie das gar nicht beabsichtigt hatten? | 2 | 0 |
| 6. Würden Sie zugeben, daß Sie hin und wieder ein Dickkopf sein können? | 1 | 2 |
| 7. Sind Sie ein Typ, der sich Hals über Kopf verlieben kann? | 2 | 3 |
| 8. Können Sie sich vorstellen, daß jemand, nur weil er in der Liebe enttäuscht wurde, freiwillig aus dem Leben scheidet? | 1 | 4 |
| 9. Haben Sie das Gefühl, daß Sie bei Entscheidungen oder Urteilen oft etwas zu vorsichtig sind? | 2 | 0 |
| 10. Fällt es Ihnen leicht, andere Menschen zu beeinflussen? | 2 | 4 |
| 11. Bauen Sie sich mitunter eine Traumwelt auf? | 1 | 4 |
| 12. Ist Ihnen Ihr gutes Aussehen wichtig? | 3 | 2 |

**13 bis 20 Punkte:**

Es ist schwer, in Ihnen die echten Stier-Eigenschaften zu erkennen. Sie sind immer ein wenig gehetzt, immer in Eile, jagen oft hinter nicht erreichbaren Zielen her und schaffen erstaunlicherweise doch immer das, was Sie sich vorgenommen haben. Sie sind zwar idealistisch eingestellt, verlieren dabei aber niemals den Boden unter den Füßen. Im Gegensatz zu den typischen Stier-Geborenen würden Sie für die Liebe alles tun. Privates Glück ist Ihnen viel, viel wichtiger als beruflicher Erfolg oder gesellschaftliches Ansehen. Damit sind Sie für die meisten Männer eine ideale Partnerin.

**21 bis 28 Punkte:**

Einige Stier-Eigenschaften, die als typisch bezeichnet werden müssen, findet man bei Ihnen durchaus: Willensstärke zum Beispiel, Ausdauer bei der Verfolgung eines Zieles, Sinn für alles Praktische, aber auch für alles Materielle. Aber im Gegensatz zur typischen Stier-Frau sind Sie stets aufgeschlossen für die Meinung anderer. Sie sind nicht egoistisch, sind offenherzig, entgegenkommend und tolerant. Mißtrauen, wie das so oft bei Stier-Frauen angetroffen werden kann, ist Ihnen fremd.

**29 bis 37 Punkte:**

Ihres eigenen Wertes sind Sie sich durchaus bewußt. Sie haben auch gar nichts dagegen, wenn andere merken, was wirklich in Ihnen steckt. Es schmeichelt Ihnen, wenn diese daraus kein Geheimnis machen. Auch der Eifer, mit dem Sie sich auf eine Arbeit stürzen können, ohne sich allerdings dabei hetzen zu lassen, ist durchaus typisch für Ihr Sternzeichen. Sie verlieben sich für Ihr Leben gern. Aber Sie sind zu realistisch und zu intellektuell, um aus Liebe heraus irgend eine Dummheit zu begehen. Das liegt den Stier-Geborenen ohnehin nicht.

## Sind Sie ein typischer Zwillinge-Mann?

| | JA | NEIN |
|---|---|---|
| 1. Haben Sie Schwierigkeiten, sich zu entschuldigen, wenn Sie sich geirrt haben oder jemanden kränkten? | 0 | 3 |
| 2. Sind Sie ein Typ, der am liebsten ständig um die Welt reisen würde, wenn das notwendige Kleingeld dafür vorhanden wäre? | 4 | 1 |
| 3. Hatten Sie früher in der Schule Schwierigkeiten? | 1 | 4 |
| 4. Würden Sie sich als einen guten Menschenkenner bezeichnen? | 3 | 1 |
| 5. Passiert es Ihnen oft, daß Sie bei einer Party oder anderen Gesellschaft im Mittelpunkt stehen, weil Sie so gesprächig sind und als guter Unterhalter gelten? | 2 | 0 |
| 6. Würden Sie zugeben, daß Sie Ihren Mitmenschen manchmal auf die Nerven gehen? | 3 | 1 |
| 7. Können Sie sich rasch auf andere Menschen einstellen und sich sogar bis zu einem gewissen Grade unterordnen? | 4 | 2 |
| 8. Halten Sie sich für begeisterungsfähig? | 0 | 3 |
| 9. Reizt es Sie, Neues kennenzulernen? | 3 | 1 |
| 10. Gefallen Ihnen solche Frauen, die vor Temperament überschäumen? | 2 | 3 |
| 11. Ist Ihre Lieblingsfarbe eher gelb oder grau, als blau oder schwarz? | 2 | 1 |
| 12. Macht man Ihnen oft den Vorwurf, Sie seien ausgesprochen launisch? | 4 | 2 |
| 13. Halten Sie die absolute Gleichberechtigung in einer Ehe für besonders wichtig? | | |

**13 bis 20 Punkte:**

Es ist gar nicht so leicht, bei Ihnen typische Zwillings-Eigenschaften zu suchen. Im Gegensatz zum sonst aktiven und wißbegierigen Zwillige-Mann sind Sie eher etwas faul und phlegmatisch. Sie fühlen sich dann am wohlsten, wenn Sie in einem bequemen Sessel vor dem Fernsehen sitzen können und von niemanden gestört werden. Allerdings sind Sie deshalb noch lange nicht menschenscheu oder abweisend. Sie möchten nur Ihre Ruhe haben. Wer das respektiert, kann recht gut mit Ihnen Freund werden, solange er die nötige Distanz hält. Bemühen Sie sich darum, etwas entgegenkommender zu sein und Ihre liebenswerten Eigenschaften mehr zur Schau zu stellen!

**21 bis 30 Punkte:**

Es ist genauso richtig, wenn Sie sich als echten Zwillinge-Mann bezeichnen, als wenn Sie das Gegenteil behaupten. Ihre scharfe Beobachtungsgabe, Ihr rasches Auffassungsvermögen sowie Ihr Streben nach Unabhängigkeit sind zweifellos typische Zwillings-Eigenschaften. Dennoch fehlt Ihnen etwas von jener heiteren, lockeren Note, die den echten Zwillinge-Menschen so liebenswert macht.

**31 bis 38 Punkte:**

Zweifellos sind Sie ein Vollblut-Zwilling, der alle typischen astrologischen Eigenschaften auf sich vereint. Sie sind anpassungsfähig, charmant, manchmal eine Spur zu leichtfertig, haben einen Hang zur Unbesonnenheit und wickeln dank Ihrer Ausstrahlungskraft die Schönen dieser Welt um den kleinen Finger. Übertriebene Sorgen um die Zukunft sind Ihnen fremd. Für Sie zählt der Augenblick, der gar nicht schillernd genug sein kann.

## Sind Sie eine typische Zwillinge-Frau?

| | JA | NEIN |
|---|---|---|
| 1. Wären Sie am liebsten Schauspielerin geworden? | 3 | 1 |
| 2. Langweilen Sie Bücher ohne Spannung? | 2 | 0 |
| 3. Gehört die Malerei zu Ihren Hobbys? | 2 | 1 |
| 4. Lehnen Sie es ab, mit den Männern nur zu flirten? | 0 | 4 |
| 5. Sind Sie eine wahre Make-up-Künstlerin? | 3 | 1 |
| 6. Könnten Sie sich vorstellen, auf einer romantischen, aber einsamen Insel zu leben? | 1 | 3 |
| 7. Führen Sie vieles, was Sie angefangen haben, nicht zu Ende? | 4 | 2 |
| 8. Besitzen Sie seit langem ein Sparbuch?? | 3 | 1 |
| 9. Gehen Sie immer mit der Mode? | 2 | 0 |

|  | JA | NEIN |
|---|---|---|
| 10. Können Sie nur mit Mühe lange stillsitzen? | 3 | 1 |
| 11. Sind Sie gerade verliebt? | 2 | 0 |
| 12. Neigen Sie zur Launenhaftigkeit? | 2 | 1 |
| 13. Lehnen Sie Dia-Vorträge ab, wenn Sie nicht selbst bei der entsprechenden Reise dabei waren? | 2 | 0 |

**10 bis 20 Punkte:**

Für eine echte Zwillinge-Eva sind Sie viel zu gradling und entschlossen. Ihnen fehlt die für Ihr Sternzeichen typische Wankelmütigkeit. Andererseits haben Sie die fröhliche und unbekümmerte Ausstrahlung, die für dieses astrologische Naturell so bezeichnend ist. Bei den Männern kommen Sie daher blendend an, auch wenn Sie den Ruf haben, mit manchen Herzen nur zu spielen.

**21 bis 29 Punkte:**

Ihre überschäumende Lebensfreude, Ihre Gesprächigkeit und Ihr Hang nach Geselligkeit sind durchaus typisch für eine Zwillinge-Frau. Sie wollen immer genau da sein, wo etwas los ist. Andererseits können Sie bisweilen auch völlig abschalten, sich auf ein Buch konzentrieren oder einfach träumen. Letzteres ist gar nicht so verbreitet unter den Vertreterinnen Ihres Sternzeichens. Das macht Sie jedoch nur anziehender, denn die den Zwillingen so oft nach gesagte Oberflächlichkeit ist damit bei Ihnen nicht anzutreffen.

**30 bis 36 Punkte:**

Ihre optimistische Grundeinstellung dem Leben gegenüber, Ihre Vergnügungssucht und Ihre Geschäftigkeit sind genauso typisch Zwilling wie Ihr ausgeprägter Sinn für schicke Mode und gepflegtes Auftreten. Sie lassen sich nun einmal gern bewundern, lieben es, auf Partys zu gehen, tanzen für Ihr Leben gerne und können von einer so heiteren Ausgelassenheit und Fröhlichkeit sein, daß Sie ansteckend wirken und keinerlei Schwierigkeiten haben, mit Ihren Mitmenschen warm zu werden.

## Sind Sie ein typischer Krebs-Mann?

|  | JA | NEIN |
|---|---|---|
| 1. Wird Ihnen oft nachgesagt, Sie hätten ein dickes Fell? | 0 | 3 |
| 2. Mußten Sie die bittere Erfahrung machen, daß Ihre Hilfsbereitschaft gern ausgenutzt wird? | 3 | 1 |
| 3. Gehören Sie zu jenen Männern, die nicht einmal einen Nagel gerade in die Wand schlagen können? | 1 | 4 |

# Sind Sie ein typischer Krebs-Mann?

|  | JA | NEIN |
|---|---|---|
| 4. Haben Sie manchmal das Gefühl, daß Sie sich selbst nicht genau kennen? | 2 | 3 |
| 5. Geben Sie das Geld immer mit vollen Händen aus? | 1 | 4 |
| 6. Haben Sie sich immer danach gesehnt, Ihr eigenes Haus zu besitzen? | 4 | 2 |
| 7. Sind Sie manchmal himmelhochjauchzend und gleich darauf zu Tode betrübt? | 3 | 0 |
| 8. Finden Sie, daß Sie ein Eroberertyp sind? | 1 | 4 |
| 9. Haben Sie Schwierigkeiten, ein Leben lang treu zu sein? | 0 | 2 |
| 10. Lassen Sie sich bei der Beurteilung eines Menschen oder einer Situation mehr vom Gefühl als vom Verstand leiten? | 3 | 1 |
| 11. Sind Sie ein romantischer, leicht verträumter Typ? | 4 | 2 |
| 12. Sehnen Sie sich danach, immer der starke Mann zu sein, zu dem die Frauen aufsehen? | 1 | 3 |
| 13. Ist Ihnen ein gemütliches Zuhause sehr wichtig? | 2 | 0 |

## 12 bis 22 Punkte:

Selbst dann, wenn Sie bereits verheiratet sind, werden Sie im Grunde Ihres Herzens ein typischer Junggeselle bleiben. Die Sehnsucht nach dem eigenen Heim und der Familie ist bei Ihnen recht unterentwickelt. Am liebsten bewegen Sie sich auf Freiersfüßen, flirten mal mit dieser und mal mit jener Schönen. Das macht Sie im Gegensatz zum typischen Krebs-Mann nicht gerade sehr ehetauglich, aber zu einem Verführer, nach dem sich alle Mädchen die Finger lecken.

## 23 bis 32 Punkte:

Als einen „halben" Krebs könnte man Sie gerade noch gelten lassen. Sie sind handwerklich sehr geschickt. Vor kleineren und größeren Reparaturen und anderen Arbeiten im Haus und Garten scheuen Sie sich nicht zurück. Ihre Hilfsbereitschaft anderen gegenüber ist eine Eigenschaft, die typisch ist für die unter Ihrem Sternzeichen Geborenen. Alles in allem sind Sie ein Mensch, der als Freund, Berater und Partner außerordentlich wertvoll ist.

## 33 Punkte und mehr:

Genau genommen sind Sie der Krebs-Mann in Vollendung. Voller Fantasie, nicht immer auf dem Boden der Tatsachen bleibend, bisweilen Luftschlösser bauend, aber immer gutmütig und zum idealen Familienvater geeignet. Wenn Sie nach einiger Zeit des Ausprobierens endlich die Frau gefunden haben, die Sie wirklich lieben, fällt es Ihnen nicht schwer, treu zu sein. Falsche Freunde werden Ihre Hilfsbereitschaft bisweilen ausnutzen. Deshalb sollten Sie in dieser Beziehung ein wenig vorsichtiger sein und Ihr Herz nicht immer freizügig auf der Zunge tragen.

## Sind Sie eine typische Krebs-Frau?

|  | JA | NEIN |
|---|---|---|
| 1. Finden Sie, daß Sie ein dickes Fell haben? | 1 | 3 |
| 2. Können Sie vor lauter Rührung im Kino oder vor dem Fernsehen weinen? | 3 | 2 |
| 3. Ist es richtig, daß Sie mehr mit dem Gefühl als mit dem Verstand urteilen? | 4 | 2 |
| 4. Lieben Sie plötzliche Überraschungen? | 0 | 2 |
| 5. Würden Sie von sich selbst sagen, ein hundertprozentiger Familienmensch zu sein? | 3 | 1 |
| 6. Gehören Sie zu jenen Frauen, die gern mal eine kleine Szene machen oder ein paar Tränen vergießen, um auf sich aufmerksam zu machen? | 1 | 3 |
| 7. Reicht Ihnen Ihr Haushaltgeld meistens nicht? | 2 | 4 |
| 8. Möchten Sie am liebsten pausenlos durch die Welt reisen, um möglichst viel zu sehen oder zu erleben? | 1 | 3 |
| 9. Sind Sie in Ihrer Grundstimmung ausgeglichen und heiter? | 3 | 1 |
| 10. Können Sie sich ein Leben ohne die Geborgenheit einer Ehe vorstellen? | 1 | 4 |
| 11. Finden Sie, daß Sie romantisch sind? | 1 | 0 |
| 12. Ziehen Sie sich bei den entsprechenden Gelegenheiten gern festlich an und schmücken sich? | 3 | 2 |
| 13. Können Sie richtig anschmiegsam und zärtlich sein? | 2 | 1 |

**15 bis 21 Punkte:**

Sie sind alles andere als eine typische Krebs-Frau: Häufig launisch, von oben herab, uneinsichtig und stets mit dem Kopf durch die Wand wollend. In der Ehe möchten Sie gern die Hose anhaben, und es kommt zu den größten Schwierigkeiten, wenn Ihr Partner ebenfalls das Zepter zu schwingen gedenkt. Außerdem neigen Sie dazu, überzogene Ansprüche zu stellen. Und zwar an die anderen, nicht an sich selbst. Versuchen Sie, von Ihrem hohen Roß herunter zukommen! Sie machen sich selbst und Ihren Mitmenschen das Leben damit einfacher.

**22 bis 30 Punkte:**

Ihr gewinnendes Wesen, Ihr ausgeprägter Familiensinn und Ihre Herzlichkeit sind zwar Eigenschaften, durch die sich Krebs-Geborene auszeichnen, dennoch sind Sie keine reinrassige Krebs-Frau. Krebs-Evas sind romantisch und sensibel. Sie dagegen sind bei aller Fraulichkeit eher robust und können auch mal einen kleinen Stoß und etwas Kritik vertragen. Sie sind ein Mensch, auf den man sich verlassen kann, und der seine Pflichten ernst nimmt.

**31 bis 38 Punkte:**
Sie machen Ihrem Sternzeichen in der Tat alle Ehre. Kein Mann kann sich eine bessere Ehefrau wünschen, als Sie es sind. Sie können ein Heim gemütlich einrichten und es mit lebensfroher liebenswerter Atmosphäre füllen. Sie sind ein tiefempfindender Mensch. Für leere Reden oder oberflächliche Wesen haben Sie nicht das geringste Verständnis. Ihre Sensibilität führt dazu, daß Sie leicht verletzbar sind und dann mitunter aus einer Mücke einen Elefanten machen.

## Sind Sie ein typischer Löwe-Mann?

|    |                                                                                  | JA | NEIN |
|----|----------------------------------------------------------------------------------|----|------|
| 1. | Schlüpfen Sie gerne in die Rolle des Adonis, den alle bewundern?                 | 4  | 2    |
| 2. | Würden Sie zugeben, daß Sie vor allem in der Liebe besitzergreifend sind?        | 3  | 1    |
| 3. | Sehnen Sie sich danach, im Beruf eine Führungsposition innezuhaben?              | 2  | 0    |
| 4. | Wird Ihnen manchmal Knauserigkeit und Geiz vorgeworfen?                          | 0  | 4    |
| 5. | Halten Sie sich selbst für begeisterungsfähig?                                   | 3  | 2    |
| 6. | Gehören Sie zu jenen Menschen, die sich gut anpassen und unterordnen können?     | 2  | 3    |
| 7. | Fällt es Ihnen leicht, jemandem etwas zu verzeihen?                              | 1  | 2    |
| 8. | Geben Sie zu, daß Sie zu jenen Menschen gehören, die gerne andere belehren?      | 3  | 1    |
| 9. | Halten Sie sich für einen besonders gefühlsbetonten Menschen?                    | 2  | 3    |
| 10.| Gehören Sie zu jenen Männern, die ihr Herz auf der Zunge tragen?                 | 3  | 2    |
| 11.| Wird Ihnen mitunter ein gewisser Übermut und ein Hang zum Unrealistischen nachgesagt? | 4 | 2 |
| 12.| Haben Sie schon oft gehört, Sie seien hundertprozentig gerecht?                  | 3  | 0    |

**13 bis 20 Punkte:**
Ein typischer Löwe sind Sie ganz gewiß nicht. Dazu sind Sie zu bescheiden, zu wenig großspurig, zu sehr dazu bereit, sich anzupassen. Für eine Partnerschaft hingegen sind Sie mit diesen Eigenschaften geradezu ideal. Sie schließen gerne Kompromisse, überlassen auch anderen die Führung und sollten sich nur davor hüten, untergebuttert oder ausgenutzt zu werden. Ihre Großzügigkeit kann gefährlich werden, da Sie dabei manchmal Maß und Ziel verlieren.

**21 bis 30 Punkte:**
Sie sind zwar nicht ein hundertprozentiger Bilderbuch-Löwe, aber Sie haben eine ganze Reihe von Eigenschaften, die Sie als einen Vertreter des königlichen Sternzeichens ausweisen. Dazu gehören Ihre Gerechtigkeit, die Art, wie Sie Ihr Haupt immer ganz hoch tragen, und das Bestreben, bei sämtlichen Geselligkeiten im Mittelpunkt zu stehen. Manchmal neigen Sie zu einer gewissen Arroganz, die daher kommt, daß Ihnen die Bewunderung des schwachen Geschlechts immer allzu sicher war. Bemühen Sie sich um etwas mehr Bescheidenheit! Auf Dauer macht Sie das anziehender.

**31 Punkte und mehr:**
Typischer kann ein Löwe-Geborener gar nicht sein. Sie wollen in Ihrem Leben alles erreichen, ganz oben stehen, die Welt um sich herum regieren und verlangen dennoch von Ihrer Partnerin und Ihren Mitmenschen, daß Sie nicht nur nach Ihrer Pfeife tanzen, sondern Ihnen Anregungen geben und mit Ihnen Schritt halten. Aber wehe, Sie haben einen Menschen an Ihrer Seite, der versucht, Sie zu übertrumpfen! Das können Sie als typischer Löwe-Vertreter nur sehr schlecht vertragen.

## Sind Sie eine typische Löwe-Frau?

| | JA | NEIN |
|---|---|---|
| 1. Würden Sie auch dann an einem Schönheitswettbewerb teilnehmen, wenn Ihnen Ihr Verstand sagt, daß Sie wenig Chancen haben zu gewinnen? | 3 | 1 |
| 2. Gehören Sie zu solchen Frauen, die sich bescheiden im Hintergrund halten können? | 1 | 4 |
| 3. Haben Sie durchaus einen gewissen Sinn für Klatsch? | 2 | 1 |
| 4. Können Sie sich, wenn wirklich Not am Manne ist, einschränken und überlegt sparen? | 1 | 4 |
| 5. Schießen Sie in Ihrer Begeisterungsfähigkeit auch manchmal über das Ziel hinaus? | 3 | 1 |
| 6. Würden Sie sich als anschmiegsam und typisch weiblich bezeichnen? | 2 | 3 |
| 7. Ist Ihnen die Emanzipation auf allen Gebieten wichtig? | 3 | 0 |
| 8. Könnten Sie sich vorstellen, in einem typischen Frauenberuf glücklich zu sein, der sehr viel Anpassung und Unterordnung verlangt? | 1 | 3 |
| 9. Hand aufs Herz: Sind Sie nachtragend? | 1 | 0 |
| 10. Werden Sie leicht mit Ihrer Eifersucht fertig? | 3 | 2 |
| 11. Würden Sie sich als eine Frau bezeichnen, die mit Komplexen beladen ist? | 0 | 2 |
| 12. Liegt es Ihnen, eine Veranstaltung oder größeres Unternehmen zu organisieren? | 4 | 2 |

**12 bis 20 Punkte:**

Hoppla, in welchen astrologischen Bereich gehören Sie denn? In den des typischen Löwe-Fräuleins jedenfalls nicht. Sie halten sich im Hintergrund, sind mit einer untergeordneten Rolle zufrieden, freuen sich, wenn Sie zu Ihrem Partner aufsehen können und haben nicht den geringsten Drang, das Zepter zu schwingen. All das macht Sie natürlich zu einer idealen Gefährtin. Andererseits könnten etwas mehr Ellenbogenfreiheit und Durchsetzungsvermögen auch nicht schaden. Erstens würden Sie dann beruflich sehr schnell weiter kommen, und zweitens könnten Sie sich nach eigenem Geschmack einen Partner angeln, an dem Sie sich bisher nicht herangetraut haben.

**21 bis 30 Punkte:**

Hin und wieder treten Sie als herrschsüchtiges Löwe-Fräulein auf, dann wieder geben Sie sich mit der zweiten Rolle zufrieden. Sie haben einen klaren Verstand und einen ausgeprägten Intellekt, der es Ihnen erlaubt, sich anzupassen und aus jeder Situation das beste zu machen. Ihr diplomatisches Geschick ist zwar nicht typisch für Ihr Sternzeichen, aber ein absolutes Plus für Sie und Ihre Umwelt. Ihr Gerechtigkeitssinn ist ausgeprägt und sorgt mit dafür, daß Sie nicht nur beim starken Geschlecht, sondern bei allen Mitmenschen blendend ankommen.

**31 Punkte und mehr:**

Sie sind die Verkörperung der typischen Löwe-Dame: Eigenwillig, stolz, gradlinig, mitunter ein wenig herrschsüchtig, großzügig bis zur Verschwendung und niemals bereit, nur die zweite Geige zu spielen. Klar, daß Sie da einen Partner brauchen, der entweder mit der Rolle des Pantoffelhelden zufrieden ist oder aber so viel eigene Stärke und charakterliche Kraft besitzt, daß er an Ihrer Seite erhobenen Hauptes existieren kann, ohne Schaden zu nehmen an seiner Seele. Ihnen wäre zu raten, die Rolle der Domteuse hin und wieder gegen die des anschmiegsamen weiblichen Kätzchens einzutauschen. Auf Dauer liegen Sie damit nämlich gar nicht verkehrt.

## Sind Sie ein typischer Jungfrau-Mann?

| | JA | NEIN |
|---|---|---|
| 1. Können Sie über Enttäuschungen in Liebesdingen schnell hinwegkommen? | 1 | 4 |
| 2. Lassen Sie sich gerne stundenlang vom Fernsehen berieseln, gleichgültig was gezeigt wird? | 0 | 3 |
| 3. Finden Sie, daß Ihre Gesundheit nicht gerade stabil ist? | 4 | 1 |

|   |   | JA | NEIN |
|---|---|---|---|
| 4. | Würden Sie freiwillig auf eine Party gehen auf der Sie sich zwar amüsieren, aber kein tiefschürfendes Gespräch führen können? | 1 | 3 |
| 5. | Gehören Sie zu jenen Menschen, die an der Partnerin bei aller Liebe immer eine Kleinigkeit auszusetzen haben? | 3 | 1 |
| 6. | Finden Sie, daß eine Ehe tatsächlich ein Lebensbund ist, der bis zum Tod halten soll? | 2 | 0 |
| 7. | Sind solche Dinge für Sie reizvoll, die mit einem gewissen Risiko verbunden sind? | 1 | 2 |
| 8. | Haben Sie die Fähigkeit, sich immer ins richtige Licht zu setzen? | 1 | 3 |
| 9. | Kann es sein, daß Sie das Leben mitunter etwas schwerer machen, als es unbedingt notwendig ist? | 4 | 3 |
| 10. | Gelingt es Ihnen ohne Schwierigkeiten, die Aufmerksamkeit anderer auf sich zu lenken? | 1 | 3 |
| 11. | Gehören Sie zu jenen Männern, die immer gleich aufs Ganze gehen? | 0 | 2 |
| 12. | Halten Sie sich für einen Menschen mit einem ausgeprägten Pflichtbewußtsein? | 4 | 2 |

**12 bis 21 Punkte:**

Ein typisch Jungfrau-Geborener sind Sie gewiß nicht. Dazu drängeln Sie sich viel zu sehr in die erste Reihe. Üblicherweise halten sich Ihre Sternzeichen-Vertreter bescheiden im Hintergrund und stellen mitunter sogar das eigene Licht unter den Scheffel. Sie mögen nicht für sich selbst die Werbetrommel rühren und das Zepter schwingen. Nicht so bei Ihnen! Sie brauchen die Aufmerksamkeit und Bewunderung der anderen. Manchmal machen Sie sogar etwas zu viel Wind um die eigene Person. Aber immerhin erreichen Sie damit, daß Sie niemals übersehen werden. Dennoch könnte eine gewisse Portion Bescheidenheit Ihrem an sich liebenswerten Wesen noch die Krone aufsetzen.

**22 bis 30 Punkte:**

Strebsam sind Sie ohne Zweifel, arbeitsam, fleißig und ehrgeizig. Es ist Ihnen als einem typischen Jungfrau-Mann ein Bedürfnis, sich zu betätigen und Erfolg zu haben. Sie fühlen sich wohl, wenn Sie irgendwo einspringen können und möglichst unentbehrlich sind. Jede Art der Mehrarbeit ist Ihnen angenehm. Damit sind Sie vor allem bei Vorgesetzten stets beliebt. Allerdings kann es Ihnen passieren, daß Sie trotz Ihres großen Eifers das verdiente Lob nicht immer ernten, weil Sie sich zu bescheiden im Hintergrund halten. Versuchen Sie, etwas mehr aus der eigenen Haut herauszukommen und die Nase nach vorn zu recken.

**31 bis 39 Punkte:**

Gewissenhaft sind Sie, pünktlich und ordnungsliebend und damit durch und durch ein Jungfrau-Geborener. Ihre Verläßlichkeit ist sprichwörtlich. Ihre Arbeit erledigen Sie mit äußerstem Pflichtbewußtsein und viel Geschick. Allerdings wägen Sie bei riskanten Unternehmungen zweimal ab, ehe Sie sich entscheiden. Im Rampenlicht der Öffentlichkeit werden Sie mit großer Wahrscheinlichkeit nicht stehen, weil Ihnen ein solcher Rummel nicht liegt. Es könnte nicht schaden, wenn Sie Ihre Ellenbogen hin und wieder etwas mehr einsetzen würden, um nicht bei allem Können und allem Einsatz ins Hintertreffen zu geraten.

## Sind Sie eine typische Jungfrau-Frau?

| | JA | NEIN |
|---|---|---|
| 1. Würden Sie sich selbst als gefühlskalt bezeichnen? | 0 | 2 |
| 2. Nimmt das Streben nach Wohlstand und Sicherheit einen großen Raum in Ihrem Leben ein? | 4 | 1 |
| 3. Ist Ihnen die Liebe auf den ersten Blick schon einmal passiert? | 2 | 4 |
| 4. Bedienen Sie sich Ihrer weiblichen Waffen, um ein Ziel zu erreichen? | 1 | 2 |
| 5. Ist es Ihnen bei der Wahl Ihres Partners wichtig, daß dieser in geordneten Verhältnissen lebt? | 3 | 4 |
| 6. Kann Ihnen die Zukunft und das Leben überhaupt mitunter Angst machen? | 1 | 0 |
| 7. Gefällt es Ihnen, sich so zu streiten, daß buchstäblich die Fetzen fliegen? | 2 | 1 |
| 8. Ist Ihnen eine ausgeglichene harmonische Atmosphäre wichtig und können Sie sich nur in dieser richtig wohlfühlen? | 3 | 1 |
| 9. Schaffen Sie es, in der Liebe ihren Verstand ganz auszuschalten? | 2 | 4 |
| 10. Legen Sie manchmal bei der Beurteilung eines Menschen zu strenge Maßstäbe an? | 4 | 1 |
| 11. Halten Sie solche Menschen, die Ihren Schreibtisch immer peinlichst aufgeräumt hinterlassen, für pedantisch? | 0 | 3 |
| 12. Ist Ausdauer und Fleiß nicht gerade eine Ihrer Tugenden? | 1 | 3 |

**13 bis 20 Punkte:**

Da Sie nicht den geringsten Sinn für Ordnung und Übersicht haben, können Sie keinesfalls als eine typische Jungfrau-Frau bezeichnet werden. Während sich Ihre Sternzeichen-Genossinnen nur in einem aufgeräumten Zimmer wohlfühlen,

**13 bis 20 Punkte:**

Da Sie nicht den geringsten Sinn für Ordnung und Übersicht haben, können Sie keinesfalls als eine typische Jungfrau-Frau bezeichnet werden. Während sich Ihre Sternzeichen-Genossinnen nur in einem aufgeräumten Zimmer wohlfühlen, legen Sie kaum etwas auf den alten Platz zurück und schaffen sich so etwas wie eine chaotische Welt, in der Sie sich drolligerweise aber zurechtfinden. Aber haben Sie schon einmal nachgerechnet, wieviel Zeit Sie damit vertun, Dinge zu suchen, die Sie verlegt haben? Ihnen ist anzuraten, etwas mehr System in Ihr Dasein zu bringen, um nicht nur privat, sondern auch beruflich Ihre überraschend bescheidenen Ziele zu erreichen.

**21 bis 28 Punkte:**

Astrologisch gesehen sind Sie eine gespaltene Persönlichkeit. Ihre beachtliche Intelligenz und die Gewissenhaftigkeit, über die Sie verfügen, sowie die etwas distanzierte Haltung anderen Menschen gegenüber, sind Eigenschaften, die für das Sternbild Jungfrau typisch sind. Dabei überrascht es aber, daß Sie über eine enorme Ellenbogenfreiheit verfügen, die Ihnen garantiert, daß Sie beruflich und privat immer ganz vorne stehen.

**29 bis 36 Punkte:**

Strebsamkeit, Gewissenhaftigkeit, Tüchtigkeit und Fleiß sagt man den typischen Jungfrau-Geborenen nach. All diese Eigenschaften sind in beachtlichem Maße bei Ihnen vorhanden. Sie legen gesteigerten Wert auf Sicherheit und suchen auch in der Partnerschaft Geborgenheit und Solidarität. Typisch für Ihr Sternzeichen ist auch Ihre nicht wegzudenkende Angst, das Schicksal könnte Ihnen eines Tages wieder nehmen, was Sie erreicht haben. Versuchen Sie, das Ganze etwas gelassener zu sehen!

## Sind Sie ein typischer Waage-Mann?

|   | JA | NEIN |
|---|---|---|
| 1. Ist Ihnen Ihr Aussehen und ein gepflegtes Äußeres sehr wichtig? | 3 | 2 |
| 2. Fällt Ihnen immer eine passende Ausrede ein? | 3 | 1 |
| 3. Neigen Sie manchmal dazu, mehr zu versprechen, als Sie halten können? | 4 | 2 |
| 4. Benötigen Sie eine lange Anlaufzeit des Kennenlernens, ehe Sie sich in eine Frau richtig verlieben können? | 0 | 2 |

Sind Sie ein typischer Waage-Mann?

|   | JA | NEIN |
|---|---|---|
| 5. Glauben Sie, daß Sie bei Ihren Mitmenschen gut ankommen und sympathisch wirken? | 2 | 1 |
| 6. Sind Sie bekannt dafür, immer Kompromißlösungen zu finden? | 3 | 1 |
| 7. Sind Sie immer darum bemüht, Streitereien oder Meinungsverschiedenheiten aus dem Wege zu gehen oder diese bei anderen zu schlichten? | 4 | 2 |
| 8. Stimmen Sie dem Sprichwort zu, nachdem Eifersucht das Salz der Liebe ist? | 1 | 3 |
| 9. Finden Sie, daß die Partner sich auch in einer Ehe noch ein Höchstmaß an gegenseitiger Freiheit zugestehen sollen? | 5 | 2 |

**10 bis 15 Punkte:**

Vergeblich sucht man bei Ihnen die typischen Waage-Eigenschaften. Sie sind eher in sich gekehrt und eigensinnig bis zur Sturheit. Da Sie sich nicht gerne belehren lassen, kommen Sie mit Ihren Mitmenschen oft in kleinere Streitigkeiten. Kein Wunder also, daß Sie nicht überall gern gesehen sind. Sie sollten sich darum bemühen, Ihr etwas kantiges Wesen abzuschleifen, sich mehr anzupassen und Ihre Liebenswürdigkeit deutlicher zur Schau zu stellen.

**16 bis 21 Punkte:**

Ihr Streben nach Harmonie, Ihr entgegenkommendes Wesen und Ihre Liebenswürdigkeit, die es Ihnen leicht macht, überall Sympathien zu wecken, sind durchaus typisch für Ihr Sternzeichen. In der Liebe jedoch weichen Sie von dem echten Waage-Mann ab: Im Gegensatz zu den meisten Vertretern Ihres Sternzeichens sind Sie hundertprozentig treu, nehmen die Liebe außerordentlich ernst und gelten als ein aufmerksamer und einfühlender Partner, der mitunter die eigenen Wünsche zurückstellt, um der Angebeteten den Himmel auf Erden zu bereiten. Wer Sie an der Angel hat, kann mit Recht von einem Goldfisch sprechen.

**22 bis 25 Punkte:**

Der Weg des geringsten Widerstandes ist der, den Sie als typischer Waage-Mann am liebsten gehen. Sie wirken deshalb auf Ihre Mitmenschen etwas unverläßlich und oberflächlich. Aber Sie gleichen das durch Ihre positiven Eigenschaften wieder aus. Zu denen gehört es, daß Sie auch in schwierigen Situationen immer für beide Seiten annehmbare Kompromisse finden. Sie sind in der Liebe begeisterungsfähig aber mitunter kann es sich dabei um ein kurzlebiges Strohfeuer handeln. Manchmal sollten Sie sich klarmachen, daß Sie andere Menschen leicht verletzen, wenn Sie Ihre Zuneigung so plötzlich wieder ändern. Etwas mehr Stetigkeit könnte Ihrem astrologischen Charakterbild nur Positives hinzufügen.

## Sind Sie eine typische Waage-Frau?

|     |                                                                                                      | JA | NEIN |
|-----|------------------------------------------------------------------------------------------------------|----|------|
| 1.  | Hand aufs Herz, ist es mit Ihrem Pflichtbewußtsein nicht allzuweit her?                              | 4  | 3    |
| 2.  | Sind Sie zu Tode betrübt, wenn Sie, was Sie gerne haben möchten, nicht sofort bekommen können?       | 2  | 1    |
| 3.  | Kennen Sie das Gefühl, daß Sie glauben, im Leben etwas versäumt zu haben?                            | 2  | 0    |
| 4.  | Sind Sie Ihrer eigenen Person gegenüber mitunter etwas unkritisch?                                   | 2  | 0    |
| 5.  | Sind Ihnen Kleidung und Kosmetika so wichtig, daß Sie dafür viel Geld ausgeben?                      | 3  | 1    |
| 6.  | Würden Sie von sich behaupten, einen ausgeprägten Sinn für Ästhetik zu haben?                        | 2  | 1    |
| 7.  | Verbringen Sie relativ viel Zeit vor dem Spiegel, um das Beste aus Ihrem Äußeren zu machen?          | 4  | 2    |
| 8.  | Kommen Sie bei den Männern im allgemeinen überdurchschnittlich gut an?                               | 3  | 1    |
| 9.  | Ist es Ihnen wichtig, daß Ihr Partner Ihnen in jeder Beziehung überlegen ist?                        | 3  | 0    |
| 10. | Gehören Sie zu jenen Frauen, mit denen man, wie es so schön heißt, Pferde stehlen kann?              | 2  | 4    |

**11 bis 16 Punkte:**

Da Sie es hassen, die sogenannten weiblichen Waffen einzusetzen, zu flirten, zu kokettieren oder zu schmollen, sind Sie von Ihrer Veranlagung her das genaue Gegenteil einer typischen Waage-Eva. Die Behauptung, die geborene Circe zu sein, trifft auf Sie gewiß nicht zu. Ihr Verhältnis zu Ihrem Partner ist eher kameradschaftlicher Natur und nicht unbedingt getragen von einer himmelhochjauchzenden, zärtlichen Liebe. Es könnte nicht schaden, wenn Sie versuchen, sich selbst eine etwas weiblichere Note zu geben.

**17 bis 22 Punkte:**

Eitelkeit ist Ihr ganz großes Laster. Wenn Sie nicht ständig bewundert werden, fühlen Sie sich unglücklich. Natürlich möchten Sie auch immer nach dem letzten Schrei gekleidet sein und geben dafür sehr viel Geld aus. Soweit sind Sie eine echte Waage-Frau. Nicht typisch für Ihr Sternzeichen ist allerdings, daß Sie in der Liebe – trotz aller Begeisterung für einen schnellen Flirt – treu sein können. Jedenfalls versuchen Sie das immer wieder und haben um so größeren Erfolg, je mehr Ihr Partner auf Sie eingeht, und je größer die Freiheiten sind, die er Ihnen einräumt. Mit Ihnen zu leben ist vielleicht nicht immer einfach, aber auf alle Fälle nie langweilig.

**23 bis 29 Punkte:**

Ihrem charakterlichen Wesen nach könnten Sie einem astrologischen Lehrbuch entstiegen sein. Ihr Bestreben, die Liebe und das Leben als eine Art von Gesellschaftsspiel zu sehen, Ihre Abneigung gegen alles, was nach Arbeit und Pflicht aussieht, Ihre manchmal bis zur Selbsttäuschung gehende Eitelkeit und Ihr Bemühen, stets im Mittelpunkt zu stehen – all das ist typisch für Ihr Sternzeichen. Aber Sie sind auch bestrebt, einen für alle Beteiligten annehmbaren Mittelweg zu finden und Kompromisse zu schließen. Sie vermeiden erfreulicherweise alle Extreme, ruhen in sich selbst und kommen durch Ihre lebhafte fröhliche Art überall an.

## Sind Sie ein typischer Skorpion-Mann?

|  | JA | NEIN |
|---|---|---|
| 1. Finden Sie, daß Sie auf erotischem Gebiet ein triebhafter Mensch sind? | 3 | 2 |
| 2. Paßt es Ihnen nicht, wenn Sie im Umgang mit anderen Menschen auf Widerspruch stoßen? | 3 | 1 |
| 3. Gehören Aktivität und Unternehmungsfreude zu Ihren Haupteigenschaften? | 4 | 2 |
| 4. Kennen Sie durchaus eine gewisse Rücksichtslosigkeit, wenn es darum geht, Ihre Ziele zu verfolgen? | 2 | 1 |
| 5. Gehören Sie zu jenen Männern, denen schnelle Autos wichtig sind? | 2 | 0 |
| 6. Scheuen Sie sich davor, Verantwortung zu übernehmen? | 2 | 3 |
| 7. Ist es Ihnen recht, eine Partnerin zu haben, die eine so starke Persönlichkeit besitzt, daß sie die Zügel in die Hand nimmt? | 2 | 4 |
| 8. Haben Sie schon als Kind schwierige Situationen mit Ihren Lehrern und Eltern durchstehen müssen? | 4 | 2 |
| 9. Haben Sie manchmal das Gefühl, in Ihnen brodle ein Vulkan, dessen Ausbrüche Sie nur mit Mühe zurückhalten könnten? | 3 | 1 |
| 10. Können Sie damit fertigwerden, wenn es im Leben nicht immer nach Ihrem Willen geht? | 3 | 1 |
| 11. Verfügen Sie über jene Hilfsbereitschaft, die man sogar als Aufopferung bezeichnen könnte? | 2 | 3 |

**16 bis 21 Punkte:**

Sie sind gelassen, mitunter sogar phlegmatisch und stehen damit im krassen Gegensatz zu dem – vor allem in seiner Jugend – sehr leidenschaftlichen und ungestümen Skorpion-Mann. Ihnen gefällt es, wenn Sie in Ruhe gelassen werden, wie Sie ja auch andere in Ruhe lassen. Bequemlichkeit und Gemütlichkeit sind für Sie wichtig. Auch in der Liebe sind Sie kein typischer Skorpion-Vertreter. Alles, was mit Aufregung verbunden sein könnte und Sie aus Ihrem gleichmäßigem Trab bringt, lehnen Sie ab. Etwas mehr Temperament würde Ihnen gut zu Gesicht stehen.

**22 bis 28 Punkte:**

Am liebsten möchten Sie in beruflicher Hinsicht eine selbständige Tätigkeit ausüben, die mit persönlicher Verantwortung verbunden ist. Und Sie haben auch durchaus das Zeug dazu: Nämlich Tatkraft, Unternehmungsgeist und Entschlußfreudigkeit. Damit sind Sie prädestiniert, eine leitende Position auszufüllen. Sie können allerdings nicht immer gut mit Menschen umgehen, weil Sie manchmal Ihre eigenen Interessen zu sehr in den Vordergrund rücken. All das ist für einen Skorpion durchaus typisch. Typisch ist Ihre Einstellung zur Liebe. Da sind Sie nämlich von einer geradezu überraschenden Sanftheit und Anpassungsfähigkeit, was Sie zu einem begehrten Partner macht.

**29 bis 34 Punkte:**

Verleugnen zu wollen, unter welchem Sternzeichen Sie geboren sind, wäre absolut sinnlos. Als echter Skorpion-Vertreter bevorzugen Sie eine Partnerin, die verwandlungsfähig ist, die sich Ihnen unterordnet und dennoch mit Ihnen geistig mitwächst. In einer Zweierbeziehung mit Ihnen geht es nicht immer reibungslos und einfach zu. Sie sind ein selbstherrlicher Typ, der sich beim geringsten Widerstand aufbäumt. Daß auch andere ihren Willen haben und diesen durchsetzen wollen, geht Ihnen nur schwer in den Kopf. Etwas mehr Kompromißbereitschaft wäre ein Wesenszug, der Ihr Charakterbild positiv abrunden würde.

## Sind Sie eine typische Skorpion-Frau?

|  | JA | NEIN |
|---|---|---|
| 1. Halten Sie sich selbst für überempfindlich? | 3 | 1 |
| 2. Fällt es Ihnen schwer, Ihre schlanke Linie zu bewahren? | 1 | 0 |
| 3. Trauen Sie sich mitunter mehr zu, als Sie gesundheitlich verkraften können? | 2 | 1 |
| 4. Ist es Ihnen ein Bedürfnis, im Beruf oder auch im Haushalt Überdurchschnittliches zu leisten und eine gute Figur zu machen? | 4 | 1 |
| 5. Glauben Sie manchmal, vom Pech regelrecht verfolgt zu sein? | 3 | 0 |

|  | JA | NEIN |
|---|---|---|
| 6. Ist für Sie die absolute Treue das oberste Gebot einer Partnerschaft? | 2 | 0 |
| 7. Finden Sie es richtig, wenn Verheiratete hin und wieder flirten? | 1 | 3 |
| 8. Werden Sie mit Enttäuschungen leicht fertig? | 0 | 2 |
| 9. Haben Sie Schwierigkeiten, jemanden zu verzeihen, der Ihnen eine Kränkung zugefügt hat? | 4 | 2 |
| 10. Gehören Sie zu jenen Frauen, die das Leben auf die leichte Schulter nehmen können? | 1 | 3 |
| 11. Sind Ihnen ernsthafte Diskussionen auf Partys oder anderen gesellschaftlichen Veranstaltungen lästig? | 2 | 3 |

**9 bis 16 Punkte:**

Von einer Skorpion-Frau, wie Sie im astrologischen Lehrbuch steht, haben Sie praktisch gar nichts. Sie sind eher spielerisch veranlagt, nehmen das Leben nicht allzu ernst, gehen über schwere Probleme mit einem Lächeln hinweg und halten sich nur ungerne mit tiefschürfenden Gesprächen auf. Bei den Männern kommen Sie großartig an, weil Sie heiter, liebenswert und nett sind. Ihre Oberflächlichkeit wird Ihnen dank Ihres Charmes verziehen. Sie sind meistens mit vielen Menschen befreundet und wechseln Ihre Bekannten eine Spur zu häufig. Etwas mehr Stetigkeit würde das Dasein für Sie und Ihre Mitmenschen leichter machen.

**17 bis 23 Punkte:**

Wenn Sie feststellen müssen, daß Sie sich in einem Menschen getäuscht haben, dem Sie Ihr Vertrauen entgegenbrachten, sind Sie schwer getroffen. Sie kommen über Enttäuschungen fast gar nicht hinweg. Das ist für die Skorpion-Frau absolut typisch. Weniger hingegen entspricht es Ihrem astrologischen Vorbild, daß Sie nicht ganz zuverlässig sind. Letzteres gilt leider auch für die Ehe. Wenn Sie sich hier um etwas mehr Gradlinigkeit und Ehrlichkeit bemühen, können Sie und Ihr Partner nur gewinnen.

**24 bis 30 Punkte:**

Sie sind schon deshalb eine echte Skorpion-Frau, weil Sie eine problematische, schwierige Natur haben und sehr hohe Ansprüche an Ihre Mitmenschen stellen. Letzteres gilt aber auch für Sie selbst. Ihre Ziele sind hochgeschraubt und ehrgeizig und nicht immer zu erreichen. Ihr Gefühlsleben ist kompliziert, Ihre Seele leicht verletzbar. Sie sind ein komplexes Wesen, mit dem das Leben nicht immer leicht ist. Da Sie aber eine ganze Menge zu bieten haben, lohnt sich der Versuch ganz bestimmt.

## Sind Sie ein typischer Schütze-Mann?

|   | JA | NEIN |
|---|---|---|
| 1. Finden Sie, daß ein Ehemann oder Partner einen bestimmten Bereich für sich braucht, in den die Partnerin nicht eindringen sollte? | 3 | 1 |
| 2. Ist es Ihnen wichtig, daß Ihre Partnerin sich anpassen kann? | 2 | 1 |
| 3. Mußten Sie sich selbst schon einmal bestätigen, daß Liebe blind macht? | 2 | 1 |
| 4. Können Sie aus einem Impuls heraus etwas Unüberlegtes tun, was Sie später wieder bereuen? | 3 | 1 |
| 5. Lassen Sie sich von anderen redegewandten oder willensstarken Leuten leicht zu etwas veranlassen, was Sie eigentlich gar nicht wollen? | 1 | 3 |
| 6. Gehören Sie zu jenen Männern, die das Alleinsein suchen und sich dann am wohlsten fühlen, wenn sie sich mit niemanden unterhalten müssen? | 0 | 4 |
| 7. Bedauern Sie es oft, aus einem Impuls heraus ein böses Wort gesagt zu haben? | 4 | 2 |
| 8. Führen Sie meistens das durch, was Sie sich vorgenommen haben? | 3 | 1 |
| 9. Hält die schlechte Laune, die Sie dann haben, wenn Sie sich über etwas geärgert haben, lange bei Ihnen an? | 0 | 2 |
| 10. Geben Sie schnell auf und resignieren Sie, wenn etwas nicht nach Ihren Plänen verläuft? | 1 | 3 |
| 11. Ist Ihnen all das, was neu ist und Abwechslung verspricht, wichtig? | 4 | 2 |

**11 bis 25 Punkte:**
Ein typischer Schütze ist beweglich, unternehmungslustig und jeder Zeit auf Abwechslung aus. Es gibt kaum Vertreter dieses Sternzeichens, die resignieren. Nimmt man all das als astrologisches Naturell Ihres Zeichens, so sind Sie genau das Gegenteil. Das Abenteuer interessiert Sie nicht. Jede Art von Veränderung beunruhigt Sie und bringt Sie um Ihren Schlaf. Sie fühlen sich dann am wohlsten, wenn Sie sich in einem Kreis aufhalten können, den Sie sich selbst geschaffen haben und in dem Ihnen alles vertraut ist. Es könnte nicht schaden, wenn Sie etwas mehr Energie aufbrächten und sich mitunter aus Ihrer Lethargie herausreißen würden.

**19 bis 26 Punkte:**
Ein Einzelgänger sind Sie ganz gewiß nicht. Rasch schließen Sie sich anderen Menschen an, genießen den Gedankenaustausch und sind sich der Vorteile vielseitiger

Beziehungen bewußt. Manchmal jedoch sind Sie ein wenig antriebslos. Wenn Sie etwas erreichen wollen und Ihnen das auf Anhieb nicht gelingt, lassen Ihre Konzentration und Ihre Begeisterung schnell nach. Dabei könnten Sie es durchaus schaffen, wenn Sie sich etwas mehr zutrauen würden. Schließlich sind Sie doch ein Schütze, der immer auf der Jagd ist und nicht aufgibt, ehe er seine Beute erlegt hat.

**27 bis 33 Punkte:**

Sie sind leidenschaftlich, impulsiv, dabei offenherzig, gütig, willensstark und begeisterungsfähig. All dies sind typische Schütze-Eigenschaften. Frohsinn und Heiterkeit herrschen vor, auch wenn Sie mitunter zu Stimmungsschwankungen neigen, die von Ihrer Umwelt nicht ganz verstanden werden. Doch dieses Auf und Ab geht immer wieder rasch vorüber, genauso wie der Zorn eines Schütze-Mannes verraucht, wenn er sich in einem heftigen Ausbruch Luft gemacht hat. Mit Ihnen zu leben ist abwechslungsreich, unterhaltsam, nie langweilig, aber auch strapaziös. Durch Ihre Liebenswürdigkeit machen Sie Letzteres allerdings wieder wett.

## Sind Sie eine typische Schütze-Frau?

| | JA | NEIN |
|---|---|---|
| 1. Vorausgesetzt, Sie haben im Lotto gewonnen – würden Sie dann um die ganze Welt reisen, um alles mögliche kennenzulernen? | 2 | 0 |
| 2. Halten Sie sich für einen pessimistischen Menschen? | 1 | 4 |
| 3. Ist Ihr Zärtlichkeitsbedürfnis sehr ausgeprägt? | 4 | 2 |
| 4. Glauben Sie, daß Sie eine sparsame Hausfrau sein können? | 1 | 3 |
| 5. Gefällt es Ihnen, wenn ein Mann mit allen Mitteln versucht, der Herr im Haus zu sein. | 1 | 3 |
| 6. Reizen Sie Verbote derart, daß Sie das Motto pflegen: Jetzt gerade? | 4 | 0 |
| 7. Sind der Frieden und die Harmonie in Ihrer unmittelbaren Umgebung für Sie wichtig? | 3 | 2 |
| 8. Sagen Sie auch dann offen Ihre Meinung, wenn Sie genau wissen, daß Sie sich damit nicht gerade Liebkind machen? | 2 | 1 |
| 9. Waren Sie als kleines Mädchen als Trotzkopf bekannt? | 3 | 2 |
| 10. Hand aufs Herz, kann man sich wirklich auf Sie verlassen? | 4 | 1 |
| 11. Fällt es Ihnen schwer, im Umgang mit anderen Menschen immer liebenswürdig zu sein? | 1 | 3 |

**12 bis 19 Punkte:**

Von der typischen Schütze-Frau haben Sie so gut wie nichts. In Liebesangelegenheiten neigen Sie zum Leichtsinn. Und selbst wenn Sie einen Mann treffen, den Sie wirklich lieben, können Sie es sich nicht verkneifen, noch anderweitig mit dem Feuer zu spielen. Jedenfalls nehmen Sie es mit der Treue nicht allzu genau. Auch Ihre große Sparsamkeit ist nicht gerade eine Schütze-Eigenschaft. Etwas mehr Gradlinigkeit und Zugehörigkeitsgefühl würden Ihnen und Ihrem Partner gut tun.

**20 bis 27 Punkte:**

Dickköpfigkeit gehört leider zu Ihren hervorstechendsten Eigenschaften. Das gilt vor allem dann, wenn jemand mit aller Macht etwas von Ihnen will. Sie schalten dann sofort auf stur und sind damit Ihrem Sternzeichen treu. Andererseits sind Sie in der Liebe eine typische Schütze-Eva, fast eine Spur zu anpassungsfähig und sollten sich davor hüten, daß Sie untergebuttert werden. Haben Sie jedoch einen Partner, dem Ihre Anschmiegsamkeit schmeichelt, dürften Sie den Himmel auf Erden haben.

**28 bis 35 Punkte:**

Verleugnen können Sie Ihr Sternzeichen gewiß nicht. Wie die meisten typischen Schütze-Frauen besitzen Sie einen unbesiegbaren Optimismus. Für Sie ist Geld nicht dazu da, um es auf die hohe Kante zu legen, sondern um sich ein angenehmes Leben zu machen und es sofort auszugeben. Gegen einen Hauch von Luxus haben Sie nicht das Geringste einzuwenden. Sie sind damit der Löwe-Eva durchaus ähnlich. Sie möchten außerdem viel von der Welt sehen und haben eine unbezwingbare Neugierde. Als Ehefrau sind Sie charmant, anpassungsfähig und geradezu ideal, weil Sie niemals versuchen, Ihren Partner an eine zu kurze Leine zu legen.

## Sind Sie ein typischer Steinbock-Mann?

| | JA | NEIN |
|---|---|---|
| 1. Sind Ihnen ruhige Stunden im trauten Familienkreise lieb und wichtig? | 3 | 1 |
| 2. Ist Ihre Partnerin der Meinung, daß man Sie im privaten Bereich gelegentlich auf Trab bringen müßte? | 3 | 1 |
| 3. Haben Sie eine geschickte Hand für geschäftliche Unternehmungen? | 3 | 1 |
| 4. Finden Sie nur solche Frauen für Sie passend, die in jeder Beziehung verlässlich sind? | 4 | 2 |

# Sind Sie ein typischer Steinbock-Mann?

|  | JA | NEIN |
|---|---|---|
| 5. Glauben Sie oft, Sie müßten das, was Sie erworben haben, mit grimmiger Abwehrbereitschaft gegen alle Welt verteidigen? | 2 | 1 |
| 6. Reizt es Sie, Dinge anzufangen, von denen Sie nicht wissen, wie Sie ausgehen werden? | 1 | 3 |
| 7. Halten Sie sich für einen besonders gründlichen und gewissenhaften Menschen? | 4 | 2 |
| 8. Fällt es Ihnen schwer, eine Entscheidung zu treffen? | 3 | 1 |
| 9. Halten Sie sich für überschwenglich in Ihren Gefühlsäußerungen? | 1 | 3 |
| 10. Gehören Sie zu solchen Männern, die noch träumen können und als Idealisten gelten? | 1 | 4 |
| 11. Macht es Sie unsicher, wenn Sie eine andere Meinung vertreten als alle übrigen Gesprächsteilnehmer? | 0 | 3 |

**12 bis 19 Punkte:**

Daß Sie als ein Steinbock geboren wurden, ist kaum zu glauben. Mit Ihrer lebhaften Phantasie, Ihrer schwärmerischen Begeisterung und Ihrer spontanen Heiterkeit entsprechen Sie diesem astrologischen Bild keineswegs. Im Umgang mit anderen Menschen schließen Sie sich schnell auf. Trotzdem bleiben Sie mit beiden Beinen auf dem Boden der Tatsachen. Nur selten verlieren Sie sich in Phantastereien, was typisch ist für den echten Steinbock. Sie sind kameradschaftlich, glaubwürdig und zuverlässig und geben einen prächtigen Partner ab.

**20 bis 27 Punkte:**

Über Ihre Gaben und die sich daraus ergebenden Möglichkeiten wissen Sie recht genau Bescheid. Sie mögen es nicht, wenn Sie von anderen gedrängt werden. Vielmehr wägen Sie jeden Entschluß außerordentlich sorgfältig ab. All das ist durchaus typisch für einen Steinbock-Geborenen. Doch dann hört es auch schon mit den Gemeinsamkeiten dieses astrologischen Zeichens auf. Ihre romantische, gefühlsbetonte Einstellung den Frauen gegenüber und auch Ihr ausgeprägter Sinn für die schönen Dinge des Lebens sind kaum Eigenschaften, die diesem Sternzeichen zugeschrieben werden. Dafür umsomehr aber jene Charakterzüge, die Sie in den Augen einer jeden Partnerin liebenswert machen.

**28 bis 35 Punkte:**

Sie wollen immer alles ganz genau wissen, weil Sie durch und durch ein echter Steinbock sind. Ihr Wunsch nach Erklärungen ist nicht leicht zufriedenzustellen. Auffallend ist die Gründlichkeit, mit der Sie an alle Fragen und Probleme des Lebens herangehen. Mit einer halben Antwort geben Sie sich nicht zufrieden. Natürlich kommen Sie auf diese Art und Weise in beruflicher und privater Hinsicht nicht immer schnell voran. Haben Sie jedoch erst Ihr Ziel erreicht, lassen Sie sich nicht mehr von dort vertreiben. Sie sichern das Erworbene nach allen Seiten ab. In der Liebe sind Sie gradlinig, eindeutig und oft eine kleine Spur zu besitzergreifend. Etwas mehr Gelassenheit in dieser Beziehung wäre Ihnen anzuraten.

## Sind Sie eine typische Steinbock-Frau?

| | JA | NEIN |
|---|---|---|
| 1. Ist es leicht, Sie zufriedenzustellen? | 1 | 3 |
| 2. Gehören Sie zu jenen Frauen, die Ihr Herz auf der Zunge tragen? | 3 | 1 |
| 3. Ist die absolute Treue für Sie in einer Partnerschaft sehr wichtig? | 2 | 1 |
| 4. Leiden Sie mitunter an mangelndem Selbstvertrauen? | 4 | 1 |
| 5. Können Sie heiter und unverbindlich plaudern? | 3 | 1 |
| 6. Neigen Sie zu kleinen Flirts oder Liebesabenteuern, auch wenn Ihr Herz bereits vergeben ist? | 4 | 2 |
| 7. Glauben Sie, daß Sie auf die anderen Menschen einen kühlen, zurückhaltenden Eindruck machen? | 1 | 4 |
| 8. Gehören Sie zu jenen Frauen, die man als „Weibchen" oder „Ur-Eva" bezeichnen könnte? | 3 | 0 |
| 9. Fällt es Ihnen schwer, ausgelassen und fröhlich zu sein? | 2 | 3 |
| 10. Können Sie ganz in der Gegenwart leben, ohne sich Gedanken darüber zu machen, was die Zukunft bringen mag? | 4 | 2 |

### 12 bis 18 Punkte:

Von Ihnen kann man nicht sagen, daß Sie sehr ehrgeizig sind und große Ansprüche an das Leben stellen. Deshalb sind Sie auch keine typische Steinbock-Eva. Sie wollen nicht unbedingt hoch hinaus, sondern erfreuen sich an den kleinen Dingen des Lebens. Auch die Leichtigkeit, mit der Sie Liebesbeziehungen knüpfen und wieder lösen, ist keineswegs typisch für Ihr Sternzeichen. Dafür sind Sie von ausgesprochener Heiterkeit und haben nicht die geringsten Schwierigkeiten, bei Ihren Mitmenschen anzukommen.

### 19 bis 26 Punkte:

Zu jenen Menschen, die das Jetzt und Heute unbeschwert genießen können, gehören Sie leider nicht. Sie haben immer eine etwas übersteigerte Angst davor, daß die Zukunft überraschend Unschönes bringen könnte. Das ist durchaus typisch für alle Steinbock-Frauen. Gegensätzlich ist bei Ihnen jedoch, daß Sie kein großes Verlangen danach haben, Karriere zu machen und es zu etwas zu bringen. Das überlassen Sie lieber dem Mann, den Sie lieben. Es macht Ihnen gar nichts aus, vertrauensvoll und bewundernd zu ihm aufzusehen. Sie haben nie das Gefühl, sich dadurch etwas zu vergeben.

**27 bis 33 Punkte:**
Aus Ihrer Steinbock-Haut können Sie ganz bestimmt nicht. Mit einem halb staunenden, halb neidvollen Blick sehen Sie gelegentlich auf jene Frauen, die unbeschwert in den Tag hineinleben. Ihnen ist das nicht gegeben. Sie machen es sich nicht leicht. Von Natur aus sind Sie ernst, aber deswegen keineswegs ohne frauliche Reize. Nur sind Sie als echte Steinbock-Eva nicht für kurze Abenteuer geschaffen. Das Solide, Beständige liegt Ihnen, so daß Sie eine prachtvolle Lebensgefährtin abgeben.

## Sind Sie ein typischer Wassermann-Mann?

|  | JA | NEIN |
|---|---|---|
| 1. Können Sie mit Ihrer Gesundheit im Großen und Ganzen zufrieden sein? | 3 | 2 |
| 2. Ist es leicht, Sie aus der Fassung zu bringen? | 1 | 3 |
| 3. Haben Sie oft von dem „stillen Glück am eigenen Herd" geträumt? | 1 | 3 |
| 4. Würden Sie sagen, daß Sie sehr selbstsicher auftreten? | 3 | 1 |
| 5. Können Sie sich rasch für etwas Neues begeister, neue Gesichter, neue Dinge und Ideen? | 3 | 2 |
| 6. Können Sie es nachempfinden, daß sich manche Menschen Hals über Kopf in einander verlieben, ohne sich wirklich kennengelernt zu haben? | 4 | 2 |
| 7. Haben Sie Schwierigkeiten, sich an einen Kreis von neuen Menschen anzupassen? | 1 | 3 |
| 8. Gehören Sie zu jenen Menschen, die es nie lange an einem bestimmten Ort aushalten, sondern dann ruhelos werden? | 2 | 0 |
| 9. Haben Sie Grund, auf Ihre scharfe Beobachtungsgabe stolz zu sein? | 3 | 1 |
| 10. Halten Sie sich für künstlerisch begabt und vor allen Dingen für phantasievoll? | 4 | 2 |
| 11. Würden Sie Ihr Wesen als sprunghaft bezeichnen? | 2 | 1 |

**14 bis 20 Punkte:**
Daß Sie im Sternbild Wassermann geboren sind, verraten Sie durch Ihr Wesen gewiß nicht. Mitunter legen Sie sogar eine Unsicherheit an den Tag, wenn Sie mit anderen Menschen umgehen. Sie sind überraschend häufig auf die Hilfe Ihrer Mitmenschen angewiesen und machen aus Ihren Schwächen kein Hehl. Selbst auf Gebieten, in denen Sie sich Ihrer Fähigkeiten gewiß sein können, fühlen Sie sich oft unterlegen. Sie neigen also dazu, Ihr Licht unter den Scheffel zu stellen. Dabei wäre es viel besser, Ihre durchaus bemerkenswerten Anlagen in den Vordergrund zu schieben und darauf zu pochen, in der ersten Reihe zu stehen.

**21 bis 27 Punkte:**

Vor Überraschungen ist man bei Ihnen ganz bestimmt nicht sicher. Auch dann nicht, wenn man glaubt, Sie schon sehr lange und sehr gut zu kennen. Auf einmal handeln Sie dann wieder so, wie man es am allerwenigsten erwartet hätte. In der Liebe hat Ihr astrologisches Sternzeichen Sie nicht sonderlich geprägt. Während die typischen Wassermänner gern herumschweifen, sich rasch verlieben und zu übereilten Eheschließungen neigen, sind Sie eher prüfend, beinahe kühl und abwartend. Das schützt Sie auf erfreuliche Art und Weise vor Enttäuschungen und macht Sie zu einem Partner, der ganz genau weiß, was er will.

**28 bis 33 Punkte:**

Ein ruhiger, seßhafter Normalbürger sind Sie als echter Wassermann-Geborener gewiß nicht. Vielmehr steht Ihr Leben im Zeichen wiederholter Aufbrüche zu immer neuen Zielen. Sie begeistern sich rasch, und es ist für Sie überhaupt keine Belastung, aus dem Koffer zu leben. Im Gegenteil, Sie halten das für einen Idealzustand. Konsequenterweise trachten Sie nach solchen Berufen, in denen Sie viel unterwegs sein können. Ein einfaches, braves Leben voller Pflichtbewußtsein ist Ihnen ebenso fremd wie Geduld. Lieber brechen Sie aus und suchen sich immer neue Ziele und Aufgaben, um nur ja nicht das erleben zu müssen, was für Sie geradezu tödlich ist: Nämlich Langeweile.

## Sind Sie eine typische Wassermann-Frau?

| | JA | NEIN |
|---|---|---|
| 1. Halten Sie sich für ziemlich frei in Sachen Liebe? | 2 | 1 |
| 2. Haben Sie viel Talent, etwas aus sich zu machen? | 4 | 2 |
| 3. Ist Ihnen die Rolle des treusorgenden Hausmütterchens auf den Leib geschrieben? | 0 | 3 |
| 4. Haben Sie Schwierigkeiten, einen Irrtum zuzugeben? | 3 | 1 |
| 5. Haben Sie schon oft den Vorwurf gehört, Sie seien etwas unzuverlässig? | 2 | 1 |
| 6. Glauben Sie, daß Sie mitunter zu sehr unter Ihren eigenen Launen leiden? | 3 | 2 |
| 7. Lassen Sie sich durch andere leicht beeinflussen? | 3 | 2 |
| 8. Ist Ihnen Ihre Selbständigkeit in jeder Beziehung wichtig? | 3 | 1 |
| 9. Möchten Sie lieber erst mal eine Reihe von Männern „testen", ehe Sie sich endgültig für einen entscheiden? | 2 | 1 |
| 10. Würde Sie Ihre psychische Verfassung für stabil und ausgeglichen halten? | 1 | 3 |
| 11. Hat alles Neue für Sie eine geradezu magische Anziehungskraft? | 3 | 0 |

**10 bis 17 Punkte:**

Es ist eine Überraschung, aber Sie sind nicht die Bohne neugierig. Sie fühlen sich wohl in dem Kreis, in dem Sie gestellt wurden. Was darüber hinaus passiert oder was andere Menschen tun oder denken, interessiert Sie nicht. Eine gewisse Trägheit im Denken und Handeln scheint Ihnen angeboren, obwohl Sie durchaus intelligent sind. Von einer Wassermann-Frau haben Sie jedenfalls so gut wie nichts, sieht man einmal davon ab, daß Sie verwandlungsfähig sind wie ein Chamäleon und jede Form von Eintönigkeit hassen

**18 bis 24 Punkte:**

Ihre Beweglichkeit, die schon fast eine gewisse Ruhelosigkeit ist, dürfte als typisch für eine Wassermann-Eva bezeichnet werden. Auch Ihre schillernde, lebendige und lebhafte Persönlichkeit entspricht Ihrem astrologischen Naturell. Dann jedoch hört es bereits auf. Ihr Hang zum Pessimismus sowie das Fehlen jeglicher Eitelkeit sind wieder Eigenschaften, die nicht zu Wassermann-Geborenen passen. Auch haben Sie nicht den Drang, unbedingt die Hosen anzuhaben, sondern geben sich mit der Rolle der untergeordneten Partnerin dankbar zufrieden.

**25 bis 31 Punkte:**

Sie interessieren sich für alles, was Sie sehen und hören und verfügen über eine überdurchschnittliche Intelligenz. Es ist für jeden Mann ein Vergnügen, mit Ihnen verheiratet zu sein, da Sie auf ihn eingehen, eine hervorragende Geliebte sind und gleichzeitig auch den seelischen Kontakt suchen und pflegen. Sie sind sehr selbständig, von schneller Auffassungsgabe und lassen sich kein X für ein U vormachen. Darüber hinaus haben Sie die schillernde Persönlichkeit einer Frau, die glaubt, ständig auf der Bühne zu stehen, und die sich in der Bewunderung Ihrer Mitmenschen sonnt. Langweilig ist ein Leben an Ihrer Seite zweifellos nicht.

## Sind Sie ein typischer Fische-Mann?

|  | JA | NEIN |
|---|---|---|
| 1. Ist Ihnen eine gemütliche Familienatmosphäre wichtig? | 1 | 0 |
| 2. Haben Sie Schwierigkeiten, sich in die Psyche und die Gedankenwelt anderer Menschen hineinzuversetzen? | 1 | 4 |
| 3. Ist es Ihnen wichtig, Ihren Mitmenschen helfen zu können? | 2 | 1 |
| 4. Sehnen Sie sich insgeheim danach, im Umgang mit dem zarten Geschlecht etwas draufgängerischer zu sein? | 3 | 1 |

|  | JA | NEIN |
|---|---|---|
| 5. Nehmen Sie es sich sehr zu Herzen, wenn jemand schlecht über Sie spricht, Sie tadelt oder an Ihnen herummäkelt? | 4 | 2 |
| 6. Würden Sie sich als einen sportlichen Typ bezeichnen? | 0 | 1 |
| 7. Kämpfen Sie mit allen Mitteln für das, was Sie sich zum Ziel gesetzt haben? | 1 | 3 |
| 8. Finden Sie, daß Sie oft zu bescheiden sind und Ihr Licht unter den Scheffel stellen? | 3 | 2 |
| 9. Spielen das Gefühl und die gefühlsbetonte Betrachtung der Dinge in Ihrem Leben eine große Rolle? | 4 | 1 |
| 10. Können Sie Ihre Ellenbogen gebrauchen und sich in den Vordergrund drängen? | 1 | 2 |
| 11. Gehört es zu Ihrem astrologischem Naturell, daß Sie manchmal himmelhochjauchzend und im nächsten Moment zu Tode betrübt sind? | 3 | 1 |

**11 bis 17 Punkte:**

Im Gegensatz zu dem teilnahmevollen, idealistisch gesinnten und stark intuitiv veranlagten Fische-Geborenen, stehen Sie mit beiden Beinen fest auf dem Boden der Alltagswelt und verlassen sich lieber auf Ihren Verstand als auf Ihre Gefühle. Sie verfügen über eine gehörige Portion Egoismus. All das sind keineswegs typische Eigenschaften für Ihr Sternzeichen. Entweder verstehen Sie es, sich ausgezeichnet zu verstellen, oder Sie haben tatsächlich nichts mit einem Fische-Mann gemeinsam. Sie können rücksichtslos sein, einen gesunden Egoismus an den Tag legen und haben so die besten Voraussetzungen dafür, Ihre Ziele zu erreichen. In der Liebe sind Sie zärtlich und phantasievoll und somit ein begehrter Partner.

**18 bis 23 Punkte:**

Ihre Abhängigkeit von wechselnden Stimmungen, Ihre Gefühlsbetontheit sowie Ihre Abneigung gegen das Auftrumpfen mit Sich – in – Szene setzen, sind durchaus Eigenschaften, die den Fische-Männern nachgesagt werden. Diese Wesenszüge führen aber auch dazu, daß man Ihre Fähigkeiten oft unterschätzt. Dabei können Sie zäh und hartnäckig bei der Verfolgung eines Zieles sein und unterscheiden sich dadurch von Ihren astrologischen Vettern. Vorsichtig sollten Sie jedoch im Umgang mit dem zarten Geschlecht sein. Wenn Sie nicht auf der Hut sind, werden Sie leicht ausgenutzt.

**24 bis 30 Punkte:**

Voller Pflichtgefühl, Zuverlässigkeit, Herzensgüte und nicht zu unterschätzender Verstandesgaben sind Sie ein durchaus typischer Fisch. Allerdings ist Ihr Wille nicht sonderlich ausgeprägt. Vielmehr wird er oft überdeckt durch einen gewissen Hang zur Bequemlichkeit und zum Grübeln sowie das Bestreben, nur kein Aufhebens zu machen. Die Sehnsucht nach Geborgenheit und Familienglück sowie nach dem eigenen Heim nimmt in Ihrem Denken und Fühlen breiten Raum ein. Die Frau, die sich zu Ihnen bekennt, wird mit Sicherheit ein harmonisches Dasein führen.

## Sind Sie eine typische Fische-Frau?

|  | JA | NEIN |
|---|---|---|
| 1. Können Sie sich nur schwer von solchen Dingen trennen, die für Sie einen sentimentalen Wert haben, auch wenn Sie nicht mehr zu gebrauchen sind? | 3 | 2 |
| 2. Würden Sie auch zu solch einer Party gehen, wo Sie niemanden kennen? | 4 | 2 |
| 3. Glauben Sie selbst, daß Sie Ihr Dasein nüchterner und vor allen Ddingen realistischer angehen sollten? | 2 | 4 |
| 4. Greifen Sie helfend und schlichtend ein, wenn Sie merken, daß sich zwei Parteien zerstritten haben? | 3 | 1 |
| 5. Kränkt es Sie zu tief, wenn Ihr Partner es nicht mehr merkt, wenn Sie sich besonders hübsch für Ihn gemacht haben? | 1 | 4 |
| 6. Gehören Sie zu jenen Frauen, die vor lauter Rührung im Kino oder vor dem Fernseher weinen können? | 1 | 4 |
| 7. Können Sie auch einmal unvernünftig sein, wenn es darum geht, sich ein besonders hübsches Kleid zu kaufen? | 3 | 2 |
| 8. Sind Sie in der Lage, einer langen Geschichte auch dann zuzuhören, wenn Sie sie gar nicht interessiert? | 3 | 1 |
| 9 Wenn Sie die Wahl haben zwischen einer Wohnung in einem großen Miethaus und in einem kleinen Gartenhaus, entscheiden Sie sich dann für Letzteres? | 2 | 3 |
| 10. Stellen Sie Ihren Partner sofort zur Rede, wenn Sie vermuten, daß er Ihnen etwas verschweigt? | 3 | 1 |

**15 bis 21 Punkte:**

Offensichtlich haben Sie einen sehr starken Aszendenten, der den Einfluß des Fische-Zeichens überdeckt, denn von einer echten Fische-Eva verraten Sie nur wenig. Deshalb haben Sie es in mancher Weise leichter im Leben als andere Verreterinnen Ihres Sternzeichens. Sie machen es sich nicht unmötig schwer und finden in vielen Situationen einen gangbaren Ausweg. Diese Anpassungsfähigkeit macht Sie anziehend und sorgt dafür, daß Sie zu den umschwärmten Damen gehören.

**22 bis 27 Punkte:**

Da Sie herzlich und gefühlsbetont, dabei aber nicht wehleidig oder übertrieben sentimental sind, werden Sie in jedem Kreis rasch Symphathie wecken. Sie haben zwar hin und wieder Depressionen, doch damit werden Sie fertig. Zwischen Ihren emotionellen Kräften und Ihrer praktischen Lebenstüchtigkeit besteht eine angenehme Ausgewogenheit. Wenn Sie auf diesem Kurs bleiben, wird es Ihnen nicht nur leicht fallen, mit Ihrem Partner und Ihren Mitmenschen gut auszukommen, sondern vor allen Dingen auch mit sich selbst.

**28 bis 34 Punkte:**

Leider verfügen Sie nicht nur über viele Tugenden der Fische-Frau, sondern auch über die meisten der Schwächen, die man diesem Sternzeichen anlastet. Es ist leicht, Sie zu verunsichern oder auszunutzen. Sie sollten energisch an sich arbeiten und lernen, sich Ihrer Haut zu wehren. Wenn Ihnen das gelingt, werden Sie mehr Erfolg im Leben haben. Auch ist es wichtig, daß Sie sich durch kleinere Reibereien, die Sie eigentlich gar nicht beeinflussen sollten, nicht immer gleich in einen seelischen Keller stürzen lassen.

# Teil III

# Sie und die Liebe

# Machen Sie
# Ihren Partner glücklich?

## Machen Sie Ihren Partner glücklich?

Für manche ist es unmöglich, für andere wieder ganz einfach: den Partner glücklich zu machen. Ist das ein Trick, eine Zauberei? Keineswegs! Dazu gehören nur ein bißchen Selbstlosigkeit und Verzicht. Außerdem muß man sich in die Lage des anderen versetzen können. Dann fühlt er sich verstanden und ist nicht nur mit Ihnen, sondern auch mit sich und der Welt zufrieden. Und Ihr Partner? Hat er dieses Glück? Hier können Sie's erfahren.

1. Ihr Partner hat einen großen beruflichen Erfolg errungen. Was tun Sie?
   a) *ich gehe groß mit ihm aus*   2 Punkte
   b) *ich möchte alles über den Erfolg von ihm hören*   5 Punkte
   c) *ich möchte ihm zeigen, wie stolz ich auf ihn bin*   4 Punkte
   d) *ich rufe sofort viele Freunde an, feiere mit denen ein Fest und erzähle alles von diesem Erfolg*   3 Punkte

2. Ihr Partner hat plötzlich Potenzprobleme, die ihm große Sorgen machen?
   a) *Sie ignorieren das und tun, als hätten Sie selbst gar keine Lust zur Liebe*   0 Punkte
   b) *Sie versuchen ihn zu trösten*   2 Punkte
   c) *Sie führen eine offene Aussprache herbei, so daß er sich alles von der Seele reden kann*   3 Punkte
   d) *Sie bemühen sich darum, künftig etwas mehr Eigeninitiative zu zeigen*   1 Punkt

3. Ihr Partner wird pensioniert und weiß nicht so recht, wie sich sein Rentnerdasein gestalten wird: Um ihm über die Klippen zu helfen, werden Sie
   a) *ihm ein Haustier schenken*   1 Punkt
   b) *fertige Pläne als Beschäftigungstherapie unterbreiten*   2 Punkte
   c) *viel für ihn da sein*   4 Punkte
   d) *ihn erst einmal in Ruhe lassen, damit er sich an die neue Situation gewöhnen kann*   3 Punkte

4. Ihr Partner merkt, daß ein anderer Mann Ihnen schöne Augen macht. Was tun Sie?
   a) *ich flirte zurück*   1 Punkt
   b) *ich widme mich trotzdem ganz intensiv meinem Partner*   3 Punkte
   c) *ich lasse meinem Partner spüren, daß der andere ihm nicht das Wasser reichen kann*   5 Punkte

5. Ihr Partner kommt langsam aber sicher in die „Mid-life-Crisis". Wie verhalten Sie sich?
   a) *ich gebe ihm viel Zärtlichkeit und mache ihm sehr viel Komplimente*   4 Punkte
   b) *ich sorge für neue Aktivitäten*   3 Punkte

| | |
|---|---|
| c) ich mache mich für ihn besonders hübsch | 2 Punkte |
| d) ich entlaste ihn und „belämmere" ihn nicht mit Kleinigkeiten aus meinem Alltag | 1 Punkt |

6. Plötzlich hat Ihr Partner ein paar Pfunde zu viel. Was nun?

| | |
|---|---|
| a) ich zeige ihm, daß ich ihn trotzdem liebe | 3 Punkte |
| b) ich bemühe mich darum, kalorienärmer zu kochen | 2 Punkte |
| c) ich mache gemeinsam mit ihm eine Diät und versuche, ihn bei seiner Willensübung zu bestärken | 4 Punkte |

7. Ihr Partner ist krank und leidet – wie die meisten Männer – ganz entsetzlich.

| | |
|---|---|
| a) Sie pflegen ihn aufopfernd | 3 Punkte |
| b) Sie bemuttern ihn wie ein kleines Kind | 4 Punkte |
| c) Sie engagieren eine Krankenschwester | 2 Punkte |
| d) Sie sorgen dafür, daß er seine Ruhe hat | 1 Punkt |

**0 bis 10 Punkte:**

Nun, auf Rosen gebettet ist Ihr Partner bei Ihnen gewiß nicht. Dazu sind Ihre eigenen Interessen viel zu stark ausgeprägt. Aber Sie wissen auch, was Sie an ihm haben und geben sich zumindest in zärtlichen Momenten immer wieder Mühe um ihn. Lassen Sie diese guten Tage nicht zu selten werden, denn Ihr Partner weiß ganz genau, was er auf dem „Frauenmarkt" wert ist.

**11 bis 20 Punkte:**

Alles in allem kann sich Ihr Partner nicht beklagen. Er wird von Ihnen verwöhnt und versorgt. Sie sind viel für ihn da und haben auch ein geduldiges Ohr, wenn er sich mit Ihnen aussprechen möchte. Nur in Sache Liebe und Sex könnten Sie manchmal ein wenig feuriger sein und ihm häufiger das Gefühl geben, ein ganzer Kerl zu sein, für den sich noch jeder Einsatz lohnt. Und das tut er doch, oder?

**21 bis 30 Punkte:**

Ihr Partner wird immer nur eine Lobeshymne auf Sie singen. Sie tragen ihn auf Händen. Sie holen für ihn die Sterne vom Himmel und tun alles, daß er sich bei Ihnen rundherum wohlfühlt. Sie sind die geborene Circe und eine bezaubernde Eva, auf die er mit Recht stolz ist. Aber lassen Sie ihn hin und wieder auch einmal spüren, daß Sie für Ihren Einsatz zumindest seine Würdigung erwarten.

## Sind Sie selbst rundherum glücklich?

Leben Sie eigentlich bewußt? Machen Sie manchmal Bilanz, um festzustellen, was Ihnen Ihr Alltag und Ihr Privatleben wirklich bringt? Würden Sie sich als rundherum glücklich bezeichnen? Wenn nicht, sollten Sie es schleunigst lernen!

## Sind Sie selbst rundherum glücklich?

1. Können Sie sich zulächeln, wenn Sie an einem Spiegel vorbei gehen?
   - ○ ja     5 Punkte
   - ○ nein     2 Punkte
2. Hat man Ihnen schon einmal gesagt, daß Ihre Fröhlichkeit ansteckend ist?
   - ○ nein     1 Punkt
   - ○ ja     2 Punkte
3. Können Sie Ihre schlechte Laune auch dadurch überwinden, daß Sie eine heitere Geschichte lesen oder einen fröhlichen Fernsehfilm anschauen?
   - ○ nein     1 Punkt
   - ○ ja     4 Punkte
4. Freuen Sie sich, wenn Sie einen anstrengenden Tag zu bewältigen haben, manchmal ganz bewußt auf's Bett und auf die Entspannung?
   - ○ ja     3 Punkte
   - ○ nein     2 Punkte
5. Können Sie auf einer Party, auf der viel getrunken wird, auch ohne Alkohol ausgelassen und lustig sein?
   - ○ ja     3 Punkte
   - ○ nein     2 Punkte
6. Können Sie sich auf ein positives, vor Ihnen liegendes Ereignis lange im voraus freuen?
   - ○ nein     0 Punkte
   - ○ ja     4 Punkte
7. Sind Sie mitunter dankbar und glücklich, nur weil Sie sich in einer schönen Umgebung oder aber in der Gesellschaft netter Menschen befinden?
   - ○ ja     3 Punkte
   - ○ nein     2 Punkte
8. Ist Ihre jeweilige Stimmung weitgehend unabhängig vom gerade herrschenden Wetter?
   - ○ nein     1 Punkt
   - ○ ja     2 Punkte
9. Sind Sie auch dann nicht einsam oder gelangweilt, wenn Sie ein ganzes Wochenende verbingen, ohne einen einzigen Menschen zu sehen?
   - ○ ja     4 Punkte
   - ○ nein     2 Punkte
10. Macht es Ihnen Spaß, andere zu beschenken?
    - ○ nein     1 Punkte
    - ○ ja     4 Punkte
11. Haben Sie eine sentimentale Ader?
    - ○ ja     3 Punkte
    - ○ nein     2 Punkte

12. Ist bei Ihnen Romantik groß geschrieben?
    - ○ nein   1 Punkt
    - ○ ja   5 Punkte
13. Gönnen Sie anderen, die offensichtlich vom Schicksal verwöhnt werden, neidlos ihr Glück?
    - ○ ja   5 Punkte
    - ○ nein   1 Punkt
14. Wünschen Sie sich manchmal, jemand anderes zu sein?
    - ○ nein   2 Punkte
    - ○ ja   0 Punkte
15. Fühlen Sie sich beruflich ausgelastet und Ihren Fähigkeiten entsprechend eingesetzt?
    - ○ ja   4 Punkte
    - ○ nein   1 Punkt
16. Leben Sie mehr in der Gegenwart als in der „guten alten Zeit"?
    - ○ nein   0 Punkte
    - ○ ja   1 Punkt
17. Fühlen Sie sich weitgehend von Ihrer Umwelt gerecht behandelt?
    - ○ ja   4 Punkte
    - ○ nein   0 Punkte
18. Finden Sie, daß Sie alles andere als nachtragend sind?
    - ○ nein   1 Punkt
    - ○ ja   3 Punkte
19. Gehen Sie manchmal mit den Gedanken ins Bett: „Was war das heute für ein wunderschöner Tag"!
    - ○ ja   6 Punkte
    - ○ nein   2 Punkte
20. Würden Sie, wenn Sie die Wahl hätten, die gleiche Partnerschaft, in der Sie augenblicklich leben, noch einmal eingehen?
    - ○ nein   0 Punkte
    - ○ ja   4 Punkte

**24 bis 38 Punkte:**

Offensichtlich haben Sie Ihr Leben noch nicht so richtig in den Griff bekommen. Sie sehen Ihre Zukunft grau und sind überzeugt, daß Sie nie auf den berühmten grünen Zweig kommen werden. Darüber hinaus glauben Sie, immer auf der Schattenseite des Lebens als Mauerblümchen stehen zu müssen. Aber ist Ihnen vielleicht schon einmal aufgefallen, daß Sie an Ihrer eigenen Misere mit Schuld sein könnten? Prüfen Sie doch einmal Ihr Selbstvertrauen! Sie trauen sich selbst viel zu wenig zu und verlassen sich auch zu leicht auf andere. Wenn Sie Ihr eigenes Schicksal einmal voller Optimismus selbst in die Hand nehmen, werden Sie feststellen: Hoppla, es ist ja alles nur halb so schlimm! Mir gelingt ja viel mehr, als ich bisher angenommen hatte!

**39 bis 53 Punkte:**
Sie gehören zu den Realisten unter uns, die davon ausgehen, daß man sein eigenes Schicksal ohnehin nicht ändern kann. Manchmal freudig, manchmal resigniert nehmen Sie hin, was sich in Ihrem Alltag gerade ergibt. Genaugenommen ist diese Einstellung recht gesund und lebensnah. Sie birgt aber auch die Gefahr in sich, daß man aufhört, sich noch um das eigene Glück zu kümmern. Vergessen Sie nie: In den Schoß fällt es niemandem! Auch Ihnen nicht! Nur wenn Sie sich darum bemühen, das Beste aus Ihrem Leben zu machen, werden Sie wirklich die Sonnenseite des Daseins kennenlernen. Resignieren Sie dagegen und reden Sie sich immer wieder ein, daß alles vorbestimmt ist, dann könnte es passieren, daß Sie stumpf werden und auch an den kleinen Annehmlichkeiten, die jeder Tag zu bieten hat, keine Freude mehr haben können.

**54 bis 69 Punkte:**
Herzlichen Glückwunsch! Sie sind wirklich ein Lebenskünstler. Alles scheint Ihnen zu gelingen. Alles geht Ihnen leicht von der Hand. Sie kommen nicht nur bei Ihren Mitmenschen, sondern auch im beruflicher Beziehung sofort an. Außerdem haben Sie die glückliche Gabe, kleine Kümmernisse nicht so ernst zu nehmen und voller Optimismus in die Zukunft zu blicken. Unnütze Sorgen, das ist etwas, was Sie entschieden ablehnen. Sie freuen sich lieber Ihres Lebens und wissen sicher, was Sie entschieden ablehnen. Sie freuen sich lieber Ihres Lebens und wissen sicher, daß Sie auf diese Art und Weise auch Ihrer Gesundheit den allergrößten Gefallen tun: Wer fröhlich und ausgeglichen ist und nicht ständig daran denkt, eventuell krank zu werden, schützt sich vor einer ganzen Reihe von Leiden.
Und noch etwas: Ihre Heiterkeit, die sich prompt auf andere überträgt, bringt Sie auch beruflich immer weiter. Man traut Ihnen alles zu, weil Sie so viel Zuversicht ausstrahlen. Versuchen Sie, Ihre positive Lebenseinstellung beizubehalten!

**PS:** Falls Sie übrigens der Meinung sind, Sie seien schon deshalb nicht zu den glücklichen Menschen zu zählen, weil Sie hin und wieder von Herzen weinen. Dann sollten Sie wissen: Kürzliche Untersuchungen in den USA haben ergeben: Wer sich ausweinen kann, schafft wieder Raum für Fröhlichkeit und Heiterkeit und fühlt sich erleichtert.

## Können Sie wirklich treu sein?

1. Ihnen begegnet ein Jugendfreund wieder, für den Sie lange geschwärmt haben. Sie
   - a) *ignorieren ihn* — 1 Punkt
   - b) *verwickeln ihn in ein Gespräch* — 4 Punkte
   - c) *gestehen ihm Ihre früheren Gefühle* — 2 Punkte
   - d) *versuchen, ihn zu verführen* — 0 Punkte

Können Sie wirklich treu sein?

2. Ihr Partner macht eine Geschäftsreise. Sie nutzen diese Zeit um
   - a) endlich allein zu sein — 3 Punkte
   - b) über Ihre Beziehung nachzugrübeln — 1 Punkt
   - c) selbst eine Beziehung wieder aufzuwärmen
   - d) jenen Hobbys nachzugehen, die Ihr Partner nicht teilt — 4 Punkte

3. Ihr Partner möchte alle über Ihre früheren Erfahrungen wissen. Sie
   - a) legen ihm alle Details schonungslos dar — 1 Punkt
   - b) beichten nur die harmlosen Abenteuer — 0 Punkte
   - c) erzählen vorsichtshalber gar nichts — 2 Punkte
   - d) tauschen behutsam auch seine Erinnerungen aus — 3 Punkte

4. Ihr Partner hat völlig andere Ansichten als Sie. Sie
   - a) beharren auf Ihrer Meinung — 1 Punkt
   - b) übernehmen seine Meinung kritiklos — 0 Punkte
   - c) suchen einen Kompromiß — 3 Punkte
   - d) denken sich Ihren Teil und halten den Mund — 2 Punkte

5. Sie haben erfahren, daß Ihr Partner Sie hintergangen hat. Sie
   - a) sind beleidigt und sprechen nicht mehr mit ihm — 1 Punkt
   - b) zahlen sofort gleiches mit gleichem heim — 0 Punkte
   - c) stellen ihn zur Rede und drohen mit einer Trennung oder einer Rache — 2 Punkte
   - d) suchen nach einer Lösung, wie die Beziehung trotzdem weitergehen kann — 3 Punkte

6. Ausgerechnet, als Sie mit Ihrem Partner heftig Streit haben, begegnet Ihnen Ihr Traumtyp und macht Ihnen ein Angebot für eine heiße Nacht. Sie
   - a) weisen Ihn empört in seine Schranken — 3 Punkte
   - b) lassen es bei einem harmlosen Flirt bewenden, um Ihr Selbstbewußtsein wieder aufzurichten — 4 Punkte
   - c) bitten Ihren Partner um Schutz — 1 Punkt
   - d) nehmen aus lauter Rache und verletztem Stolz an — 0 Punkte

7. Vergleichen Sie die geistige Treue mit der körperlichen! Die geistige bedeutet für Sie
   - a) wenig, denn die körperliche zählt — 1 Punkt
   - b) alles, denn der Betrug fängt im Kopf an — 4 Punkte
   - c) das hält sich die Waage — 2 Punkte
   - d) nichts, denn sie ist Ihnen fremd — 0 Punkte

8. Bei aller Liebe stellen Sie fest, daß Sie doch den falschen Partner erwischt haben. Sie
   - a) versuchen, ihn zurechtzubiegen — 1 Punkt
   - b) passen sich noch mehr an — 2 Punkte
   - c) steigen sofort aus — 3 Punkte
   - d) sprechen ehrlich mit ihm darüber und suchen gemeinsam nach einer Lösung — 4 Punkte

9. Ihr Liebesleben befriedigt Sie nicht mehr. Sie
   a) gestehen das dem Partner und suchen nach einem Ausweg    4 Punkte
   b) suchen sich einen Neuen für's Bett    1 Punkt
   c) nehmen es als menschlich hin    0 Punkte
   d) machen auch sich selbst Vorwürfe    2 Punkte
10. Ein Kollege bittet nur Sie zu seiner Party, auf der es voraussichtlicht heiß hergehen wird. Sie
    a) bestehen darauf, daß auch Ihr Partner mitkommt    3 Punkte
    b) gehen aus Neugier heimlich hin    1 Punkt
    c) sagen sofort ab    2 Punkte
    d) nehmen die Gelegenheit beim Schopf, weil ein solches Angebot schließlich nicht alle Tage gemacht wird    0 Punkte

**1 bis 10 Punkte:**

Unverbindlich mit Ihnen zu flirten macht einen Heidenspaß, aber wehe, ein Mensch möchte sich für immer an Sie binden! Dann kriegen Sie kalte Füße. Schade, denn auf Dauer wird Sie das sehr einsam machen, denn ein leichtfertiger Ruf verbreitet sich schnell.

**11 bis 24 Punkte:**

Normalerweise setzen Sie Ihr Glück nicht leichtfertig für irgendeinen heißen Flirt auf's Spiel. Dennoch sind Sie in gewissen Stimmungen und bei bestimmten Gelegenheiten nicht davor gefeit, schwach zu werden. Denken Sie immer daran: Wer sich in Gefahr begibt, kommt darin um.

**25 bis 36 Punkte:**

Sie sind viel zu klug und besonnen – aber auch zu glücklich – um es mit der Treue nicht genau zu nehmen. Schließlich erwarten Sie von Ihrem Partner ja auch bedingungsloses Zusammenhalten und würden einen Seitensprung nie verzeihen. Seien Sie aber vorsichtig, daß Ihre Zweierbeziehung nicht zu einer Selbstverständlichkeit wird, an der dann nicht mehr gearbeitet werden muß!

# Hat ihre Liebe eine Dauerchance?

Hier geht es nicht um jene scheinbar beneidenswerten Evas, die immer von Männern umlagert sind und an jedem Finger zehn Verehrer haben könnten. Nein, hier geht es um solche Frauen, die Ihre Liebe festhalten wollen und dafür kämpfen, daß das, wofür sie sich einmal begeistert haben, von Bestand ist. Schaffen Sie selbst das eigentlich?

1. Schaffen Sie es, sich in einer Partnerschaft bedingungslos unterzuordnen?
   *a) absolut, denn dann fühle ich mich geborgen*
   *b) nur wenn ich den Mann bewundern kann*
   *c) in manchen Dingen ordne ich mich unter, in anderen treffe ich die Entscheidungen?*
   *d) ich ordne mich überhaupt nicht unter, warum sollte ich das*
2. Wenn ein Mann und eine Frau beruflich zusammenarbeiten, wie finden Sie, sollte ihr Verhältnis zu einander sein?
   *a) es müßte zumindest gegenseitige Achtung herrschen,*
   *b) ein bißchen prickelnde Spannung auf erotischem Gebiet belebt auch hier das Geschäft*
   *c) hier kommt es nicht darauf an, wie man sich gefällt, denn nur die Leistung ist entscheidend*
   *d) ich finde, wenn man sich gegenseitig Konkurrenz macht und auch ein bißchen den Rivalen spielt, spornt man sich an*
3. Wenn Sie sich einen Traummann aussuchen dürften, welche Eigenschaft wäre Ihnen an ihm am wichtigsten?
   *a) sein Aussehen*
   *b) seine beruflichen Erfolge*
   *c) sein Verstand*
   *d) seine Fähigkeiten als Liebhaber*
   *e) sein Charakter*
   *f) sein Charme*
4. Mit welchen charakterlichen Makeln würden Sie sich bei Ihrem Traummann am schlechtesten abfinden?
   *a) nit Unehrlichkeit*
   *b) mit Unordentlichkeit*
   *c) mit Untreue*
   *d) mit Langweiligkeit*
5. Hand aufs Herz! Ist es Ihnen schon passiert, daß Sie sich gleichzeitig zu zwei Männern erotisch hingezogen gefühlt haben?
   *a) nein, niemals*
   *b) das ist schon passiert, aber ich bin trotzdem meinem Partner treu geblieben*
   *c) ja, ich konnte mich gar nicht entscheiden*
   *d) ich sitze häufig zwischen zwei Stühlen*
   *e) ich bin clever genug, um mit einer solchen Situation fertig zu werden, ohne daß sie auffällt*
6. Eben war nur die Rede vom körperlicher Anziehungskraft, aber könnten Sie sich vorstellen, daß Sie gleichzeitig zwei Männer lieben?
   *a) ja*
   *b) ich glaube nicht*
   *c) vielleicht*
   *d) das kann ich mir nicht vorstellen*

7. Kennen Sie in Ihrer eigenen Partnerschaft den Kampf um die Führungsrolle?
   a) *natürlich, denn dieser Kampf ist unvermeidlich und findet andauernd statt*
   b) *eine gewisse Spannung darum, wer die Hosen an hat, gibt es in jeder Verbindung*
   c) *einen Kampf der Geschlechter würde ich das natürliche Gerangel nicht nennen, aber die unterschiedlichen Naturelle führen zu Reibereien*
   d) *man sollte versuchen, all das aus einer Partnerschaft zu verbannen, was mit Auseinandersetzungen oder gar einem Kampf zu tun hat*

8. Schon wieder Hand aufs Herz: Haben Sie schon einmal dem Partner oder Ehemann Ihrer besten Freundin schöne Augen gemacht?
   a) *natürlich, aber es war nur ein harmloser Flirt*
   b) *ja, denn das war ein Spiel mit dem Feuer*
   c) *ich habe es zwar getan, aber mir nichts dabei gedacht*
   d) *ich versuche so etwas auszuschließen*
   e) *das kommt für mich überhaupt nicht in Frage*

9. Sie kommen gerade von einer Reise zurück, auf der Sie viel erlebt haben und sind jetzt voller neuer Eindrücke. Was würden Sie jetzt am liebsten tun?
   a) *ich wäre jetzt am liebsten mit meinen Gedanken und Erinnerungen ganz allein*
   b) *ich würde meinem Partner gerne stundenlang von meiner Reise erzählen*
   c) *ich würde gerne mit einer Freundin über meine Eindrücke sprechen*
   d) *am liebsten wäre ich jetzt auf einer großen Party, wo ich viele Zuhörer hätte*
   e) *am wohlsten würde ich mich in diesem Moment im Kreise der Familie fühlen, die ich ja dann lange nicht gesehen habe*

10. Sie entdecken bei ungünstigem Licht an einem Morgen im Badezimmerspiegel die ersten Fältchen. Was nun?
    a) *ich kriege es prompt mit der Angst zu tun*
    b) *natürlich bemühe ich mich jetzt noch intensiver um meine körperliche Pflege*
    c) *ich nehme das so gelassen hin, wie nur irgend möglich, denn mein Partner wird schließlich auch nicht schöner*
    d) *ich teile meinem Partner meine Entdeckung sofort mit*
    e) *ich suche in aller Ruhe bei meinem Partner nach einem ähnlichen Makel, um mein Selbstbewußtsein wieder aufzurichten*

**Testpunkte:**

| Frage | Antwort |   |   |   |   |   |
|-------|---|---|---|---|---|---|
|       | a | b | c | d | e | f |
| 1.    | 0 | 6 | 9 | 3 | – | – |
| 2.    | 8 | 0 | 2 | 4 | – | – |
| 3.    | 1 | 7 | 2 | 5 | 8 | 3 |
| 4.    | 5 | 2 | 9 | 4 | 3 | 7 |
| 5.    | 2 | 8 | 6 | 1 | 0 | – |
| 6.    | 0 | 1 | 2 | 4 | – | – |
| 7.    | 0 | 3 | 6 | 2 | – | – |
| 8.    | 4 | 1 | 8 | 6 | 2 | – |
| 9.    | 1 | 8 | 3 | 2 | 5 | – |
| 10.   | 2 | 4 | 8 | 3 | 0 | – |

**0 bis 25 Punkte:**

Sie halten sich zu unrecht für einen Glückspilz, nur weil es immer wieder Männer gibt, die für Sie schwärmen. Irgendwann wird auch das einmal vorbei sein. Bemühen Sie sich intensiv darum, ein einmal gewonnenes Glück mit beiden Händen festzuhalten! Es verfängt sich zwar immer wieder ein neuer Adam in Ihren Netzen, aber wie Sie inzwischen selbst festgestellt haben dürften, ist das Ganze nur von kurzer Dauer. Sie verlieren auch an Glaubwürdigkeit, wenn Sie immer nach Lust und Laune darauflos flirten und sich nie darum bemühen, so etwas wie Treue aufkommen zu lassen. Von Dauer ist Ihr Liebesglück jedenfalls nicht, wenn Sie weiterhin leichtfertig wie bisher mit den Männerherzen spielen.

**26 bis 50 Punkte:**

Sie meinen es zwar herzlich gut, indem Sie dem Partner versuchen, alles recht zu machen, aber manchmal regieren Sie sein Herz mit einer allzu eisernen Faust. Sie sollten bedenken, daß jeder Mann unruhig wird, wenn die Fesseln – und sollten Sie noch so sehr aus Liebe sein – zu eng um ihn herum gespannt sind. Lassen Sie ihm mehr Freiheit! Das muß Ihrer gegenseitigen Liebe keineswegs Abbruch tun. Und verlangen Sie nicht Unmenschliches von ihm! Denn im Grunde seines Herzens möchte er das gleiche wie Sie: Sein Liebesglück mit beiden Händen festhalten.

**51 bis 75 Punkte:**

Natürlich ist auch Ihnen bekannt, daß eine große Liebe einmal zerbrechen kann. Aber Sie tun zumindest alles, um das nicht geschehen zu lassen. Sie bemühen sich um Ihren Partner, machen allerdings mitunter den Fehler, daß Sie ein kleines bißchen auf die Nerven gehen, indem Sie ihm zu sehr bemuttern. Aus Ihrer großen Liebe brauchen Sie auch weiterhin kein Geheimnis zu machen. Aber spielen Sie nicht schon am frühen Morgen Schicksal, und machen Sie nicht jede kleine Geste zu einem privaten Drama! Etwas mehr Gelassenheit und der Optimismus, wozu Ihre Liebe Sie doch verleiten sollte, stehen Ihnen ausgezeichnet zu Gesicht.

## Sind Sie seine ideale Partnerin?

Natürlich träumen auch Sie davon, noch immer die Traumfrau Ihres Partners zu sein. Sie stellen sich vor, daß er Ihretwegen schlaflose Nächte hat, daß er von Ihnen schwärmt, daß er sich in jeder Sekunde, die er nicht mit Ihnen verbringen kann, nach Ihnen sehnt. Aber mal Hand aufs Herz: Tun Sie wirklich noch immer alles, um die ideale Partnerin für ihn zu sein und zu bleiben?

1. Was sind die Eigenschaften, die Ihr Partner Ihrer Meinung nach am meisten an Ihnen liebt?
    a) *meine Zärtlichkeit* — 1 Punkt
    b) *meine Treue* — 5 Punkte
    c) *meine lebhafte Phantasie* — 3 Punkte
2. Sorgen Sie dafür, daß sich Ihr Partner in Ihrer Gegenwart rundherum wohlfühlt?
    a) *ja, ich laß ihn spüren, daß er der beste Liebhaber der Welt ist* — 1 Punkt
    b) *nein, ich glaube gar nicht, daß er das unbedingt möchte* — 5 Punkte
    c) *manchmal tue ich so, als wäre er noch ein kleiner Junge* — 3 Punkte
3. Wer von Ihnen beiden trifft eigentlich die Entscheidungen, die beide angehen?
    a) *meistens er* — 5 Punkte
    b) *meistens ich* — 1 Punkt
    c) *das kommt ganz auf die Gelegenheit an* — 3 Punkte
4. Gehören Sie zu jenen Frauen, die eine lebhafte Vergangenheit haben und daher den jetzigen Partner mit einigen Vorgängern vergleichen können?
    a) *nein, auf so etwas lasse ich mich gar nicht erst ein* — 5 Punkte
    b) *doch, das mache ich besonders gerne, denn er schneidet dabei sehr gut ab* — 1 Punkt
    c) *das wichtigste ist doch, daß ich Ihn liebe. Da brauche ich keine Vergleiche zu ziehen* — 3 Punkte
5. Was tun Sie, wenn er damit beginnt, Ihnen ausführlich aus seinem beruflichen Alltag zu erzählen!
    a) *ich denke an meine eigenen Dinge und tue so, als höre ich zu* — 4 Punkte
    b) *ich erzähle ihm, wie es mir ergangen ist* — 3 Punkte
    c) *ich warte mit dem, was ich ihm zu sagen habe, bis ich das Gefühl habe, daß er sein Herz erleichtert hat* — 1 Punkt

6. Welche von den nun folgenden Eigenschaften glauben Sie, paßt am besten auf Sie?
   *a) ich bin sehr mütterlich* — 5 Punkte
   *b) ich bin sehr weiblich* — 3 Punkte
   *c) ich bin sehr sportlich* — 4 Punkte
   *d) ich bin sehr großzügig* — 1 Punkt
7. Welchen Stellenwert hat für Sie der Sex?
   *a) auf Dauer ist mir das nicht so wichtig wie die Harmonie und das gegenseitige Vertrauen* — 5 Punkte
   *b) ich halte es für einen wichtigen Bestandteil einer jeden Zweierbeziehung* — 3 Punkte
   *c) mir macht es Spaß, aber entscheidend ist es nicht* — 1 Punkt
8. Mal Hand aufs Herz, sind Sie neugierig und neigen dazu, auch mal durch seine Taschen zu gehen?
   *a) niemals* — 1 Punkt
   *b) durchaus* — 5 Punkte
9. Machen Sie Ihrem Mann eigentlich noch täglich Komplimente?
   *a) ja, natürlich, bei jeder Gelegenheit* — 5 Punkte
   *b) das brauche ich nicht, denn er weiß, daß ich ihn liebe* — 3 Punkte
   *c) immerhin beinahe täglich* — 3 Punkte
10. Wenn Sie wählen dürften, was wünschten Sie sich von Ihrem Mann am meisten?
    *a) eine phantastische Zweierbeziehung* — 3 Punkte
    *b) seine immer noch sich steigernde Zärtlichkeit* — 1 Punkt
    *c) eine gesicherte Zukunft und ein schönes Zuhause* — 5 Punkte
11. Tun Sie etwas dafür, daß sich Ihr Partner ständig neu in Sie verliebt?
    *a) natürlich, denn ich koche immer seine Lieblingsgerichte* — 3 Punkte
    *b) ich mache mich für ihn besonders hübsch* — 4 Punkte
    *c) ich versichere ihm, daß er mir alles bedeutet* — 1 Punkt
    *d) hin und wieder flirte ich auch mit anderen Männern, um ihn daran zu erinnern, daß er auf mich aufpassen muß* — 5 Punkte
12. Sind sie heute noch genauso zärtlich und leidenschaftlich zu Ihrem Partner, wie zu Beginn Ihrer Beziehung?
    *a) das glaube ich nicht* — 5 Punkte
    *b) eher noch zärtlicher als früher* — 1 Punkt
    *c) das kommt ganz auf die Stimmung an* — 3 Punkte

**12 bis 18 Punkte:**

Sie sind tatsächlich die ideale Partnerin für Ihren Mann. Wenn Sie sich weiterhin so benehmen wie bisher, wenn Sie an seine Liebe glauben und ihn immer wieder spüren lassen, daß er für Sie nach wie vor der Größte ist, dürfte Ihre Harmonie von Bestand sein.

**19 bis 35 Punkte:**

Sie sind zwar sehr weiblich und die geborene Eva, die ewige Verführerin und das ständig lockende Weib, aber hin und wieder schieben Sie Ihren eigenen Egoismus ein wenig zu sehr in den Vordergrund, um als seine absolute Traumpartnerin gelten zu können. Andererseits können Sie mit Recht stolz darauf sein, daß Ihr Partner von seinen Freunden und Bekannten um Sie beneidet wird.

**36 bis 60 Punkte:**

Nach außen hin, von der Fassade her, von der Aufmachung her sind Sie vielleicht nicht unbedingt die Eva schlechthin, sondern eher ein Kumpel, mit dem man durch dick und dünn gehen kann. Aber deshalb brauchen Sie noch lange nicht etwas anderes als die ideale Partnerin für Ihren Mann zu sein. Auf Sie kann man sich verlassen, bei Ihnen weiß man, woran man ist. Mit Ihnen läßt sich eine phantastische gemeinsame Zukunft aufbauen. Was Sie darüber hinaus auszeichnet, sind Ihr umwerfendes Charme und Ihr unerschütterlicher Humor.

## Sind Sie Ihr idealer Partner?

Vorsicht Männer! So manches von Ihnen ist im Laufe der Karriere passiert, daß die große Liebe auf der Strecke blieb. Man biß sich fest in berufliche Dinge, man konzentrierte sich nur noch auf die Arbeit und bekam dabei kaum mit, was aus der einst so zauberhaften Zweierbeziehung geworden ist. Da lohnt es sich schon einmal zu testen, ob man noch tatsächlich der Traumtyp seiner Partnerin ist.

1. Tragen Sie grundsätzlich ein Bild von Ihrer Partnerin bei sich oder steht eins von ihr auf Ihrem Schreibtisch?
    *a) natürlich, denn ich möchte sie immer bei mir haben*     1 Punkt
    *b) nur wenn ich daran denke, stecke ich ein Bild ein*     3 Punkte
    *c) ehrlich gesagt, habe ich höchstens dann einmal eine Fotografie von ihr mit, wenn ich verreise*     5 Punkte
2. Haben Sie schon einmal den Tag, an dem Sie Ihre Partnerin kennengelernt haben, vergessen?
    *a) aber nein, so etwas könnte mir nie passieren*     1 Punkt
    *b) ja natürlich, das halte ich auch nicht für tragisch*     3 Punkte
    *c) Sie haben diesen Tag noch nie gemeinsam gefeiert*     5 Punkte
3. Bringen Sie der Dame Ihres Herzens auch ohne Anlaß Blumen oder andere Geschenke mit, um ihr zu zeigen wie sehr Sie sie noch immer lieben?
    *a) meistens bin ich zu beschäftigt, um an so etwas zu denken*     3 Punkte
    *b) das habe ich noch nie gemacht, denn wir müssen sparen*     5 Punkte
    *c) ich überrasche Sie mit kleinen Aufmerksamkeiten, wenn immer ich kann*     1 Punkt

4. Gehören Sie zu jenen Männern, die vor anderen von ihrer Partnerin schwärmen und gar keinen Hehl daraus machen, wie sehr Sie sie noch immer bewundern?
   a) das fände ich irgendwie lächerlich                                    3 Punkte
   b) natürlich tue ich das, denn ich bin stolz
      auf meine Gefährtin                                                   1 Punkt
   c) das habe ich nur am Anfang unserer Beziehung gemacht                  5 Punkte

5. Sind Sie ein Mann, der Komplimente macht, nette Bemerkungen über das Aussehen, die Kleidung oder das Make-up der Partnerin?
   a) sie weiß selbst, daß Sie gut aussieht                                 3 Punkte
   b) ich erwarte ganz einfach, daß Sie sich für mich pflegt                5 Punkte
   c) natürlich honoriere ich ihre Bemühungen durch Komplimente             1 Punkt

6. Haben Sie in jüngster Zeit einmal ein ganzes Wochenende mit Ihrer Traumfrau im Bett verbracht?
   a) nein, dafür haben wir keine Zeit                                      3 Punkte
   b) natürlich, daß ist doch das Schönste was es gibt                      1 Punkt
   c) auf die Idee sind wir nicht einmal am Anfang
      unserer Beziehung gekommen                                            5 Punkte

7. Gehören Sie zu jenen Männern, die sich nicht scheuen, auch einmal den Kochlöffel in die Hand zu nehmen, sich eine Schürze umbinden und für die Dame Ihres Herzens zu kochen?
   a) das ist sogar mein Hobby                                              3 Punkte
   b) zu festlichen Anlässen oder wenn ich ihr einen
      Gefallen tun möchte, tue ich das                                      1 Punkt
   c) auf die Idee bin ich noch nie gekommen                                5 Punkte

8. Können Sie Ihrer Partnerin geduldig zuhören, auch wenn Sie Ihrer Meinung nach nichts erlebt hat, worüber es sich zu berichten lohnt?
   a) natürlich, denn ich erwarte ähnliches von ihr                         3 Punkte
   b) selbstverständlich, vor allem wenn ich mich selbst
      dafür interessiere                                                    1Punkt
   c) eigentlich nicht und daraus mache ich auch gar
      kein Geheimnis                                                        5 Punkte

9. Ist für Sie das Vorspiel als wichtiger Teil des sexuellen Zusammenseins selbstverständlich?
   a) ja                                                                    1 Punkt
   b) kommt darauf an in welcher Stimmung wir sind                          3 Punkte
   c) eigentlich nicht                                                      5 Punkte

10. Rasieren Sie sich meistens, ehe Sie mit Ihrer Partnerin kuscheln und zärtlich sind?
    a) so gut wie nie                                                       5 Punkte
    b) wenn Sie mich darum bittet, selbstverständlich                       3 Punkte
    c) grundsätzlich                                                        1 Punkt

11. Gestatten Sie es Ihrer Partnerin, daß Sie für Sie das Duftwasser aussucht und benutzen Sie es dann auch wie selbstverständlich?
   a) *ich käme nie auf die Idee das Duftwasser von ihr aussuchen zu lassen, denn es soll schließlich mir gefallen*   5 Punkte
   b) *klar würde ich das Duftwasser von ihr ausgesucht benutzen, denn ihr will ich schließlich gefallen*   3 Punkte
   c) *mein Duftwasser habe ich noch nie allein ausgesucht, sondern mir immer von der Dame meines Herzens schenken lassen*   1 Punkt
12. Machen Sie Ihrer Partnerin zuliebe immer eine möglichst gute Figur, das heißt nehmen Sie auch einmal bewußt ab, wenn Sie ein paar Pfündchen zu viel haben?
   a) *natürlich, denn ich bin auch selbst eitel*   1 Punkt
   b) *ihr zuliebe würde ich notfalls hungern*   3 Punkte
   c) *ich bin der Meinung, sie sollte mich so nehmen und lieben wie ich nun einmal bin*   5 Punkte

**12 bis 18 Punkte:**

1Sie sind ein Traummann wie er im Buche steht. Auch alle anderen Damen dürften sich nach Ihnen alle zehn Finger lecken. Aber dazu lassen Sie es gar nicht erst kommen. Sie sind nicht nur hinreißend, charmant und einfühlungsvermögend, sondern auch absolut treu. Kein Wunder, daß die Eva Ihres Herzen nicht nur weiß, daß sie das ganz große Los gezogen hat, sondern auch alles dafür tun wird, daß die harmonische Zweierbeziehung bestehen bleibt.

**18 bis 35 Punkte:**

Im allgemeinen kann man mit Ihnen gut auskommen. Ihre Partnerin schätzt an Ihnen Ihre Zuverlässigkeit, Ihre Aufrichtigkeit und Ihren männlichen Charme. Nur hin und wieder könnte es nicht schaden, wenn Sie die Interessen Ihrer Partnerin etwas mehr in den Vordergrund und die eigenen in den Hintergrund rücken würden.

**36 bis 60 Punkte:**

Fast hat es den Eindruck, als seien sie ein wenig ehe- oder partnerschaftsmüde geworden. Sie lassen die Dinge treiben, glauben, daß die Partnerin für das gemeinsame Glück allein verantwortlich ist und denken ansonsten weit mehr und häufiger an den Beruf, als an Ihre Zweierbeziehung. Hüten Sie sich davor, ganz in der Arbeit aufzugehen! Denn wenn Sie plötzlich solo dastehen sollten, dürfte Ihnen die Kraft für eine Spitzenkarriere fehlen. Ihr großes Plus allerdings: Wenn Sie sich ein wenig Mühe geben, können Sie umwerfend charmant und verführerisch sein.

## Steckt Ihre Partnerschaft in einer Krise?

Genauso wie es eine schleichende Inflation, eine schleichende Krankheit oder eine schleichende Umweltverschmutzung gibt, gibt es den schleichenden Verfall einer zunächst glücklichen Ehe. Das hervorstechenste Merkmal an diesem Prozeß: Er geht so beharrlich und bedächtig Schritt für Schritt vor sich, daß man als Beteiligter kaum etwas davon merkt, obwohl man doch mitten in dieser Krise steckt. Das bedeutet hinwiederum: Man tut nichts, um diese Entwicklung aufzuhalten, obwohl es gerade im Anfangsstadium noch durchaus möglich wäre. Der beste Weg, um eine bereits kränkelnde Zweierbeziehung doch noch zu retten, ist somit, daß man rechtzeitig erkennt, wie es wirklich um sie bestellt ist. Und genau dabei soll Ihnen dieser Test helfen:

1. Haben Sie sich schon einmal ausgemalt, wie es wäre, wenn Sie einmal allein Ferien machen würden?
   - O *nein* — 1 Punkt
   - O *selten* — 2 Punkte
   - O *ja, schon oft* — 3 Punkte

2. Hand auf's Herz: Freuen Sie sich wirklich noch jeden Abend darauf, nach Hause zu kommen, weil Sie dann Ihren Partner wiedersehen?
   - O *ja* — 2 Punkte
   - O *nein* — 4 Punkte
   - O *manchmal* — 3 Punkte

3. Passiert es hin und wieder, daß Ihnen Ihr Partner richtig auf den Wecker geht, und daß Sie ihn dahin wünschen, wo der Pfeffer wächst?
   - O *leider regelmäßig* — 5 Punkte
   - O *nie* — 0 Punkte
   - O *mitunter* — 2 Punkte

4. Zeigen Sie sich gern an der Seite Ihres Partners?
   - O *natürlich* — 1 Punkt
   - O *meistens* — 2 Punkte
   - O *ich bin lieber allein* — 4 Punkte

5. Wie lange unterhalten Sie sich im Schnitt täglich mit Ihrem Partner?
   - O *höchstens zehn, fünfzehn Minuten* — 4 Punkte
   - O *eine Stunde mindestens* — 2 Punkte
   - O *wir unterhalten uns fast immer* — 1 Punkt

6. Ist die erotische Ausstrahlkraft, die Ihr Partner auf Sie ausübt, überhaupt noch spürbar?
   - O *nein* — 6 Punkte
   - O *natürlich* — 1 Punkt
   - O *manchmal* — 3 Punkte

7. Sind die Gefühle, die Sie Ihrem Partner gegenüber empfinden, in erster Linie zärtlicher Natur?
   - ○ *eher praktischer Natur* — 3 Punkte
   - ○ *ja* — 1 Punkt
   - ○ *mehr eine Frage der Bequemlichkeit* — 2 Punkte
8. Träumen Sie manchmal davon, mit einem anderen Partner intim zu sein?
   - ○ *nicht nur träumen ...* — 5 Punkte
   - ○ *kommt vor* — 2 Punkte
   - ○ *nein, eigentlich nicht* — 0 Punkte
9. Können Sie einen Streit mit Ihrem Partner immer vor dem Einschlafen wieder schlichten?
   - ○ *nein, leider nicht* — 4 Punkte
   - ○ *meistens* — 3 Punkte
   - ○ *ja* — 1 Punkt
10. Finden Sie, daß Sie für die Ehe geschaffen sind?
    - ○ *durchaus* — 1 Punkt
    - ○ *oft zweifele ich daran* — 3 Punkte
    - ○ *bestimmt nicht!* — 5 Punkte

**9 bis 20 Punkte:**

Ein reines Gewissen ist ein sanftes Ruhekissen. Sicher schlafen Sie hervorragend, denn Sie können sich in dem beruhigenden Gefühl sonnen, in einer intakten Zweierbeziehung zu leben, die erfreulich krisenfest ist. Mit der größten Wahrscheinlichkeit werden weder Sie, noch Ihr Partner das Glück leichtfertig aufs Spiel setzen.

**Unser Rat:** Lassen Sie sich durch kleinere Unstimmigkeiten nicht davon abbringen, daß es um Ihre Ehe verflixt gut bestellt ist. Von hundert Paaren fühlen sich im Schnitt nur höchstens fünf ähnlich glücklich und zufrieden wie Sie.

**21 bis 30 Punkte:**

Ganz so rosig, wie Sie sich das eigentlich wünschen würden, ist Ihre Ehe leider im Moment nicht. Da gibt es immer wieder Augenblicke, in denen Sie sich fragen, ob es richtig war, diese Bindung überhaupt einzugehen. Sie sind, und das wissen Sie selbst ganz genau, keineswegs davor gefeit, aus einer Laune oder flüchtigen Begeisterung heraus einen Seitensprung zu begehen!

**Unser Rat:** Schreiben Sie einmal sorgfältig alle Pluspunkte auf, die sich für Sie aus Ihrer Zweierbeziehung ergeben. Sind die Negativpunkte wirklich so sehr in der Überzahl, oder machen Sie sich nicht vielmehr vor, unglücklich zu sein? Wenn sowohl Ihr Partner, als auch Sie selbst versuchen, vereint das beste aus der jetzigen Situation zu machen, kann Ihr Haussegen wieder bald so gerade hängen wie zuvor.

**31 bis 45 Punkte:**

O je! Daß Ihre Ehe besonders glücklich ist, kann beim besten Willen nicht behauptet werden. Sie sollten sich einmal gründlich aussprechen und sich in aller Ruhe überlegen, was auf Sie zukommen würde, wenn die Zweierbeziehung endgültig zerbrechen würde! Besinnen Sie sich gemeinsam auf die besseren Zeiten, die Sie zusammen erleben durften.

**Unser Rat:** Werfen Sie noch nicht die Flinte ins Korn! Versuchen Sie, einander wieder besser zu verstehen und die positiven Seiten des Partners neu zu entdecken! Suchen Sie auch bei sich selbst die Fehler, und lassen Sie sich von einem erfahrenen Eheberater erklären, wie Sie Ihr Glück doch noch retten können.

## Träumt Ihr Partner von einer anderen Frau?

Vielleicht gehören Sie zu jenen Frauen, die sich Ihres Glücks ganz sicher sind und glauben, den Mann fürs Leben nicht nur gefunden zu haben, sondern ihn auch für immer halten zu können. Natürlich ist es schön, wenn eine Liebe Bestand hat, aber kennen Sie auch wirklich die ersten Anzeichen, die darauf hindeuten, daß Ihr Partner vielleicht von einer anderen Frau träumt? Sie sollten es einmal nachprüfen.

1. Passiert es in letzter Zeit, daß abends das Telefon plötzlich bei Ihnen klingelt, Ihr Partner an den Apparat geht und dann unverständliches von sich gibt, um anschließend zu behaupten: „Liebling, ich muß noch eben Zigaretten holen!"
2. Ist Ihr Partner meistens sehr ruhig und spricht nicht mehr viele mit Ihnen über seine Arbeit?
3. Bemüht sich Ihr Partner darum, die Kinder auf seine Seite zu ziehen und sie eventuell sogar gegen Sie aufzuhetzen?
4. Überrascht Sie Ihr Partner plötzlich mit Geschenken – so als habe er ein schlechtes Gewissen?
5. Macht Ihr Partner zu Hause einen müden Eindruck, wirkt dagegen aber dynamisch und unternehmungslustig, wenn er morgens zur Arbeit geht, oder sogar noch zu einer späten Sitzung wieder aus dem Hause muß?
6. Macht Ihr Partner plötzlich keine Angaben darüber, in welchem Hotel er sich aufhalten wird, wenn er dienstlich unterwegs ist?
7. Hat Ihr Partner immer noch das Photo von Ihnen auf dem Schreibtisch oder in seiner Brieftasche, wie seit langem?
8. Legt Ihr Partner in letzter Zeit besonders Wert auf sein Äußeres und bemüht sich darum, ein paar Pfunde abzuspecken?

9. Hat Ihr Partner Ihnen vor kurzem einmal vorgeschlagen: „Liebling, Du solltest einmal gründlich ausspannen! Wie wär's mit einem Urlaub ganz für Dich alleine?"

10. Ist Ihr Partner jetzt meistens viel zu müde zum Sex und „drückt" sich auch am Wochenende um seine ehelichen Pflichten?

**Wenn Sie ein- bis dreimnal mit einem Ja antworten mußten:**

Ihre Zweierbeziehung steht auf gesunden, soliden Füßen. Nichts spricht dafür, daß Ihr Partner sich in die Arme einer anderen Frau sehnt oder mit Ihnen in irgendeiner Art und Weise nicht mehr zufrieden ist. Dennoch ist es kein Freibrief dafür sich jetzt gehen zu lassen. Im Gegenteil, eine harmonische Liebe muß gepflegt werden.

**Wenn Sie vier- bis siebenmal mit einem Ja geantwortet haben:**

Haben Sie wirklich noch ein unbelastetes Gewissen? Können Sie nachts beruhigt einschlafen, ohne darüber nachzudenken, warum sich Ihr Partner in letzter Zeit so merkwürdig benimmt? Wahrscheinlich kennen Sie die Antwort längst selbst: Sie haben das Gefühl, es sei etwas im Busch. Sie befürchten, den Mann an Ihrer Seite zu verlieren oder doch zumindest in Zukunft mit einer anderen Frau teilen zu müssen. Geben Sie sich jetzt ganz besonders viel Mühe! Seien Sie wieder genauso charmant und liebenswürdig zu ihm, wie Sie es zu Beginn ihrer Beziehung waren. Das ist die beste Chance, ihn daran zu hindern, das Glück in den Armen einer anderen Frau zu suchen.

**Wenn Sie acht- bis zehnmal mit einem Ja geantwortet haben!**

Hoppla, das sieht nicht gerade vielversprechend aus. Entweder ist Ihr Partner der geborene Schauspieler, der Sie nur an der Nase herumführen will, um zu testen, wie lange Sie geduldig bleiben, oder aber er hat längst eine zweite Frau gefunden, mit der er immer seine Freizeit verbringt. Reißen Sie sich jetzt am Riemen und verlieren Sie nicht sofort die Nerven! Machen Sie das Beste aus Ihrem Typ, und schnüffeln Sie Ihrem Mann nicht unnütz hinterher! Natürlich wird er sich nicht unbedingt freiwillig zu Ihrem Verdacht äußern. Doch je aufgeschlossener Sie ihm gegenüber sind und je weniger Szenen Sie ihm machen, desto größer ist die Wahrscheinlichkeit, daß doch noch nicht alles verloren ist.

## Träumt Ihre Partnerin von einem anderen Mann?

Vielleicht ist die Frau an Ihrer Seite für Sie noch immer das süßeste Wesen, das es je gab. Vielleicht schwärmen Sie für sie und tragen sie auf Händen. Aber sind Sie sich wirklich dessen ganz gewiß, daß ihr das reicht und daß sie glücklich ist? Beachten Sie Ihre bessere Hälfte doch einmal ganz genau! Dann werden Sie wissen, ob Ihre Partnerin von einem anderen Mann träumt – und sei es zunächst auch nur ohne die Absicht, diesen Traum Wirklichkeit werden zu lassen.

1. Haben Sie den Eindruck, daß Ihre Partnerin in jüngster Zeit den Haushalt nicht mehr ganz so gründlich versorgt wie früher?
2. Ist Ihre Lebensgefährtin oder Ehefrau in letzter Zeit sehr häufig mit diversen Freundinnen unterwegs, macht jedoch sehr vage Angaben darüber, wo sie sich zu einer bestimmten Zeit aufhält?
3. Ist Ihre Partnerin plötzlich viel modischer gekleidet als noch vor einem halben Jahr?
4. Macht Ihre Partnerin häufig einen unruhigen, fast gehetzten Eindruck. Vorallem dann, wenn abends plötzlich das Telefon klingelt?
5. Kuschelt sich Ihre Partnerin in jüngster Zeit nicht mehr jede Nacht wie schutzsuchend an Sie?
6. Zeigt Ihre Partnerin nicht mehr das gleiche Interesse wie früher für Ihre beruflichen und privaten Belange?
7. Möchte Ihre Partnerin lieber allein zu Hause bleiben, als mit Ihnen ausgehen?
8. Spricht Ihre Lebensgefährtin oder die Dame Ihres Herzens häufig davon, ein Wochenende für sich alleine zu haben, um einmal wieder zu Kräften zu kommen?
9. Träumt Ihre Partnerin manchmal selbstvergessen vor sich hin und merkt gar nicht, daß man sie anspricht?
10. Ihre Partnerin plötzlich wieder regelmäßig Gymnastik?

**Wenn Sie ein- bis dreimal mit einem Ja geantwortet haben:**

Auf Ihre Partnerin können Sie sich verlassen. Natürlich wird auch sie eine erotische Phantasie haben und sich hin und wieder vorstellen, wie es sein würde, wenn es einen anderen Mann in ihrem Leben geben würde. Aber seien Sie beruhigt! Es gibt keinen! Ernsthaft spielt Ihre Gefährtin nicht mit dem Gedanken, das Glück in anderen Armen zu suchen.

**Wenn Sie vier- bis siebenmal mit einem Ja geantwortet haben:**

Sie sollten sich bald einmal etwas einfallen lassen. So stabil wie Sie vielleicht noch bis vor kurzem glaubten, ist ihre Zweierbeziehung gar nicht mehr. Es kriselt nicht schlecht. Ihre Partnerin sehnt sich ganz offensichtlich in jene Zeit zurück, die so schön war, als Sie sich kennengelernt hatten. Hand aufs Herz: Ist nicht vieles inzwischen zur Routine erstarrt? Jetzt liegt es an Ihnen, wieder etwas mehr Schwung in die Partnerschaft zu bringen, und zwar möglichst rasch. Sonst ist es dazu zu spät.

**Wenn Sie acht- bis zehnmal mit einem Ja geantwortet haben:**

In Gedanken hat Ihre Partnerin ihre Koffer bereits gepackt. Nur aus Höflichkeit oder aus Sicherheitsgründen ist sie noch bei Ihnen. Jedenfalls können Sie diesen Eindruck bekommen, wenn Sie sie einmal genau beobachten. Lassen Sie nicht zu, daß das Schicksal noch weiter zuschlägt! Geben sie sich wieder mehr Mühe! Gehen Sie auf Ihre Partnerin ein, und versuchen Sie, den Charme Ihrer früheren Beziehung wieder aufleben zu lassen! Machen Sie Komplimente und überraschen Sie sie mit kleinen Geschenken! Nur so kann es Ihnen noch gelingen, daß die Frau Ihres Herzens dennoch an Ihrer Seite bleibt.

## Ist Ihr Partner ein Draufgängertyp?

Mal ganz ehrlich – würden Sie Ihren Partner am liebsten nicht einmal fünf Minuten mit Ihrer besten Freundin allein lassen, weil Sie nicht die Hand für ihn ins Feuer legen können? Ist er ein solcher Draufgänger und ein solcher „Hansdampf in allen Gassen", daß Sie ständig auf der Hut sein müssen und immer mit dem Gedanken leben, Sie könnten ihn vielleicht doch wieder verlieren? Versuchen Sie die Fragen möglichst spontan zu beantworten.

1. Auf welchen Typ Frauen fliegt Ihr Mann?
    *a) auf solche mit einer tollen Figur*
    *b) auf Frauen mit schönen Augen*
    *c) auf Frauen, die sich kindlich-naiv geben*
    *d( auf sexy Frauen*

2. Was würde Ihnen Ihr Partner am wenigsten verzeihen?
    *a) Zimperlichkeit*
    *b) Widerstand*
    *c) Sprödigkeit*
    *d) Prüderie*

3. Wenn sich Ihr Partner ein geheimes Abenteuer aussuchen dürfte, welches würde es sein?
   *a) die Besteigung eines Achttausenders*
   *b) ein Tag mit einer berühmten Sexbombe*
   *c) ein Sprung vom Empire State Building*
   *d) einen Kampf mit einer Riesenschlange*
4. Ein wertvolles Schmuckstück rutscht Ihnen vom Finger und fällt ins Wasser. Wie verhält sich Ihr Partner?
   *a) er springt sofort hinein und versucht es zu retten*
   *b) er kauft mir neuen Schmuck*
   *c) er lacht mich aus und schimpft*
   *d) er geht einfach weiter, denn das interessiert ihn nicht*
5. Sie wollen sich mit ihm in der Stadt treffen. Was ist besonders wichtig?
   *a) daß Sie pünktlich sind*
   *b) daß Sie niemanden anderes mitbringen*
   *c) daß Sie elegant gekleidet sind*
   *d) daß Sie blendende Laune haben*
6. Leider sind Sie mit seinem Wagen gegen die Garageneinfahrt gefahren und haben eine Beule im Fahrzeug. Was macht Ihr Partner?
   *a er tröstet mich, weil er sowieso gerade einen neuen Wagen kaufen wollte*
   *b) er verlangt von mir, daß ich die Reparatur selbst bezahle*
   *c) er möchte am liebsten meinen Führerschein einziehen*
   *d) er bleibt gelassen, denn so etwas kann jedem passieren.*
7. Zwischen Ihnen beiden brodelt es, und Streit liegt in der Luft. Können Sie ihn wieder schlichten?
   *a) gar nicht*
   *b) ich lade ihn zum Abendessen ein*
   *c) ich gebe in allem nach*
   *d) ich breche in Tränen aus*
8. Wie würden Sie Ihren Mann bestimmt demütigen und verletzen?
   *a) durch heimtückisches Verhalten*
   *b) durch Routine und Langeweile*
   *c) durch das Aufzählen von Niederlagen und Rückschlägen*
   *d) durch zu hochgesteckte ergeizige Pläne, die doch nicht erfüllt werden können*
9. Was ist die allergrößte Schwäche Ihres Partners?
   *a) seine Launenhaftigkeit*
   *b) seine Eitelkeit*
   *c) seine Unentschlossenheit*
   *d) seine Ungeduld*
10. Wie können Sie Ihren Mann am bestens anspornen?
    *a) durch Ermutigung*
    *b) durch herausfordernden Widerstand*

c) durch Harmonie und Ruhe
d) durch Ellenbogenfreiheit

**Testpunkte**

| Frage | Antwort | | | |
|---|---|---|---|---|
| | a | b | c | d |
| 1. | 5 | 4 | 1 | 0 |
| 2. | 4 | 0 | 2 | 5 |
| 3. | 0 | 3 | 5 | 2 |
| 4. | 5 | 1 | 3 | 0 |
| 5. | 5 | 3 | 0 | 2 |
| 6. | 2 | 3 | 5 | 0 |
| 7. | 3 | 5 | 1 | 0 |
| 8. | 4 | 5 | 0 | 3 |
| 9. | 1 | 4 | 0 | 5 |
| 10. | 2 | 5 | 0 | 4 |

**0 bis 15 Punkte:**
Seien Sie ganz beruhigt! Ihr Partner ist so zahm wie ein Lamm. Er fühlt sich bei Ihnen geborgen und kommt gar nicht auf die Idee, sein trautes Glück gegen ein windiges Abenteuer oder eine flüchtige Leidenschaft einzutauschen. Das würde er niemals riskieren. Dazu ist er mit Ihnen viel zu glücklich, und dazu ist ihm seine Bequemlichkeit zu wichtig. Achten Sie dennoch darauf, daß aus dieser Idylle der Zweisamkeit nie so etwas wie ein Trott wird. Dann könnte es nämlich doch sein, daß Ihr Partner allmählich aufwacht und sich nach etwas anderem umsieht.

**16 bis 30 Punkte:**
Ihr Partner weiß natürlich ganz genau, was er an Ihnen hat und gehört nicht zu jenen Männern, die leichtfertig eine große Liebe aufs Spiel setzen würden. Nichts destotrotz ist er keineswegs blind. Im Gegenteil. Sicher haben Sie längst bemerkt, daß er anderen Frauen bewundernd nachschaut oder auch mal zwischen den Zähnen pfeift, wenn ein besonders aufreizendes blondes Gift an ihm vorbei marschiert. Geben Sie sich Mühe, wenn Sie ihn auf Dauer halten wollen! Er ist genug von sich selbst überzeugt, um zu glauben, das erwarten zu können.

**31 bis 50 Punkte:**
Hoppla! Da haben Sie aber wirklich einen „Hansdampf" in allen Gassen bei sich zu Hause. Am liebsten würde er gleichzeitig auf fünf verschiedenen Hochzeiten tanzen und sich in dem Gefühl sonnen, an jedem Finger zehn Verehrerinnen zu haben. Er braucht die Bewunderung anderer Leute, so daß es wichtig ist, daß Sie sie ihm geben. Ständig muß er von Ihnen hören, daß er zumindest in Ihren Augen der Größte ist. Nur so steigt die Wahrscheinlichkeit, daß er auf Dauer bei Ihnen bleibt.

## Können Sie eigentlich noch richtig kuscheln?

Sind Sie der Meinung: So richtig nett ist's nur im Bett? Können Sie es sich mit einem Partner von Herzen gemütlich machen? Fühlt man sich in Ihrer Gegenwart pudelwohl? Und machen Sie ganz bewußt das beste aus Ihrem Leben? Dann ist es ja gut. Sollten Sie diese Fragen jedoch mit einem „Nein" beantwortet haben, dann können Sie eins nicht richtig: ganz, ganz toll kuscheln! - Möchten Sie es lernen?" Möchten Sie Ihr Dasein um eine Variante bereichern, die herrlich Spaß macht, verbindet und darüber hinaus auch noch entspannt? Dann lernen Sie das Kuscheln wieder!

1. Ist es Ihnen wichtig, wie Ihr Partner riecht? Und suchen Sie deshalb das Duftwasser mit ihm zusammen aus?
    - O *nein, das ist reine Männersache*     1 Punkt
    - O *mein Partner benutzt kein Herrenparfüm*     2 Punkte
    - O *wenn man mich darum bittet, tue ich es*     3 Punkte
    - O *selbstverständlich gehe ich mit*     5 Punkte
2. Sind Sie ein „Augenmensch", dem Farben und Formen ungeheuer wichtig sind?
    - O *ja*     3 Punkte
    - O *eigentlich nicht*     1 Punkt
3. Decken Sie sich auch dann - aus reinem Spaß an der Freude - hin und wieder bis zum Hals zu, wenn Sie gar nicht frieren?
    - O *nein*     0 Punkte
    - O *manchmal*     2 Punkte
    - O *oft*     4 Punkte
4. Wieviele Kerzen gehören zu Ihrem Haushalt?
    - O *eine*     0 Punkte
    - O *mindestens drei*     2 Punkte
    - O *kann ich nicht mehr zählen*     4 Punkte
5. Welches Lieblingstier haben Sie?
    - O *Katze*     4 Punkte
    - O *Hund*     3 Punkte
    - O *Pferd*     2 Punkte
    - O *keins*     1 Punkt
6. Laufen Sie gern im Morgenmantel oder Nachthemd herum?
    - O *nein, ich kleide mich immer ordentlich*     0 Punkte
    - O *wenn ich allein bin, ja*     2 Punkte
    - O *ja, das ist herrlich gemütlich*     4 Punkte
7. Wuscheln Sie gern im Haar Ihres Partners herum?
    - O *ja*     3 Punkte
    - O *früher ja*     2 Punkte
    - O *nein*     0 Punkte

8. Baden oder duschen Sie lieber?
   - ○ duschen — 2 Punkte
   - ○ baden — 4 Punkte
   - ○ ist mir gleichgültig — 3 Punkte

9. Frühstücken Sie am liebsten im Bett?
   - ○ nur im Urlaub — 2 Punkte
   - ○ nein — 1 Punkt
   - ○ ja — 5 Punkte

10. Haben Sie es gerne warm?
    - ○ nein, ich habe einen kühlen Kopf — 0 Punkte
    - ○ nur im Sommer — 1 Punkt
    - ○ ja — 3 Punkte

11. Finden Sie, daß eine Frau den Partner mindestens genauso intensiv und häufig streicheln sollte wie „er" sie?
    - ○ weiß ich nicht — 2 Punkte
    - ○ natürlich — 4 Punkte
    - ○ sogar mehr — 5 Punkte
    - ○ nein — 1 Punkt

12. Schlafen Sie nach einer schönen Liebesnacht in Ihrem Bett, also auf Ihrer Seite, oder rutschen Sie dann zu Ihrem Partner herüber?
    - ○ das ist unterschiedlich — 1 Punkt
    - ○ ich schlafe allein in meinem Bett — 0 Punkte
    - ○ ich schlafe in seinen Armen — 3 Punkte
    - ○ ich versuche wenigstens, ihn auf meine Seite zu ziehen — 2 Punkte

**7 bis 20 Punkte:**

Warum sind Sie eigentlich so spröde? Sie lassen keinen Menschen an sich heran. Nicht einmal den, den Sie lieben. Das ist jammerschade, denn Sie betrügen nicht nur Ihren Partner, sondern auch sich selbst um die schönsten Stunden der Zweisamkeit. Wie wär's denn mal mit einem Sensibilisierungs-Training? Schaden könnte es bestimmt nicht.

**21 bis 35 Punkte:**

Irgendwann in Ihrer Kindheit müssen Ihnen leider Hemmungen anerzogen worden sein, gegen die Sie mitunter noch heute ankämpfen müssen. Oft können Sie einfach nicht aus Ihrer Haut. Versuchen Sie, aus Ihrem Herzen nicht immer eine Mördergrube zu machen. Zeigen sie Gefühle. Und machen Sie kein Geheimnis daraus, daß das Kuscheln, das Sie in der richtigen Stimmung schon recht gut beherrschen, zu Ihrem Hobby gehört!

**36 bis 47 Punkte:**

Sie sind die reinste Schmusekatze – sehr zum Entzücken Ihres Partners. Aber auch Ihr eigenes Wohlempfinden wird gesteigert, weil Sie von Herzen kuscheln und liebkosen, streicheln und genießen können. Lassen Sie sich diese Freude am Leben und Liebe von niemanden ausreden! Es steht Ihnen nämlich, so anschmiegsam zu sein.

# Teil IV
# Sie und Ihre Familie

## Sind Sie ein geborener Familienmensch?

Sicher halten Sie sich für eine gute Ehefrau, Hausfrau und Mutter, auch wenn alle damit verbundenen Pflichten Ihnen nicht immer leicht fallen. Vielleicht sagen auch Sie spontan, daß die Familie bei Ihnen an erster Stelle steht, weil Sie das selbst glauben. Lassen Sie einmal Ihr Unterbewußtsein zu Worte kommen, wenn Sie die Fragen dieses Tests beantworten! Dann wissen Sie wirklich, welchen Platz Ihre Familie bei Ihnen einnimmt.

1. Wenn Sie sich ein neues Kleid kaufen, dann soll das in erster Linie
   - *a) Ihnen selbst gefallen* — 3 Punkte
   - *b) Ihrem Mann gefallen* — 5 Punkte
   - *c) den Kolleginnen und Kollegen gefallen* — 2 Punkte

2. Könnten Sie sich vorstellen, einmal schwach zu werden, wenn Ihnen Mr. Supermann persönlich begegnen würde?
   - *a) Nein, auf keinen Fall* — 6 Punkte
   - *b) Ich weiß es wirklich nicht* — 4 Punkte
   - *c) Das käme auf die Situation und auf den Mann an* — 2 Punkte

3. Die Gleichberechtigung der Frau ist in Ihren Augen
   - *a) unbedingt notwendig* — 3 Punkte
   - *b) eine von Feministinnen hochgejubelte Sache* — 1 Punkt
   - *c) nicht, aber oft eine Gefahr für die Ehe* — 2 Punkte

4. Wie würden Sie die Zeit Ihrer eigenen Pubertät beurteilen?
   - *a) Nervenaufreibend und schwierig* — 4 Punkte
   - *b) Nicht anders als die Kindheit* — 1 Punkt
   - *c) Erstaunlich harmonisch und einfach* — 3 Punkte

5. Wenn Ihre Kinder sich ständig zanken, dann
   - *a) greifen Sie schlichtend ein* — 1 Punkt
   - *b) schließen Sie alle Türen, um nichts zu hören* — 3 Punkte
   - *c) lassen Sie sie gewähren, damit auch im Kinderzimmer eine „Hackordnung" entsteht* — 5 Punkte

6. Wenn beide Ehepartner im gleichen Beruf arbeiten und sich Tag für Tag sehen, dann ist ein getrennter Urlaub
   - *a) gerade noch vertretbar* — 4 Punkte
   - *b) das beste für die Ehe* — 2 Punkte
   - *c) rundherum abzulehnen* — 3 Punkte

7. Sie halten das Führen eines Haushaltsbuches für
   - *a) gut und nützlich, damit man einen Überblick hat* — 1 Punkte
   - *b) eine lästige und zudem überflüssige Sache, da sich die Ausgaben dadurch sowieso nicht verändern* — 2 Punkte
   - *c) notwendig bei Frauen, die einfach nicht rechnen können* — 3 Punkte

8. Sie beurteilen Ihre Berufstätigkeit/Ausbildung/Lehre vor der Ehe als
   a) *eine spannende, abwechslungsreiche Zeit*  2 Punkte
   b) *einen einzigen Krampf*  3 Punkte
   c) *ein notwendiges Übel*  4 Punkte
9. Sie Haben – Ihrer eigenen Meinung nach – bisher
   a) *oft Grund zur Eifersucht gehabt*  0 Punkte
   b) *nie Grund zur Eifersucht gehabt*  4 Punkte
   c) *manchmal Grund zur Eifersucht gehabt*  2 Punkte
10. Ihr größter Pluspunkt ist – nach Meinung Ihres Partners –
    a) *Ihre Zuverlässigkeit*  0 Punkte
    b) *Ihr Aussehen*  1 Punkt
    c) *Ihre Anpassungsfähigkeit*  2 Punkte
11. Ihr größter Pluspunkt ist – Ihrer eigenen Meinung nach –
    a) *Ihre Tüchtigkeit*  3 Punkte
    b) *Ihr Charme*  2 Punkte
    c) *Ihre Wärme*  4 Punkte
12. Wenn Ihr Boss Sie um Überstunden bittet, dann
    a) *lehnen Sie grundsätzlich ab, weil andere Pflichten auf Sie warten*  2 Punkte
    b) *sagen Sie zu, weil Sie das zusätzliche Geld gut gebrauchen können*  3 Punkte
    c) *machen Sie mit, wenn es sich gerade einrichten läßt*  4 Punkte
13. Ihnen macht es am meisten Spaß,
    a) *an einem Picknick teilzunehmen*  4 Punkte
    b) *in einem eleganten Restaurant zu essen*  3 Punkte
    c) *für alle etwas Leckeres zu kochen*  5 Punkte
14. Wenn Sie mehr verdienen würden als Ihr Partner, dann wären Sie
    a) *natürlich stolz und glücklich*  5 Punkte
    b) *unangenehm berührt, weil das „ihn" stören würde*  3 Punkte
    c) *gezwungen, es „ihm" zu verheimlichen*  0 Punkte
15. Nach Dienstschluß sind Sie im allgemeinen
    a) *total erledigt*  2 Punkte
    b) *erschöpft, aber zufrieden*  3 Punkte
    c) *erstaunlich munter...*  5 Punkte

**21 bis 34 Punkte:**

Wenn Sie glauben, daß die Familie bei Ihnen an erster Stelle steht, dann machen Sie sich etwas vor! Nur Ihr Pflichtgefühl zwingt Sie zu dieser Einstellung, aber in Wirklichkeit fällt Ihnen recht oft die Decke auf den Kopf, und Sie können sich, wenn Sie ehrlich sind mit sich selbst, sehr wohl einen Alltag vorstellen, der hauptsächlich vom Beruf geprägt wird. Auch trauern Sie insgeheim der Zeit nach, als Sie noch ungebunden waren und Ihre Zeit und Ihr Tun nach Lust und Laune einteilen konnten. Dennoch: Sie kümmern sich um Ihre Familie, wenn auch nicht immer besonders gerne.

**35 bis 49 Punkte:**

Sie sind ein praktisch veranlagtes, realistisches Wesen, daß es recht gut versteht, verschiedene Dinge unter einen Hut zu bringen, so auch Beruf und Haushalt. Manchmal fühlen Sie sich allerdings eingeengt und auch überlastet. Ihr Organisationstalent hilft Ihnen in solchen Momenten, wenigstens noch ein Maximum an eigener Freizeit bei der Doppelbelastung herauszuschinden. Wenn es nach Ihnen ginge, sollten berufliche und familiäre Pflichten 50:50 ausmachen.

**50 bis 63 Punkte:**

Manchmal genieren Sie sich – übrigens völlig zu Unrecht – daß Sie sich ausgelastet und ausgefüllt fühlen, wenn Sie sich ausschließlich um die Familie kümmern können. Sie vermissen bei sich selbst beruflichen Ehrgeiz und halten sich daher oft für minderwertig. Ihre menschlichen Qualitäten schätzen Sie zu niedrig ein! Fragen Sie doch einmal Ihre Familie nach einer ehrlichen Beurteilung! Dabei kommen Sie bestimmt nicht zu kurz.

## Sind Sie eine gute Mutter?

Mutterliebe ist nicht, wie es bis vor einigen Jahrzehnten noch angenommen wurde, einer jeden Frau auf den Leib geschrieben. Aber auch solche Wesen, die ihre Erfüllung genauso gut in einer beruflichen Karriere wie in einem harmonischen Familienleben hätten finden können, sind dazu in der Lage, eine gute Mutter zu sein. Voraussetzung dafür: Sie müssen sich in ihre Kinder hineinversetzen und sollten sich bewußt immer wieder an jene Zeit zurück erinnern, als sie selbst noch klein waren. Testen Sie einmal, wie das mit Ihnen steht! Sind Sie eine gute Mutter?

1. Niemand ist so hartnäckig wie ein Kind. Gelingt es Ihnen, den Kleinen etwas abzuschlagen, wenn Ihre Vernunft dagegen ist?
    *a) ich bleibe konsequent, denn die Kinder müssen wissen woran sie sind*      6 Punkte
    *b) ich seh' das ganz gelockert und entscheide mal so, mal so*      4 Punkte
    *c) ich lasse ihnen das meiste durchgehen, denn erwachsen werden sie früh genug*      2 Punkte

2. Kann es Ihnen passieren, daß Sie den Kindern gegenüber eine Notlüge gebrauchen?
   *a) ja, das kommt schon vor* 2 Punkte
   *b) nur sehr selten* 4 Punkte
   *c) nein, ich bin vom Gefühl her dagegen* 6 Punkte
3. Sind Sie manchmal ein Morgenmuffel oder können Sie sich dazu zwingen, der Familie und vor allen Dingen den Kindern zuliebe schon beim Frühstück bester Dinge zu sein?
   *a) die Hauptsache ist doch, daß das Frühstück schmeckt, die Laune ist unwichtig* 2 Punkte
   *b) ja, ich bemühe mich um Heiterkeit, denn das steckt an* 6 Punkte]
   *c) ich kann nicht immer aus meiner eigenen Haut* 4 Punkte
4. Ihr fünfjähriges Kind möchte sich zum erstenmal Spielgefährten einladen und seinen Geburtstag ausgelassen feiern. Dazu verlangt es von Ihnen, einen Negerkußwettbewerb veranstalten zu dürfen. Das bedeutet: Alle Kinder verschränken die Hände auf dem Rücken und essen die Süßigkeiten nur mit dem Mund. Wie stellen Sie sich dazu?
   *a) ich mache mit, denn selbst wenn das Kinderzimmer oder die Küche hinterher ein Schlachtfeld ist – Hauptsache, es hat den Kleinen Spaß gemacht* 6 Punkte
   *b) ist schlage meinem Kind etwas anderes vor, das nicht mit so viel Schmiererei verbunden ist* 4 Punkte
   *c) nein, ich bin strikt dagegen, denn den verursachten Schaden kann man nicht so schnell wieder beseitigen* 2 Punkte
5. Ihre Tochter umgibt sich mit Spielgefährten, die Ihnen nicht liegen. Was unternehmen Sie?
   *a) ich nehme das hin, denn die Hauptsache ist doch, daß mein Kind sich in dieser Gesellschaft wohlfühlt* 6 Punkte
   *b) ich würde meiner Tochter nicht verbieten sich mit diesen Freunden zu umgeben, aber ich würde es nicht zulassen, daß sich die anderen mit zu uns nach Hause bringt* 2 Punkte
   *c) ich mische mich in die Freundschaften meiner Kinder grundsätzlich nicht ein* 4 Punkte
6. Ihre heranwachsende Tochter fängt an, sich für Jungs zu interessieren. Wie reagieren Sie darauf?
   *a) es tut mir irgendwie weh, weil ich jetzt feststellen muß, daß mein Kind langsam erwachsen wird* 4 Punkte
   *b) ich finde das ganz toll, denn wenn meine Tochter glücklich ist, bin ich es auch* 6 Punkte
   *c) ich mache mir natürlich meine Gedanken und versuche, mein Kind so gründlich wie möglich aufzuklären* 2 Punkte

7. Trauen Sie sich zu, ein fremdes Kind zu trösten, das Kummer hat?
   a) aber selbstverständlich, das ist doch gar nicht schwer  6 Punkte
   b) das kann ich nur dann, wenn ich für dieses Kind
      etwas empfinde  4 Punkte
   c) ich gebe es ganz ehrlich zu: So etwas liegt mir
      überhaupt nicht  2 Punkte
8. Es ist Ihr großer Frühjahrsputz. Sie sind an allen Ecken gleichzeitig beschäftigt und außerdem mit den Nerven völlig fertig. Aber gerade jetzt kommt Ihr Kind, möchte Ihnen etwas erzählen und braucht Zuwendung. Was tun Sie?
   a) ich lege alle Arbeit beiseite und widme mich
      intensiv meinem Kind  6 Punkte
   b) ich erkläre dem Kind ehrlich, daß ich im Moment
      keine Zeit habe  2 Punkte
   c) ich versuche einen Kompromiß zu finden und setze mich
      wenigstens für zehn Minuten mit dem Kind hin, um ihm
      zuzuhören  4 Punkte
9. Wenn Sie sich selbst noch einmal ummodellieren könnten – welche Tugenden würden Sie ihrem eigenen Ich am liebsten hinzufügen?
   a) etwas mehr Egoismus, damit mich meine Kinder nicht
      unterbuttern  6 Punkte
   b) etwas mehr Humor und Fröhlichkeit, damit es in
      unserer Familie harmonischer zugeht  4 Punkte
   c) etwas mehr Gelassenheit, damit meine Nerven geschont
      werden  2 Punkte
10. Ihr Kind hat sich plötzlich in den Kopf gesetzt, seine alten Comics zu verkaufen und entwickelt einen regelrechten Schlachtplan. Sie sollen dem Kind dabei helfen. Tun Sie das?
    a) natürlich, das würde mir ja selbst auch Spaß machen  6 Punkte
    b) da bin ich mir nicht ganz sicher, denn an einer komerziellen
       Vermarktung von ehemaligen Geschenken bin ich nicht
       interessiert  4 Punkte
    c) ich mache auf gar keinen Fall mit und erkläre
       meinem Kind, daß sein Tun auch nicht richtig wäre  2 Punkte

**20 bis 28 Punkte**

Leider gehören Sie zu jenen Müttern, denen die Autorität ganz besonders wichtig ist und die deshalb eine unsichtbare Mauer zwischen den Kleinen und sich selbst bauen. Damit sind Ihre eigenen Interessen zwar im allgemeinen gewahrt, aber die Belange der Kleinen kommen mitunter zu kurz. Versuchen Sie sich rechtzeitig zu ändern, denn was Sie jetzt im Familienkreis an Ihren Kindern versäumen, läßt sich später leider nicht mehr aufholen.

**30 bis 38 Punkte:**

Etwas weicher und verständnisvoller könnten Sie mit Ihren Kindern schon sein. Sie brauchen nicht immer nur die Autorität hervorzukehren. Es reicht nicht, daß Sie Ihren Kindern Geborgenheit geben. Sie müssen auch das Gefühl haben, bedingungslos geliebt zu werden. Geben Sie den Kleinen durch Ihre positive Einstellung mehr Sicherheit!

**40 bis 50 Punkte:**

Von Ihrem Naturell her sind Sie außerordentlich temperamentvoll. Aber das hat einem Kind noch nie geschadet. In Ihrer Begeisterungsfähigkeit reißen Sie die Kinder mit und sorgen für eine fröhliche, ausgelassene Atmosphäre.

**52 bis 60 Punkte:**

Herzlichen Glückwunsch! Ihren Kindern geht es wirklich prima. Sie haben eine „dufte" Mutter, mit der man Bäume ausreißen kann und die einem trotzdem die notwendige Nestwärme und Zuwendung bietet.

## Sind Sie ein guter Vater

Sie wissen ja: „Vater werden ist nicht schwer, Vater-Sein dagegen sehr." Schon Wilhelm Busch erkannte das. Aber auch das Vater sein läßt sich erlernen. Testen Sie einmal, ob Sie auf dem besten Wege sind, ein gutes Familienoberhaupt zu werden oder ob Sie es bereits sind!

1. Wenn Sie müde und gestreßt von der Arbeit nach Hause kommen, können Sie sich dann noch Ihren Kindern widmen oder ziehen Sie es vor, den verdienten Feierabend möglichst ungestört zu verbringen?
    *a) ich entspanne mich sogar dabei, mich mit meinen Kindern zu beschäftigen*     6 Punkte
    *b) das kommt ganz darauf an, wie gelaunt ich bin und was die Kinder von mir wollen*     4 Punkte
    *c) ich brauche jetzt längere Zeit, um wieder zu mir selbst zu finden, und dabei sind mir die Kinder im Wege*     2 Punkte
2. Gehören Sie zu jenen Männern, die beim Frühstück unbedingt die Zeitung lesen müssen, so daß Ruhe zu herrschen hat?
    *a) ja, ich möchte immer gerne informiert sein*     2 Punkte
    *b) mitunter werfe ich mal einen Blick in die Zeitung, aber trotzdem darf am Frühstückstisch geredet werden*     4 Punkte
    *c) das gemeinsame Frühstück gehört grundsätzlich der Familie. Der Tagesablauf sollte mit einer fröhlichenRunde beginnen*     6 Punkte

3. Sind Sie der Meinung, daß das Bestrafen der Kinder in erster Linie Männersache ist?
   a) *das finde ich schon*     2 Punkte
   b) *das kommt ganz darauf an, was die Kinder „ausgefressen" haben*     4 Punkte
   c) *nein, ich finde der Vater sollte nicht zum Bestrafen nach Hause kommen, weil das Kind sonst eine Angstbeziehung entwickelt*     6 Punkte

4. Ihr Kind hat in der Schule versagt und einen blauen Brief mit nach Hause gebracht. Seine Versetzung ist also gefährdet. Was tun Sie in den darauffolgenden Ferien, um das Kind wieder auf den richtigen Weg zu führen?
   a) *ich bestehe selbstverständlich darauf, daß das Kind jeden Tag fleißig arbeitet*     2 Punkte
   b) *ich versuche, dem Kind wo irgend möglich zu helfen und bezahle notfalls einen Nachhilfelehrer*     4 Punkte
   c) *ich bin der Meinung, daß das Kind jetzt in erster Linie Zuwendung und Liebe braucht, um mehr Sicherheit und daraus Kraft entwickeln zu können*     6 Punkte

5. Sind Sie in den Augen Ihrer Kinder selbst immer nur ein Superboy gewesen oder schaffen Sie es, Fehler, die Sie in Ihren früheren Kindheitstagen gemacht haben, ehrlich zuzugeben?
   a) *ich finde, es untergräbt die Autorität, wenn ich von meinen Schwächen spreche*     2 Punkte
   b) *selbstverständlich plaudere ich nicht jeden dummen Jungenstreich aus, um die Kinder nicht unnötig zum Nachahmen zu reizen, aber ich stelle mich auch nicht als Musterknabe hin*     4 Punkte
   c) *ich erzähle offen und ehrlich, welche Streiche ich selbst früher ausgeheckt habe, um keine Barriere zwischen meinen Kindern und mir entstehen zu lassen*     6 Punkte

6. Finden Sie, daß Söhne und Töchter gleich erzogen werden sollten?
   a) *das finde ich ganz und gar nicht. Söhne brauchen eine harte Führung und Töchter – die vom Naturell her weicher und leichter zu lenken sind – sollten weniger hart angefaßt werden sollten*     2 Punkte
   b) *nur in Ausnahmefällen sollten Unterschiede gemacht werden*     4 Punkte
   c) *ich bin der Meinung, daß Söhne und Töchter gleich erzogen werden sollten, damit nicht schon im Elternhaus ein Rollenverhalten geprägt wird, das sich später nur fatal auf die Zweierbeziehung der Kinder auswirkt*     6 Punkte

7. Sind Ihnen die Berufswünsche Ihrer Kinder bekannt, und respektieren Sie diese?
   a) wenn sie einigermaßen vernünftig sind, vielleicht    2 Punkte
   b) im Großen und Ganzen schon, auch wenn ich versuche, meine Kinder zu lenken    4 Punkte
   c) ich lasse meinen Kindern weitgehend freie Hand in der Berufswahl, gebe allerdings Ratschläge    6 Punkte
8. Kennen Sie die Hobbys Ihrer Kinder und teilen Sie sie?
   a) nur dann, wenn Sie mit meinem Hobby übereinstimmen    2 Punkte
   b) zumindest in den Ferien bemühe ich mich darum, ihre Hobbys zu teilen    4 Punkte
   c) ich kenne ihre Hobbys nicht nur, sondern versuche sie auch in jeder Beziehung zu unterstützen und daran teilzunehmen    6 Punkte
9. Finden Sie, daß die sexuelle Aufklärung eine Aufgabe ist, die in erster Linie der Mutter zufällt?
   a) ganz und gar nicht, denn es gibt Fragen, die ein Vater genauso gut, wenn nicht sogar besser beantworten könnte    6 Punkte
   b) das kommt ganz auf die Situation und die Frage darauf an.    4 Punkte
   c) ich finde, das ist reine Frauensache    2 Punkte
10. Ihre Kinder haben etwas angestellt was Sie Ihnen nicht so einfach durchgehen lassen können. Können Sie über Ihren eigenen Schatten springen und den Kindern helfen, die Sache gemeinsam auszubaden, ohne in Schimpftiraden zu verfallen?
    a) das schaffe ich ganz bestimmt nicht, denn dann würde ich meine eigene Autorität untergraben    2 Punkte
    b) selbstverständlich versuche ich die Kinder jetzt nicht alleine zu lassen, denn ihre Schuldgefühle sind im allgemeinen Strafe genug    6 Punkte
    c) ich züchtige die Kinder erst – auch wenn meist nicht körperlich – um ihnen dann aber aus der Patsche zu helfen    4 Punkte

**20 bis 28 Punkte:**

Das reinste Zuckerschlecken ist das Dasein Ihrer Kinder gewiß nicht. Dazu sind Sie viel zu streng und vor allen Dingen auch viel zu autoritär. Sie versetzen sich zu selten in die Situation Ihrer Söhne und Töchter und haben daher kein besonders enges Verhältnis zu ihnen. Versuchen Sie ein wenig von dem Thron des Erziehers herunterzusteigen!

**30 bis 38 Punkte**

In der Theorie sind Sie ein recht guter Vater, in der Praxis jedoch klappt das nicht immer. Ihnen gehen die eigene Entspannung und das eigene Wohlergehen leider oft vor. Die Kinder, überhaupt die ganze Familie kommen nach der Karriere erst an zweiter Stelle. Ändern Sie das, ehe Sie bei den Söhnen und Töchtern einen seelischen Knacks heraufbeschworen haben, der sich nicht mehr so leicht aus der Welt schaffen läßt.

**40 bis 50 Punkte:**

Wahrscheinlich wissen es Ihre Kinder längst: Sie sind ein verdammt guter Vater. Mit Ihnen kann man über alles reden. Sie kann man auch mal einspannen, und Sie setzen sich nicht auf den Thron des Erziehers, der früher niemals etwas falsch gemacht hat. Allerdings sollten Sie hin und wieder nicht allzu kumpelhaft sein, denn selbst die Kinder der achtziger Jahre brauchen noch Führung und Grenzen.

**52 bis 60 Punkte**

Sie sind ein Vater, wie er im Bilderbuch steht. Haben sie schon einmal daran gedacht, in die Rolle des Hausmannes zu schlüpfen und Ihrer Frau das Brötchenverdienen zu überlassen? Wahrscheinlich wäre das nicht einmal eine schlechte Lösung, denn Sie sind wie geschaffen dazu, Kinder zu erziehen und nebenbei auch noch einen Haushalt zu schmeißen.

## Sind Sie fleißiger als Ihr Partner?

Die Frage, ob die Frau oder der Mann mehr gefordert wird, ist beinahe so alt wie die Geschlechter selbst. Aber erst in der heutigen Zeit, da sehr viele Frauen neben dem Haushalt auch einen Beruf bewältigen müssen, ist daraus ein Thema geworden, das häufig zu Auseinandersetzungen, mitunter sogar zur Scheidung führt. Prüfen Sie anhand der folgenden Fragen, wer von Ihnen beiden wirklich mehr belastet ist?

1. Wer macht die Bügel- und Näharbeiten?
2. Wer macht die Reparaturen im Haushalt?
3. Wer erledigt die Korrespondenz mit den Ämtern?
4. Wer muß körperlich härter arbeiten?
5. Wer hat die unregelmäßigeren Arbeitszeiten, wie Nachtdienst oder Schichtdienst?

6. Wer geht meistens zu den Elternabenden?
7. Wer hat das ausgefülltere und interessantere Leben?
8. An wen wenden sich die Kinder am meisten, wenn Sie Probleme haben?
9. Wer kümmert sich mehr um die Kleinen?
10. Wer steht mehr unter Streß?
11. Wer ist seelisch und körperlich weniger belastbar?
12. Wer macht sich mehr Sorgen und Gedanken um die Zukunft?
13. Wer hat die längere Arbeitszeit?
14. Wer hat den längeren Anfahrtsweg zum Job?
15. Wer geht zu den Ämtern und Behörden?
16. Wer versorgt den Garten?
17. Wer hat mehr freie Zeit?
18. Wer kümmert sich um Steuererklärung und Abrechnungen?
19. Wer steht meistens hinter dem Herd?
20. Wer kümmert sich um das Freizeitprogramm?
21. Wer gestaltet Kinderfeste und Geburtstage?
22. Wer hat mehr über die Erziehung gelesen?
23. Wer hat schlechteres Betriebsklima?
24. Wer muß sich um Freunde und Nachbarn kümmern?
25. Wer versorgt die Wäsche?
26. Wer macht die meisten Besorgungen?
27. Wer hält die Wohnung sauber?
28. Wer muß sich um die Verwandschaft kümmern?
29. Wer versorgt die Haustiere?
30. Wer hat nebenbei noch fortbildende Kurse belegt?

## Die Auswertung:

Sie erhalten für jede Frage, die Sie ganz ehrlich mit einem eindeutigen „Ich" beantworten mußten, einen Punkt.

## 10 bis 15 Punkte:

Sie sollten einmal ganz fair sein und ehrlich zugeben, daß Sie es sich ein bißchen bequem machen – und zwar auf Kosten Ihres Partners. Freiwillig sollten Sie zu ihm gehen und ihm einige Arbeit abnehmen. Dann hat er nämlich endlich wieder mehr Zeit für Sie, und Ihre Zweierbeziehung dürfte sich prickelnder und harmonischer gestalten.

## 16 bis 20 Punkte

Sie haben zwar durch diesen Test erkannt, daß Sie im Moment etwas mehr zu packen haben als Ihr Partner, doch schließlich wird das, was Sie leisten, voll anerkannt. Seien Sie deshalb auch so freundlich und würdigen Sie den Einsatz Ihres

Partners, zumindest im Beruf! Auf der privaten Ebene und im häuslichen Bereich könnte er sich zwar etwas mehr bemühen, doch das sollten Sie ihm äußerst schonend und liebevoll beibringen.

**21 bis 30 Punkte:**

Ideal ist das, was Sie sich eingehandelt haben, ganz bestimmt nicht. Sprechen Sie einmal offen mit Ihrem Partner darüber, welche Arbeiten er Ihnen endlich einmal abnehmen kann, damit Sie überhaupt noch etwas vom Leben haben! Es kann ja sein, daß Sie Ihrem Partner das Zugreifen im Haushalt durch eine zu rechthaberische Art und Weise vergällt haben. Gönnen Sie ihm jetzt ein Erfolgserlebnis, und sagen Sie ihm, daß es so viele Dinge gibt, die er auch im Haushalt bestimmt viel besser machen könnte als Sie!

## Können Sie Ihr Geld zusammenhalten?

Jeder kennt das: Es sind noch viele, viele Tage bis zum Ersten, und in der Geldbörse herrscht bereits gähnende Leere. Was tun? Das Händchen aufhalten und um mehr Pfennige bitten? Die Familie hungern lassen? Sich schwören, günstiger einzukaufen? Was tun Sie? Wie beurteilen Sie sich selbst? Finden Sie, daß Sie haushalten können?

Testen Sie das doch einmal!

1. Gehen Sie grundsätzlich mit einer Liste zum Einkaufen?
   ○ *ja*     4 Punkte
   ○ *nein*     2 Punkte

2. Lassen Sie sich hin und wieder zu Spontankäufen hinreißen?
   ○ *selten*     2 Punkte
   ○ *ja*     1 Punkt
   ○ *nein*     4 Punkte

3. Teilen Sie sich Ihr Geld zu Beginn des Monats ganz genau ein?
   ○ *nein*     2 Punkte
   ○ *natürlich*     4 Punkte
   ○ *gelegentlich*     3 Punkte

4. Gehören Sie zu jenen Menschen, die aus Resten immer wieder etwas Neues zaubern können?
   ○ *leider nicht*     1 Punkt
   ○ *ich glaube ja*     3 Punkte

5. Fällt es Ihnen schwer, auf etwas zu verzichten, wenn Ihnen die Vernunft sagt, daß es finanziell im Moment nicht geht?
   - ○ *nein* — 0 Punkte
   - ○ *ja* — 3 Punkte
6. Wer entscheidet bei Ihnen über die Anschaffungen – Ihr Partner oder Sie?
   - ○ *mein Partner* — 1 Punkt
   - ○ *ich* — 4 Punkte
   - ○ *das tun wir zusammen* — 3 Punkte
7. Bedenken Sie auch die Benzinkosten, wenn Sie wegen eines Sonderangebotes mehrere Kilometer fahren müssen?
   - ○ *nein* — 2 Punkte
   - ○ *ja* — 3 Punkte
8. Finden Sie, daß man bei festlichen Gelegenheiten auch einmal die finanzielle Lage vergessen und nur von Herzen genießen sollte?
   - ○ *ja* — 2 Punkte
   - ○ *nein* — 3 Punkte
9. Verfügen Sie über die Gabe der Vorfreude?
   - ○ *nein* — 1 Punkt
   - ○ *ja* — 3 Punkte
10. Kaufen Sie häufiger im Second-Hand-Shop?
    - ○ *ja* — 2 Punkte
    - ○ *nein* — 1 Punkt
11. Kennen Sie den genauen Verdienst Ihres Partners?
    - ○ *natürlich* — 3 Punkte
    - ○ *nein* — 1 Punkt
12. Kaufen Sie Ihre Weihnachtsgeschenke mitunter bereits im Herbst?
    - ○ *ja* — 4 Punkte
    - ○ *nein* — 2 Punkte

**16 bis 24 Punkte:**

Sie sind ein Mensch von schnellen Entschlüssen, der nicht jeden Pfennig dreimal umdreht. Das macht Sie zwar einnehmend und reizvoll für Ihre Umwelt, aber teuer für Ihren Partner. Bemühen Sie sich um etwas mehr innere Ausgewogenheit und Besonnenheit. Das kommt Ihrem Geldbeutel direkt zugute.

**25 bis 32 Punkte:**

Sie können sich zwar einschränken, wenn es unbedingt sein muß, aber es passiert Ihnen doch immer wieder, daß Sie unnötige Ausgaben machen. Die Vernunft erkennt dann zwar den Fehler, aber damit sind Sie vor dem Wiederholungsfall noch lange nicht gefeit. Führen Sie eine Weile ein Haushaltsbuch! Dann wissen Sie mehr.

**33 bis 40 Punkte:**

Ihnen kann man unbesorgt Geld anvertrauen. Sie können damit umgehen und geben keinen Pfennig zu viel aus. Immer behalten Sie den Überblick und schaffen es trotzdem, es Ihren Lieben an nichts fehlen zu lassen. Nur weiter so!

## Welcher Urlaubstyp sind Sie?

Man nennt sie zu Recht die kostbarsten Wochen des Jahres, für die es sich lont, monatelang zu sparen. Wir Bundesbürger sind zu einer Nation der Reisenden geworden. Fast 50% der Männer und Frauen zwischen 20 und 50 verbringen in diesem Jahr ihren welcher Urlaubstyp Sie sind, und wohin Sie fahren sollten, um sich wirklich wohl zu fühlen und gründlich zu erholen? Prüfen Sie, welches Reiseziel für Sie maßgeschneidert sein würde!

1. Ist es Ihnen wichtig, daß bei Ihnen im Haushalt und im Beruf „alles seine Ordnung hat"?
   - ○ *ja*     2 Punkte
   - ○ *nein*     0 Punkte
2. Lieben Sie Improvisationen, und können Sie sich über die kleinste Überraschung noch wie ein Kind freuen?
   - ○ *ja*     4 Punkte
   - ○ *nein*     1 Punkt
3. Reizen Sie schwierige Aufgaben, die Sie noch nie bewältigt haben?
   - ○ *ja*     6 Punkte
   - ○ *nein*     2 Punkte
4. Halten Sie sich immer an die Anweisungen Ihres Arztes?
   - ○ *ja*     2 Punkte
   - ○ *nein*     5 Punkte
5. Welcher Sinnspruch liegt Ihnen eher:
   - ○ *„Die Gesundheit ist des Menschen höchstes Gut!"*     3 Punkte
   - ○ *„Man muß auch manchmal auf die Pauke hauen können!"*     7 Punkte
6. Treiben Sie regelmäßig Sport und Ausgleichsgymnastik?
   - ○ *ja*     5 Punkte
   - ○ *nein*     3 Punkte
7. Brauchen Sie eine ganz bestimmte Atmosphäre, um in romantische Stimmung zu kommen?
   - ○ *ja*     5 Punkte
   - ○ *nein*     3 Punkte
8. Können Sie sich auch in Gegenwart vieler Menschen einsam fühlen?
   - ○ *ja*     3 Punkte
   - ○ *nein*     1 Punkt

9. Können Sie mit einem Partner stundenlang schweigen und trotzdem die Zweisamkeit genießen?
   - ja                            7 Punkte
   - nein                          3 Punkte
10. Ist es Ihnen wichtiger, wo (5 Punkte), oder wie (3 Punkte) Sie wohnen?
11. Fühlen Sie sich in bequemer Freizeitkleidung (9 Punkte) oder in eleganter Abendrobe (4 Punkte) am wohlsten?
12. Sind Sie ein Stadtmensch (3 Punkte) oder eher ein „Naturbursche" (5 Punkte)?
13. Werden Sie auch als Strohwitwe(r) spielend mit Ihrem Alltag fertig?
    - ja                           5 Punkte
    - nein                         2 Punkte
14. Haben Sie das Gefühl, ständig unter Streß zu stehen?
    - ja                           3 Punkte
    - nein                         4 Punkte
15. Können Sie am besten arbeiten, wenn Sie unter Zeitdruck stehen?
    - ja                           6 Punkte
    - nein                         2 Punkte
16. Welche Freizeitbeschäftigung würden Sie jetzt spontan am meisten reizen?
    - ein Picknick                 4 Punkte
    - eine Bergwanderung           6 Punkte
    - ein Flirt am Strand          2 Punkte

**36 bis 43 Punkte:**

Sie sind ein „Gewohnheitstier" und brauchen einen Urlaub, der bis ins Kleinste geplant und organisiert ist. Für Sie sind Kreuzfahrten und Studienreisen sowie sämtliche Unternehmungen in Begleitung eines Reiseleiters ideal. Extreme Temperaturen liegen Ihnen nicht. Sie sollten in der Vor- oder Nachsaison Urlaub machen und sich auf Länder wie Holland, Belgien, Frankreich, Östereich und die Schweiz beschränken, wo die klimatischen Bedingungen ähnlich sind wie bei uns.

**44 bis 51 Punkte**

Sie lieben Ihre Bequemlichkeit, die Sonne, das Meer, einen kurzen Weg bis zum Strand und geregelte Mahlzeiten, wie Sie sie bei einer Vollpension haben würden. Am besten würden Sie sich in Spanien und Portugal, auf den Balearen, in Südfrankreich und Italien erholen. Sparen Sie nicht bei der Unterbringung! Ein Hotel der mittleren bis gehobeneren Klasse sagt Ihnen eher zu als eine kleine Pension „mit Familienanschluß".

**52 bis 59 Punkte**

Bei Ihnen darf es im Urlaub auch etwas lebhafter zugehen. Sie sind unternehmungslustig und wollen auch während der Ferien nicht nur auf der faulen Haut liegen. Sehen Sie sich einmal die Reiseprospekte für die skandinavischen Länder, aber auch die Ferienorte an der deutschen Ost- und Nordsee an. Informieren Sie sich vor der Buchung über die am Urlaubsort vorhandenen Sportmöglichkeiten!

**60 bis 67 Punkte**

Sie möchten auch im Urlaub etwas für Ihre Gesundheit und Kondition tun. Ferien in den Bergen, in der Schweiz zum Beispiel, in Österreich oder in Süddeutschland wären ideal. Sie sind auch der Typ für einen Winterurlaub und fühlen sich meistens im gemütlichen Pensionen und kleineren Hotels wohler als in „Touristensilos". Ein Urlaub im Zelt wäre für Sie allerdings nicht ratsam. Es müßte schon mindestens ein Wohnwagen sein, denn zu primitiv mögen Sie es auch nicht.

**68 bis 75 Punkte:**

Sie improvisieren gerne und fühlen sich daher auch an Urlaubsorten wohl, die sich noch nicht hundertprozentig auf den Massentourismus eingestellt haben. Unterbringung und Verpflegung sind Ihnen nicht so wichtig wie eine landschaftlich reizvolle Gegend und die Möglichkeit, sportlich aktiv zu sein. Sie können sich perfekt in Jugoslawien, in Bulgarien, in Rumänien, aber auch in Griechenland oder Portugal erholen. Übrigens sind Sie der Typ, der durchaus einmal eine Campingreise unternehmen sollte. Auch auf einer deutschen Nord- oder Ostseeinsel würden Sie voll auf Ihre Kosten kommen.

**76 bis 83 Punkte:**

Sie sind der geborene Abenteurer, der sich am besten erholt, wenn die Ferien Sie so wenig wie möglich an den Alltag erinnern. Für Sie wären Safaris spannend, Entdeckungsreisen durch Grönland, Irland oder Lappland, wobei Sie vermeiden sollten, jene Routen zu wählen, die in allen Prospekten angegeben sind. Am liebsten sind Sie nämlich mit sich und der Natur allein. Deshalb wären auch kleine, noch kaum entdeckte Ortschaften auf Korsika oder Sizilien für Sie ideale Reiseziele. Ihre Reisegefährten sollten Sie sich aber sorgfältig aussuchen, denn nicht jeder verzichtet so freiwillig auf jeden Komfort wie Sie selbst!

## Ernähren Sie sich während der Schwangerschaft richtig?

Diätetische und gesundheitliche Sünden, mit denen Ihrem Kind geschadet werden kann, passieren häufig schon vor der Geburt. Hier erfahren Sie, wie Sie das vermeiden können.

1. Muß man während der Schwangerschaft für zwei essen?
   *a) ja, denn schließlich muß man den Fötus ja miternähren*
   *b) nein, aber es ist wichtig, daß man eine ausgewogene Kost zu sich nimmt*
   *c) man sollte eher weniger als sonst essen, damit man nicht zu dick wird*
2. Kann man sich während der Stillzeit wieder ganz normal ernähren?
   *a) nein, man sollte scharfe Gewürze, Alkohol und Nikotin meiden*
   *b) jetzt sollte man kalorienreich essen, um schnell wieder zu Kräften zu kommen*
   *c) man sollte jetzt sehr wenig essen, damit man schnell wieder seine ursprüngliche Figur hat*
3. Wie lange nach der Niederkunft sollte man mit einer das Gewebe wieder festigenden Gymnastik beginnen?
   *a) mindestens sechs Wochen lang braucht der Körper jetzt absolute Schonung*
   *b) am besten schon im Wochenbett unmittelbar nach der Niederkunft*
   *c) nach einem viertel Jahr, wenn man wieder fit ist*
4. Haben ein harmonisches Sexualleben und die Linie irgendetwas miteinander zu tun?
   *a) das sind zwei völlig getrennte Gebiete*
   *b) wer sich geliebt fühlt, ernährt sich meistens vernünftig*
   *c) wer viel und gerne liebt, hat auch in anderer Beziehung einen großen Appetit*
5. Wie kommt es, daß viele Menschen im Sommer schlanker sind als im Winter?
   *a) während der kalten Jahreszeit ziehen wir oft unbewußt deftigere und dick machende Speisen vor*
   *b) im Sommer schwitzt man sich das überflüssige Fett herunter*
   *c) während der warmen Jahreszeit bewegen wir uns mehr und verbrennen somit mehr Kalorien*
6. Warum ist ein gutes Frühstück so wichtig?
   *a) weil man mit einem nüchternen Magen zu Konzentrationsschwächen neigt*
   *b) weil morgens das gesamte Stoffwechselgeschehen erst wieder auf Vordermann gebracht werden muß*
   *c) weil das Frühstück weit besser verwertet wird als das Abendessen*
7. Stimmt der Spruch: Je mehr Lebensjahre, desto mehr Kalorien?
   *a) ganz im Gegenteil, je älter der Mensch ist, desto sparsamer sollte er mit den Kalorien umgehen.*
   *b) das richtet sich nicht nach dem Alter, sondern nach dem Energieverbrauch*
   *c) ja, denn ein alter Körper braucht mehr Energien, um in Schwung gehalten zu werden.*

## Auflösungen

**Frage 1 - Antwort b:**

Während die Ärzte vor wenigen Jahrzehnten noch eine Gewichtszunahme von bis zu 20 Kilo während einer Schwangerschaft befürworteten, raten sie den Frauen heute, möglichst nicht mehr als fünf bis zehn Kilo zuzunehmen.

**Frage 2 - Antwort a:**

Während der Stillzeit braucht die tägliche Joule-Zufuhr nicht höher zu liegen als sonst. Ein Mehr bedeutet lediglich einen meist unerwünschten Gewichtsanstieg.

**Frage 3 - Antwort b:**

Unmittelbar nach der Niederkunft ist die Bereitschaft des Uterus, sich wieder auf seine ursprüngliche Größe zusammenzuziehen, am größten. Auch das Stillen begünstigt diesen Prozeß.

**Frage 4 - Antwort b:**

Eine harmonische Zweierbeziehung sorgt für innere Ausgeglichenheit - die beste Voraussetzung dafür, daß man beim Essen maßhält.

**Frage 5 - Antwort a und c:**

Es kommt noch hinzu, daß erfahrungsgemäß im Frühjahr und Sommer im Hinblick auf die bevorstehenden Badeferien weit mehr Diätkuren durchgeführt werden als im Winter, wenn überflüssige Pfunde leichter unter der Kleidung versteckt werden können.

**Frage 6 - Antworten a, b und c:**

Auch heute noch gilt für alle Ernährungsbewußten die Weisheit: Frühstücke wie ein König, esse mittags wie ein Edelmann und abends wie ein Bettler.

**Frage 7 - Antwort a:**

Ernährungswissenschaftler raten: Mit jedem Lebensjahrzehnt den Kalorienverbrauch um ein weiteres Zehntel drosseln. Das hält schlank und ist gesund.

**Auswertung:**

Wenn Sie alle Fragen richtig beantwortet haben, werden Sie und Ihr Kind niemals gefährdet sein, und Sie dürfen sich für einen Experten halten. Mit vier bis fünf richtigen Antworten liegen Sie im guten Durchschnitt. Mit weniger als vier richtigen Antworten sollten Sie sich ein bißchen mehr mit diesem Thema befassen. Es geht schließlich um Ihre und die Gesundheit Ihrer Kinder.

## Ernährt sich Ihre Familie richtig?

Eine Antwort auf diese Frage können Sie sich nur geben, wenn Sie einmal prüfen, ob Sie genug über Ernährung und Diäten wissen.

1. Babyspeck ist nicht nur süß, sondern auch gefährlich, weil
   *a) dicke Kinder anfälliger sind*
   *b) dicke Kinder oft gehänselt werden und dadurch Komplexe bekommen können*
   *c) schon in den ersten Lebensmonaten die Fettzellen aufgebaut und das Eßverhalten geprägt werden*
2. Hängen die Gemütsverfassungen und die Eßgewohnheiten zusammen?
   *a) ja, denn wer innerlich ruhig und ausgeglichen ist, neigt nicht dazu, zu viel zu essen*
   *b) das ist unterschiedlich, denn manche Menschen neigen zu Kummerspeck, während andere vor Gram abmagern*
   *c) nein, das liegt nur am Appetit*
3. Stimmt es, daß alle Saucen dick machen?
   *a) nein, es kommt darauf an, wie man sie bindet*
   *b) ja, da sie alle Fett und Kohlenhydrate enthalten*
   *c) jedenfalls alle Fleischsaucen*
4. Sind Hausfrauen gefährdeter als berufstätige Frauen, dick zu werden?
   *a) im Gegenteil, sie essen ja nicht so häufig im Restaurant*
   *b) ja, da sie ständig mit dem Essen und den Zubereitungen zu tun haben*
   *c) das hält sich die Waage*
5. Ist eine Gewichtskontrolle in ganz bestimmten Abständen sinnvoll?
   *a) einmal pro Woche reicht*
   *b) einmal täglich ist empfehlenswert*
   *c) nur wer zu starken Gewichtsschwankungen neigt, sollte sein Gewicht überhaupt kontrollieren. Mit der Waage macht man sich doch sonst verrückt*
6. Immer wieder wird die Schilddrüse für die Fettsucht verantwortlich gemacht. In wie vielen Prozenten der Fälle stimmt das überhaupt?
   *a) in rund 20 Prozent aller Fälle*
   *b) in rund 10 Prozent aller Fälle*
   *c) in weniger als 3 Prozent aller Fälle*

7. Bewegung und bestimmte Sportarten wie beispielsweise das Schwimmen zehren und machen hungrig. Sollte man da nicht auf diese Betätigung verzichten, wenn man abnehmen möchte?
   a) *nein, im Gegenteil. Durch die Bewegung beschleunigt sich der Verbrennungsprozeß*
   b) *jedenfalls dann, wenn man eine Nulldiät macht. Das ist nämlich viel zu anstrengend*
   c) *ja, denn wer mit seinen Energien ganz sparsam umgeht, hat kaum Appetit*

**Auflösungen:**

**Frage 1 – Antwort c:**

Schon Babies kann systematisch beigebracht werden, erst dann ein Gefühl der Sättigung zu empfinden, wenn sie zuviel gegessen haben. Es gilt daher: Die dicken Kinder von heute sind die dicken Erwachsenen von morgen.

**Frage 2 – Antwort a:**

Im allgemeinen sind sowohl die Freß- als auch die Magersucht ein Ausdruck seelischer Störungen, die erst behoben werden müssen, ehe diese Süchte bekämpft werden können.

**Frage 3 – Antwort a:**

Die Neue Küche kennt eine ganze Reihe von Legierungsmethoden, die Saucen nicht mehr zu Dickmachern machen. Dazu gehören statt Butter, Mehl und Sahne als Bindemittel Creme fraîche, Joghurt und pflanzliche Extrakte.

**Frage 4 – Antwort b:**

Es gibt eine Faustregel, wonach sich die Zahl der Stunden, die eine Frau in der Küche verbringen muß, und die Zahl der übergewichtigen Kilos die Waage halten.

**Frage 5 – Antwort b:**

Wer täglich auf die Waage steigt, entdeckt Gewichtsverschiebungen zu einem Zeitpunkt, zu dem sie noch leicht zu korrigieren sind.

**Frage 6 – Antwort c:**

Nur äußerst selten ist wirklich ein psychischer Schaden für das Übergewicht verantwortlich.

**Frage 7 - Antwort a:**

Solange sich der durch den vergrößerten Verbrennungsprozeß gesteigerte Kalorienverbrauch und die Kalorienzufuhr die Waage halten, kommt es zu keiner Gewichtszunahme.

**Auswertung:**

Wenn Sie alle Fragen richtig beantwortet haben, wird Ihre und die Gesundheit Ihrer Familie niemals gefährdet sein und Sie dürfen sich für einen Diät-Experten halten. Mit vier bis fünf richtigen Antworten liegen sie im guten Durchschnitt. Mit weniger als vier richtigen Antworten sollten sie sich ein bißchen mehr mit diesem Thema befassen. Es geht schließlich um das Wohl und Wehe Ihrer Lieben.

# Teil V
# Sie und Ihr Job

## Haben Sie den richtigen Job?

Statistisch gesehen verbringt jeder Mensch ein Drittel seines Lebens im Bett, ein Drittel bei seiner Arbeit und nur ein Drittel damit, seinen Hobbys nachzugehen. Kein Wunder also, daß dem Job große Bedeutung beigemessen wird. Kein Wunder ebenfalls, daß es entscheidend ist, ob man an der richtigen Stelle eingesetzt ist, ob die Arbeit Vergnügen bereitet, oder ob man sie nur als ein notwendiges Übel hinnimmt, dazu angetan, die Pfennige zu garantieren. Dieser Test verrät Ihnen Ihre Einstellung zu ihrem Beruf.

1. Sind Ihre Talente und speziellen Fähigkeiten bei Ihrer Arbeit gut eingesetzt?
    *a) ja*                                                          4 Punkte
    *b) nein*                                                        1 Punkte
2. Haben Sie, dort wo Sie arbeiten, Gelegenheit auch kreativ zu denken und Eigeninitiativen zu entwickeln?
    *a) ja*                                                          4 Punkte
    *b) nein*                                                        2 Punkte
3. Denken Sie auch am Feierabend viel über Ihre beruflichen Verpflichtungen nach und wie Sie etwas besser machen könnten?
    *a) ja*                                                          4 Punkte
    *b) nein*                                                        2 Punkte
4. Wenn Sie morgens aufwachen und noch ein paar Minuten im Bett Zeit haben, stehen Sie dann auf, um etwas früher als notwenig in der Firma zu sein?
    *a) ja*                                                          4 Punkte
    *b) nein*                                                        2 Punkte
5. Haben Sie das Gefühl, für Ihre Arbeit nicht genug Geld zu bekommen?
    *a) ja*                                                          2 Punkte
    *b) nein*                                                        4 Punkte
6. Finden Sie, daß die Zeit am Arbeitsplatz rasch vergeht?
    *a) ja*                                                          4 Punkte
    *b) nein*                                                        2 Punkte
7. Sind Sie der Meinung, daß Ihre Chefs Sie mögen und Ihre Leistungen schätzen?
    *a) ja*                                                          4 Punkte
    *b) nein*                                                        2 Punkte
8. Leben Sie in der ständigen Sorge, Ihren Job verlieren zu können?
    *a) ja*                                                          2 Punkte
    *b) nein*                                                        4 Punkte
9. Hand aufs Herz: Würden Sie Ihrem Partner beziehungsweise Ihrer Partnerin die Arbeit, die Sie tun müssen, zumuten?
    *a) ja*                                                          4 Punkte
    *b) nein*                                                        2 Punkte

10. Gehen Sie hauptsächlich deshalb zur Arbeit, weil Sie das Geld brauchen?
    *a) ja*   2 Punkte
    *b) nein*   4 Punkte

11. Werden die Ideen, die Sie haben, und die Vorschläge, die Sie machen, meistens auch durchgeführt?
    *a) ja*   4 Punkte
    *b) nein*   2 Punkte

12. Würden Sie freiwillig unbezahlt Überstunden machen, um ein hochgestecktes Pensum zu erreichen?
    *a) ja*   4 Punkte
    *b) nein*   2 Punkte

13. Haben Sie nach drei Wochen Urlaub das Gefühl, daß Ihnen die Zeit wegläuft, nur weil Sie so lange nicht am Arbeitsplatz waren?
    *a) ja*   4 Punkte
    *b) nein*   2 Punkte

14. Haben Sie Angst vor der Pensionierung, weil Sie dann nicht mehr wissen, womit Sie sich dann beschäftigen sollen?
    *a) ja*   2 Punkte
    *b) nein*   4 Punkte

15. Befriedigt es Sie, wenn Sie eine Arbeit termingerecht abgeschlossen haben?
    *a) ja*   4 Punkte
    *b) nein*   2 Punkte

16. Kennen Sie Ihren eigenen Marktwert?
    *a) ja*   4 Punkte
    *b) nein*   2 Punkte

17. Interessieren Sie sich selbst dafür, was andere Firmen bieten und zahlen würden?
    *a) ja*   2 Punkte
    *b) nein*   4 Punkte

18. Haben Sie Ihren Beruf freiwillig ergriffen?
    *a) ja*   4 Punkte
    *b) nein*   2 Punkte

19. Umgeben Sie sich auch in Ihrer Freizeit gern mit Ihren Kollegen?
    *a) ja*   4 Punkte
    *b) nein*   2 Punkte

20. Ist Ihr Job auch zu Hause Thema Nummer eins?
    *a) ja*   4 Punkte
    *b) nein*   2 Punkte

**40 bis 55 Punkte:**

Es ist bedauerlich, aber wahr: Der Job, den Sie im Moment machen, ist Ihnen keinenfalls auf den Leib geschneidert, sondern lediglich ein notweniges Übel. Sie tun die Arbeit, ohne davon überzeugt zu sein, und glauben, beruflich unterschätzt zu werden und Ihre Fähigkeiten nicht voll entfalten zu können. Dies ist nun nicht die Aufforderung, sofort die Flinte ins Korn zu werfen. Aber machen Sie sich einmal in aller Ruhe ernsthaft Gedanken darüber, ob es sich nicht lohnt, sich einmal in einer anderen Firma zu orientieren und den eignen Marktwert zu erforschen! Sie könnten mit großer Wahrscheinlichkeit das doppelte leisten, wenn Sie dort eingesetzt würden, wo Ihre Qualitäten auch genutzt würden.

**56 bis 70 Punkte**

Im Großen und Ganzen können Sie mit Ihrer Arbeit zufrieden sein. Eine Meinung übrigens, die Ihre Vorgesetzten teilen. Es gibt natürlich immer wieder Tage, in denen Sie das, was Sie erledigen müssen, äußerst ungern hinter sich bringen, aber da es nun einmal sein muß, packen Sie es an. Trotzdem sollten Sie nicht in einen beruflichen Trott verfallen, der dann keinen Raum mehr läßt für Neuerungen oder berufliche Ambitionen. Informieren Sie sich gezielt über Ihre Aufstiegschancen, und ruhen Sie sich nicht zu zufrieden auf Ihren bisherigen Lorbeeren aus!

**70 Punkte und mehr:**

Ganz offensichtlich haben Sie einen Traumjob. Oder Sie haben sich durch die Brille Ihres Vorgesetzten gesehen und die Fragen so angekreuzt, wie Sie sie gerne hätten. Wenn Sie aber ehrlich waren, steht eins fest: Sie sind der richtige Mann beziehungsweise die richtige Frau am richtigen Platz! Das, was Sie tun, liegt Ihnen, geht Ihnen gut von der Hand und macht Ihnen Freude. Sie sind beliebt, kommen überall gut an, zeigen Verantwortunggefühl und jene Begeisterung für Ihre Arbeit, die sich jeder Boß insgeheim von seinen Angestellten wünscht.

## Haben Sie haben das Zeug zum Boss?

Manche Menschen werden mit dem Zepter in der Hand, andere ohne Ellenbogen geboren. Nicht jeder hat das Zeug zum Boss. Und Sie?

1. Bei einer Konferenz vertritt ein Kollege eine völlig falsche Meinung. Sie wissen das. Was tun Sie?
    *a) ihn unter vier Augen korrigieren*
    *b) den Sachverhalt sofort richtigstellen*
    *c) so tun, als hätte ich den Irrtum nicht bemerkt*
    *d) den Boß aufklären, daß hier etwas nicht stimmte*

2. Ihr Partner bringt Ihnen unangemeldet Gäste ins Haus, während Sie sich bereits für einen gemütlichen Abend leger angezogen haben. Was nun?
   *a) Sie sorgen dafür, daß die Gäste rasch wieder gehen*
   *b) Sie improvisieren und zaubern ein Essen auf den Tisch*
   *c) Sie ziehen sich erst einmal wieder elegant an*
   *d) Sie machen dem Partner später eine riesige Szene*
   *e) Sie bleiben, wie Sie sind und warten ab, wie sich der Abend gestaltet*

3. Man bittet Sie, ehrenamtlich eine Gruppe von ratsuchenden Frauen zu betreuen.
   *a) Sie lehnen ab, weil Sie bereits überlastet sind und sich das auch nicht zutrauen*
   *b) Sie bitten um Bedenkzeit und informieren sich*
   *c) Sie machen es eine Weile auf Probe*
   *d) Sie nehmen aus Neugier an*
   *e) Sie nehmen an, weil so etwas ungemein schult*

4. Ihr Partner hat Beweise dafür in der Hand, daß Sie ihn betrogen haben.
   *a) Sie leugnen bis zum Schluß*
   *b) Sie lassen sich die Beweise zeigen*
   *c) Sie geben alles sofort zu*
   *d) Sie versuchen den Spieß umzudrehen*
   *e) Sie bitten ihn, Ihnen zu verzeihen*
   *f) Sie überzeugen Ihn davon, daß er eine einmalige und für Ihre Liebe nicht wichtige Sache war*

5. Sie sind mit einem Menschen verabredet, an denen Ihnen sehr viel liegt. Plötzlich streikt das Auto.
   *a) Sie nehmen sich eine Taxe*
   *b) Sie benachrichtigen diesen Menschen*
   *c) Sie verlegen das Treffen auf einen anderen Tag*
   *d) Sie geben auf*
   *e) Sie nehmen sich etwas anderes vor*

6. Sie sehen ein bezauberndes Kleid, aber Ihr Geld reicht nicht dafür.
   *a) Sie machen eine Anzahlung*
   *b) Sie lassen das gute Stück zurückhängen*
   *c) Sie verzichten auf das Kleid*
   *d) Sie fragen im Geschäft, ob das Modell auch preiswerter zu haben ist*

7. In der Ehe einer Freundin von Ihnen kriselt es.
   *a) Sie geben der Freundin Ratschläge*
   *b) Sie halten sich da raus*
   *c) Sie sprechen mit „Ihm" und „Ihr"*
   *d) Sie versuchen, zu vermitteln*
   *e) Sie sind froh, daß Ihre eigene Beziehung stimmt*

8. Sie sind mit Ihrem Job zufrieden, hören aber zufällig von einer vakanten Stelle bei der Konkurrenz.
   a) Das geht Sie nichts an
   b) Sie bereiten auf alle Fälle eine Bewerbung vor
   c) Sie drohen Ihrem Chef, zur Konkurrenz zu gehen, falls er keine Gehaltserhöhung billigt
   d) Sie führen wenigstens ein klärendes Gespräch – schon um Ihren Marktwert zu kennen
9. Zu einer Management-Schulung für Führungskräfte gehört Ihrer Meinung nach vor allem
   a) das Brain storming zur Förderung der Kreativität
   b) das Gruppentraining zur Verbesserung der Kommunikationstechnik
   c) das Wissen, wann was von wem getan werden muß
   d) das Training der psychologischen Menschenführung
   e) das Stärken des Einfühlungsvermögens
   f) die Selbsterfahrung zur Förderung der Autorität
10. Weibliche Bosse sollten Ihrer Meinung nach im Umgang mit männlichen Angestellten
    a) charmant und betont weiblich sein
    b) neutral sein
    c) herablassend sein
    d) besonders streng sein
    e) unnahbar sein
    f) natürlich sein

Wenn Sie nun Ihre Punktzahl errechnen und addieren und dabei nicht auf den Höchststand kommen, so trösten Sie sich mit Fontane, der einmal sagte: „Die meisten Ämter bestehen aus wichtigtuerischer Langeweile."

**Testpunkte**

| Frage | Antwort | | | | | |
|---|---|---|---|---|---|---|
| | a | b | c | d | e | f |
| 1. | 3 | 5 | 2 | 1 | – | – |
| 2. | 0 | 4 | 2 | 1 | 3 | – |
| 3. | 1 | 4 | 3 | 2 | 5 | – |
| 4. | 1 | 2 | 3 | 0 | 4 | 5 |
| 5. | 4 | 2 | 1 | 0 | 3 | – |
| 6. | 3 | 4 | 1 | 5 | – | – |
| 7. | 1 | 5 | 2 | 3 | 4 | – |
| 8. | 0 | 3 | 1 | 5 | – | – |
| 9. | 2 | 1 | 5 | 4 | 3 | 0 |
| 10. | 1 | 4 | 0 | 0 | 2 | 3 |

**4 bis 15 Punkte:**

Marie v. Ebner-Eschenbach erkannte: „Um ein hohes Amt glänzend zu verwalten, braucht man eine gewisse Anzahl guter und schlechter Eigenschaften." Unter uns: Sie haben weder die einen, noch die anderen. Aber das schadet nicht. Sie fühlen sich wohl, bei dem was Sie tun und halten's wahrscheinlich mit Pearl S. Buck, die da findet: „Dienen ist schön, aber nur, wenn man es freudig und aus freiem Willen tut." Ein Grund dafür, sich nun auf die faule Haut zu legen, ist Ihr Ergebnis nun auch wieder nicht. Es stünde Ihnen gut, wenn Sie etwas mehr Verantwortung tragen müßten.

**16 bis 30 Punkte:**

Genaugenommen fehlt Ihnen nur noch der kleinste Schubs, um auch die letzte Sprosse der Erfolgsleiter zu erklimmen. Schreiben Sie sich die wohlgesetzten Worte von Emanuel Kant hinter die Ohren, der entschlossen auffordert: „Habe Mut, dich deines eigenen Verstandes zu bedienen!" Sie haben doch Ellenbogen, Überzeugungskraft und das notwendige Know how, um sich zum Boss aufzuschwingen. Warum also länger Befehle entgegennehmen. Oder finden Sie nicht mit Otto Preminger: „Das schönste Nebenprodukt des Erfolgs ist die Unabhängigkeit. Niemand kann einen Erfolgreichen zwingen, etwas zu tun, was er nicht mag.."

**31 bis 47 Punkte:**

Sind Sie schon Ihre eigene Dame oder befinden Sie sich noch auf dem Weg dahin? Schauen Sie nicht zurück! Ihre Zukunft bringt Befehlsgewalt und Selbständigkeit. Sie müssen ja nicht unbedingt die Ratschläge von G. B. Shaw befolgen, der findet: „Das Geheimnis des Erfolges ist es, möglichst viele Leute vor den Kopf zu stoßen." Am schnellsten steigen Sie den Männern zu Kopf, wenn Sie's weiterhin mit Charme, Können und Überzeugung versuchen.

## Kommen Sie mit Ihren Vorgesetzten gut aus?

Ein Angestellter, das wissen Sie sicher, muß nicht nur etwas können, sondern auch hin und wieder Glück haben. Das Glück zum Beispiel, in den Augen seiner Vorgesetzten der Größte zu sein. Wo stehen Sie in dieser Beziehung? Auf der Sonnenseite Ihres Arbeitsplatzes oder eher im Schatten eines nicht ganz so günstigen Rufes? Dieser Test gibt Ihnen Antwort.

# Kommen Sie mit Ihren Vorgesetzten gut aus?

1. Hand aufs Herz: Können Sie wirklich die Leistung, die Ihre Vorgesetzten bringen, neidlos anerkennen?
   - a) ja   2 Punkte
   - b) nein   1 Punkt

2. Nur unter uns: Trauen Sie sich – vor allem nach ein paar Gläschen – die gleiche Leistung nicht auch zu?
   - a) ja Punkte   3 Punkte
   - b) nein   2 Punkte

3. Sind Sie stark genug, um Ihrem Boß spontan ein Kompliment zu machen?
   - a) ja   3 Punkte
   - b) nein   1 Punkte

4. Gehören Sie zu jenen Angestellten, die allen beruflichen Ärger in sich hineinschlucken, um nur ja nicht irgendwo anzuecken?
   - a) ja   2 Punkte
   - b) nein   5 Punkte

5.. Wenn Sie einmal ganz genau hinhören, haben Sie wirklich den gleichen Ton, wenn sie mit Ihren Vorgesetzten sprechen, wie im Umgang mit Ihren Mitarbeitern?
   - a) ja   2 Punkte
   - b) nein   3 Punkte

6. Auch wenn Sie das nicht so ohne weiteres als Lippenbekenntnis mit sich herumtragen würden – interessiert Sie das Privatleben Ihrer Vorgesetzten nicht doch brennend?
   - a) ja   1 Punkt
   - b) nein   3 Punkte

7. Sind Sie in der Lage, Ihre Vorgesetzten ehrlich um Rat zu fragen, auch wenn Sie dadurch riskieren, daß Sie vielleicht als etwas schusselig eingestuft werden?
   - a) ja   4 Punkte
   - b) nein   1 Punkt

8. Sind Sie der Meinung, daß Sie im Betrieb an der richtigen Stelle eingesetzt sind?
   - a) ja   3 Punkte
   - b) nein   0 Punkte

9. Macht Ihnen das, was Sie Tag für Tag tun müssen, wirklich Spaß?
   - a) ja   4 Punkte
   - b) nein   1 Punkt

10. Gehören Sie zu jenen Menschen, die auch in der Freizeit ständig an den Job denken?
    - a) ja   2 Punkte
    - b) nein   5 Punkte

Kommen Sie mit Ihren Vorgesetzten gut aus?

11. Wünschen Sie sich auch auf gesellschaftlicher Ebene Umgang mit Ihren Vorgesetzten?
    *a) ja*     3 Punkte
    *b) nein*     4 Punkte
12. Kämpfen Sie Ihre eigene Meinung, notfalls auch gegen die Ihrer Vorgesetzten durch, wenn Sie überzeugt sind, Recht zu haben?
    *a) ja*     3 Punkte
    *b) nein*     2 Punkte
13. Riskieren Sie, wenn Sie etwas empört, auch dann eine Lippe, wenn Sie eventuell die nächste fällige Gehaltserhöhung auf diese Art und Weise gefährden?
    *a) ja*     5 Punkte
    *b) nein*     3 Punkte
14. Gehen Sie Ihrem Vorgesetzten tunlichst aus dem Weg zu gehen, um ihm keine Angriffsflächen zu bieten?
    *a) ja*     2 Punkte
    *b) nein*     3 Punkte
15. Würden Sie gerne Ihrem Chef Ihren Partner einmal vorstellen?
    *a) ja*     3 Punkte
    *b) nein*     4 Punkte

**26 bis 35 Punkte**

Vielleicht gehören Sie nicht unbedingt zu den idealen Angestellten, weil Sie sich etwas unauffällig geben. Aber das hat – und Sie haben es ganz richtig erkannt – den Vorteil, daß Sie kaum mit Ihren Bossen aneinandergeraten. Es könnte jedoch nicht schaden, wenn Sie hin und wieder etwas mehr Profil zeigen. Man traut Ihnen dann auf beruflicher Ebene viel mehr zu und überläßt Ihnen mehr Entscheidungen.

**36 bis 45 Punkte:**

Sie gehören zu jenen Angestellten, die jeder gerne beschäftigt. Sie tun Ihre Arbeit im allgemeinen gerne und murren nicht allzu sehr, wenn Ihnen einmal eine Aufgabe zugeschoben wird, die nicht gerade Ihr Hobby ist. Sie sorgen für ein ausgewogenes Betriebsklima. Hin und wieder drängeln Sie sich in den Vordergrund und deuten etwas zu forsch auf die eigene Person. Ein bißchen mehr Bescheidenheit würde Sie wahrscheinlich eher nach oben bringen.

**46 bis 55 Punkte**

Ihre Vorgesetzten halten Sie für einen absoluten Schatz. Sie sind arbeitswillig, anpassungsfähig geduldig, zügeln Ihr Temperament, auch wenn es manchmal mit Ihnen durchgehen möchte, halten dennoch mit Ihrer Meinung nicht hinter dem Berg und geben den anderen Mitarbeitern ein gutes Vorbild. Hin und wieder vergreifen Sie sich allerdings im Ton, doch da man Ihre Spontanität und gleichzeitig Ihre Begeisterungsfähigkeit kennt, wird Ihnen das im allgemeinen nicht verübelt. Mit Ihren Vorgesetzten kommen Sie jedenfalls blendend aus.

## Sind Sie ehrgeizig?

„Den Seinen gibts der Herr im Schlaf" Nein?. Sie schütteln den Kopf? Sind Sie nicht der Meinung, daß Ihnen berufliche Erfolge in den Schoß fallen sollten? Geht es Ihnen anders? – Vielleicht liegt das nur daran, daß Sie nicht Ehrgeizig genug sind. Vielleicht setzen Sie Ihre Ellenbogen nicht ein, oder machen nicht genug Gebrauch von Ihren entweder weiblichen Waffen oder Ihren männlichen Durchhaltevermögen. Testen Sie einmal, wie es um Ihren ehrgeiz wirklich steht!

1. Packen Sie die entscheidenden Dinge, die getan werden müssen an, ohne daß jemand Sie daran erinnert?
   *a) nein* 0 Punkte
   *b) meistens* 2 Punkte
   *c) ja* 3 Punkte
2. Können Sie hart bleiben, wenn alle anderen Sie mißbilligen oder kritisieren?
   *a) ja, das kann ich* 4 Punkte
   *b) nein, das schaffe ich nicht* 1 Punkt
3. Sie haben sich an ein sehr schwieriges Projekt herangewagt, von dem Sie überzeugt waren. Nun aber springen alle anderen ab und steigen aus. Machen Sie jetzt noch alleine weiter?
   *a) ich würde auf alle Fälle alleine weitermachen* 6 Punkte
   *b) ich würde das ganze noch einmal gründlich
      überlegen* 5 Punkte
   *c) ich würde bestimmt nicht alleine weitermachen* 3 Punkte
4. Wie oft im vergangenen Jahr sind Sie von Ihrem Chef über den „grünen Klee" gelobt worden?
   *a) keinmal* 1 Punkt
   *b) einmal* 5 Punkte
   *c) zweimal* 4 Punkte
   *d) drei- oder viermal* 3 Punkte
   *e) fünfmal oder mehr, ich kann mich gar nicht
      mehr erinnern* 3 Punkte
5. Wenn Sie Nackenschläge und Schwierigkeiten erlebt hatten, sind Sie dann angespornt, sich noch mehr anzustrengen?
   *a) ja, meistens bin ich dann besonders stark* 5 Punkte
   *b) ich gebe nicht so gerne auf und bemühe mich, auch
      wenn ich natürlich nicht mehr den Schwung habe,
      wie am Anfang* 4 Punkte
   *c) ich gebe im allgemeinen auf* 2 Punkte

Sind Sie ehrgeizig?

6. Würden Sie notfalls erneut die Schulbank drücken, um neue Methoden oder Verfahren kennenzulernen?
   a) das würde ich auf alle Fälle tun                                              4 Punkte
   b) ich würde es tun, wenn ich von der Firma dabei unterstützt
      würde                                                                         2 Punkte
   c) das würde ich ganz bestimmt nicht tun                                         1 Punkt

7. Wenn Sie Ihre eigene Arbeit vorurteillos beurteilen müßten, wie würden Sie es nennen?
   a) ausgezeichnet                                                                 3 Punkte
   b) sehr gut                                                                      4 Punkte
   c) befriedigend                                                                  5 Punkte
   d) nicht besonders gut                                                           2 Punkte
   e) unbefriedigend                                                                1 Punkt

8. Was sind Ihrer Meinung nach in Ihrem beruflichen Alltag Ihre besonderen Stärken?
   a) meine Konsequenz                                                              6 Punkte
   b) mein Wissen                                                                   7 Punkte
   c) meine Disziplin                                                               5 Punkte
   d) mein Selbstbewußtsein                                                         8 Punkte

9. Beschreiben Sie Ihre Einstellung zur Arbeit.
   a) ich bin stark motiviert und engagiert                                         5 Punkte
   b) meine Einstellung ist eher lustlos                                            2 Punkte
   c) die Arbeit ist ein notwendiges Übel                                           3 Punkte
   d) mir macht meine Arbeit viel Spaß                                              0 Punkte

10. Ist es Ihrer Meinung nach besser, jeden Tag neu zu planen, als langfristige Ziele zu formulieren?
    a) auf alle Fälle                                                               4 Punkte
    b) das kommt auf die Situation an                                               3 Punkte
    c) nein, man sollte immer langfristig planen                                    1 Punkt

**17 bis 25 Punkte:**

Allzu weit her ist es mit Ihrem Ehrgeiz nicht. Am liebsten lassen Sie den lieben Gott einen guten Mann sein und leben etwas zu leger in den Tag hinein, um es auf der beruflichen Erfolgsleiter ganz schnell weit zu bringen. Sie sollten sich klar machen, daß jene Menschen, die nicht drängeln, leicht übersehen werden. Nutzen Sie Ihre Ellenbogen, auch wenn das gegen Ihr Naturell ist! Denn mit einem entweder unterbezahlten oder Sie nicht befriedigenden Job werden Sie sich auf Dauer nicht abfinden wollen.

**26 bis 40 Punkte:**

Sie haben ein gesundes Mittelmaß gefunden an beruflichem Ehrgeiz und möglichem „Laissez-Faire". Normalerweise reißen Sie sich kein Bein aus, aber Sie sehen auch nicht untätig zu, wie Ihnen die Butter vom Brot genommen wird. Im Gegenteil! Darauf achten Sie peinlich genau, daß Sie sich die Rosinen aus dem Kuchen holen können. Jobmäßig kommen Sie auf diese Art und Weise blendend weiter, denn Sie gehören zu jenen Menschen, denen man die beruflichen Erfolge gönnt.

**41 bis 50 Punkte:**

Mal ehrlich! Ein bißchen weniger Ehrgeiz könnte nicht schaden, oder? Sie zerfleischen und zerfressen sich von innen heraus, wenn Sie Ihre Ziele weiterhin zu hoch setzen. Natürlich sind Sie allen Vorgesetzten der ideale Angestellte. Aber glauben Sie, daß Ihre Gesundheit es auf Dauer mitmacht, wenn Sie sich immer etwas mehr zumuten als Sie kraftmäßig schaffen können? Ehrgeiz schön und gut, aber er muß ja nicht ständig übertrieben werden.

## Haben Sie einen kühlen Kopf?

Hitzige Diskussionen verleiten allzu leicht dazu, den Kopf zu verlieren und eine Lippe zu riskieren, die man später wieder bedauert. Können Sie in solchen Momenten sachlich bleiben und den Überblick bewahren? Vor allem dann, wenn es um eine persönliche Angelegenheit geht? Auch die vielen Vorurteile, die wir alle mit uns herumschleppen, dienen oft nicht der Sache. Testen Sie einmal, wie Sie sich verhalten, wenn es wirklich darauf ankommt.

1. Es ist ein Gewitter. Wo fühlen Sie sich jetzt am sichersten?
    *a) zu Hause*     2 Punkte
    *b) nirgendswo*     0 Punkte
    *c) im Wagen*     4 Punkte

2. Können Sie nur schwer einsehen, warum manche Menschen zusammenleben?
    *a) ja*     0 Punkte
    *b) nein*     4 Punkte
    *c) mitunter*     2 Punkte

3. Gefallen Ihnen eigentlich Leute mit Sommersprossen?
    *a) ja, das finde ich lustig*     0 Punkte
    *b) eine solche Frage habe ich mir noch nie gestellt*     4 Punkte
    *c) mir gefällt es bei Frauen, aber nicht bei Männern*     2 Punkte

4. Wie oft stellen Sie sich zur Gewichtskontrolle auf die Waage?
   *a) so gut wie nie*  0 Punkte
   *b) spontan manchmal*  2 Punkte
   *c) regelmäßig*  4 Punkte
5. Könnten Sie sich vorstellen, daß man Sie beim Gericht als Schöffen einsetzt?
   *a) dazu hätte ich nie die Nerven*  0 Punkte
   *b) da hätte ich schon ein merkwürdiges Gefühl*  2 Punkte
   *c) das könnte ich mir durchaus vorstellen*  4 Punkte
6. Besitzen Sie eine Lupe?
   *a) ja*  4 Punkte
   *b) nein*  1 Punkt
7. Finden Sie sich auf Straßen und Landkarten gut zurecht?
   *a) nein, nicht sonderlich*  1 Punkt
   *b) nur wenn ich nicht dabei auch noch selbst fahren muß*  3 Punkte
   *c) natürlich, da habe ich gar keine Schwierigkeiten*  4 Punkte
8. Sehen Sie sich aktuelle Fernsehdebatten an?
   *a) ja, denn das interessiert mich sehr*  4 Punkte
   *b) leider viel zu selten*  3 Punkte
   *c) fast nie*  1 Punkt
9. Finden Sie, daß grundsätzlich jedes Kind für den gleichen Streich auch die gleiche Strafe bekommen sollte?
   *a) selbstverständlich*  1 Punkt
   *b) eigentlich nicht unbedingt, die Kinder sind unterschiedlich*  2 Punkte
   *c) bestimmt nicht, denn man soll erst einmal die Motive für die Tat kennenlernen, ehe man an eine Strafe denken kann*  4 Punkte
10. Ihr Vorgesetzter macht einen argen Fehler, der sich auf die ganze Firma auswirkt. Wie reagieren Sie?
    *a) ich bin froh, daß es nicht mir passiert ist und empfinde auch so etwas wie Schadenfreude*  2 Punkte
    *b) ich sage mir, daß das nicht hätte vorkommen dürfen, denn schließlich ist er der Chef*  1 Punkt
    *c) ich finde einen solchen Fehler menschlich und versuche mitzuhelfen, wie wir alle aus dem Schlamassel wieder herauskommen*  4 Punkte

**0 bis 15 Punkte:**

Gern verlassen Sie sich auf Ihren „sechsten Sinn", da Sie sehr gefühlsbetont sind. Sie haben es daher nicht leicht, die persönlichen Aspekte aus sachlichen Angelegenheiten herauszuhalten. Sie sind leichtgläubig und leicht zu beeinflussen, so daß Sie einen ganzen Sack von Vorurteilen mit sich herumschleppen. Manchmal, wenn Sie sich in eine Sache verrannt haben, beharren Sie so lange auf Ihrem Urteil und Ihrer Meinung, bis Ihnen fast der Vorwurf des Starrsinns gemacht werden kann. Versuchen Sie, künftig einen etwas kühleren Kopf zu bewahren!

**15 bis 25 Punkte:**
Sie reagieren zwar häufig ebenfalls gefühlsbetont und heftig, aber Sie tragen dennoch Ihr Herz nicht ständig auf der Zunge. Vor allen Dingen in solchen Momenten, in denen Sie mit Ihren Äußerungen andere betroffen machen könnten, behalten Sie einen kühlen Kopf und wägen sehr genau ab, ob Sie eine Lippe riskieren oder nicht. Während einer allgemeinen Diskussion können Sie nur dann aus der Haut fahren, wenn bei Ihnen ein wunder Punkt angerührt wird. Dann lassen Sie sich mitunter zu einem Urteil hinreißen, das alles andere als kühl und sachlich ist. Versuchen Sie daher, Reizthemen möglichst aus dem Wege zu gehen! Sie bieten nämlich sonst Ihren Gegnern zu große Angriffsfläche.

**25 bis 40 Punkte:**
Im allgemeinen informieren Sie sich sehr gründlich, ehe Sie ein Urteil abgeben. Dabei ist es ganz egal, ob es sich um eine persönliche Angelegenheit handelt oder um eine geschäftliche. Sie wollen immer erst einen Überblick haben und die Hintergründe und Zusammenhänge kennen, ehe Sie sich zu einer Äußerung hinreißen lassen. Das macht Sie besonnen und wirkt auf Mitarbeiter und Vorgesetzte positiv. Im persönlichen Bereich jedoch hat man auf diese Art und Weise bei Ihnen leicht das Gefühl, Sie seien zurückhaltend, fast ein bißchen kühl. Trotzdem können Sie für Menschen, die sich in Unsachlichkeit verrennen, ein guter Wegweiser sein und Ihnen die Augen öffnen. Aber etwas mehr Herzlichkeit wäre bestimmt ein Plus.

## Nutzen Sie am Arbeitsplatz Ihre weiblichen Waffen?

Nichts kommt bei Männlein und Weiblein, bei Bekannten und Verwandten, bei Freunden und Feinden, bei Vorgesetzten und Mitarbeitern besser und gezielter an als weiblicher Charme. Wer über diese Geheimwaffe verfügt, sollte sie immer wieder einsetzen, denn sie ist treffsicher, wirksam und darüber hinaus auch noch verflixt raffiniert, wenn sie so angelegt wird, daß niemand etwas davon merkt. – Wie sieht das eigentlich bei Ihnen aus? Nutzen Sie Ihren Charme?

1. Finden Sie, daß Frauen Männern Komplimente machen dürfen?
    O *eigentlich nicht*     1 Punkt
    O *vielleicht*     2 Punkte
    O *unbedingt*     3 Punkte

2. Gehören Sie zu jenen Menschen, die lächelnd auch solche Witze und Anekdoten erzählen können, die allgemein als nicht ganz stubenrein oder als Herrenwitze eingestuft werden?
   - ○ ja                                                                2 Punkte
   - ○ nein                                                              4 Punkte
3. Halten Sie sich selbst für einen guten Zuhörer?
   - ○ nein                                                              1 Punkt
   - ○ weiß ich nicht                                                    2 Punkte
   - ○ ja                                                                5 Punkte
4. Sind Sie als Kind Ihrem Vater oft so lange um den Bart gegangen, daß er Ihnen keinen Wunsch abschlagen konnte?
   - ○ nein, das war mir zu primitiv                                     2 Punkte
   - ○ nur in Notfällen                                                  4 Punkte
   - ○ selbstverständlich                                                6 Punkte
5. Können Sie von Herzen lachen, wenn Sie sich über etwas amüsiern?
   - ○ ja                                                                3 Punkte
   - ○ nein                                                              0 Punkte
   - ○ kommt auf die Gesellschaft an                                     1 Punkt
6. Kleiden Sie sich grundsätzlich so, daß Sie glauben, den Männern in Ihrer Umgebung gefallen zu können?
   - ○ Hauptsache, ich fühle mich wohl                                   1 Punkt
   - ○ praktisch muß es sein                                             2 Punkte
   - ○ modisch muß es sein                                               3 Punkte
   - ○ es muß mir stehen                                                 5 Punkte
7. Versuchen Sie manchmal, einen Ärger durch Humor und Heiterkeit aus der Welt zu schaffen?
   - ○ das schafft man doch nicht                                        0 Punkte
   - ○ ja                                                                3 Punkte
8. Haben Sie sich schon wiederholt als Friedensrichterin bewährt, wenn es zwei oder mehrere Kampfhähne in Ihrer unmittelbaren Umgebung gab?
   - ○ kann ich nicht                                                    1 Punkt
   - ○ ja                                                                4 Punkte
   - ○ nein                                                              0 Punkte
9. Finden Sie, daß sich eine Frau unbedingt durchsetzen muß, wenn sie etwas erreichen möchte?
   - ○ natürlich                                                         2 Punkte
   - ○ bestimmt nicht mit Gewalt                                         3 Punkte
   - ○ warum eigentlich? Man muß auch einmal verlieren können            4 Punkte
10. Gehört das Flirten zu Ihren Hobbys?
    - ○ ja                                                               2 Punkte
    - ○ nicht unbedingt                                                  1 Punkt

11. Tanzen Sie gerne?
    - ○ *geht so* — 2 Punkte
    - ○ *eigentlich nicht* — 0 Punkte
    - ○ *oh ja* — 4 Punkte

12. Haben Sie schon einmal vor dem Spiegel geübt, welche Gesten, welches Mienenspiel oder welcher Gesichtsausdruck Ihnen besonders gut steht und genau das vermittelt, was Sie gerade ausdrücken wollen?
    - ○ *schon sehr oft* — 3 Punkte
    - ○ *selten* — 2 Punkte
    - ○ *nein, noch nie* — 1 Punkt

**11 bis 21 Punkte:**

Es ist ein Jammer, Ihre schärfste Waffe wird von Ihnen so gut wie gar nicht genutzt. Sie sind viel zu verkrampft, um heiter durchs Leben zu gehen und wirklich ankommen zu können. Sehen Sie Ihr Dasein nicht allzu eng. Mit etwas mehr Gelassenheit, Humor und vor allem Charme kommen Sie weiter, als wenn Sie nur verbissen auf hochgesteckte Ziele zusteuern.

**33 bis 46 Punkte:**

Sie kommen überall an. Die Menschen reißen sich um Ihre Gesellschaft. Sie sind gern der Mittelpunkt einer jeden Party. Man bewundert und beneidet Sie, weil Sie scheinbar mühelos alle Ziele erreichen. Ihr Geheimrezept ist Ihr Charme, den Sie so clever einsetzen, daß es kaum jemanden gibt, der sich Ihnen entziehen kann. Machen Sie weiter so! Mit dem bißchen Eifersucht der Herrenwelt werden Sie doch spielend fertig.

## Sind Sie zuverlässig?

„Bescheidenheit" - Sie kennen den Spruch - „ist eine Zier, doch weiter kommt man ohne ihr." Nicht viel anders ist es mitunter mit der Zuverlässigkeit. Jene Menschen, die alles haargenau nehmen und nie auch nur die geringste Kleinigkeit vergessen oder übersehen, werden zwar von den Vorgesetzten im allgemeinen äußerst geschätzt, aber auf der privaten Ebene tun sie sich dafür um so schwerer. Ein goldener Mittelweg, der bedeutet, daß die Pflichten zwar ernst genommen werden, aber dennoch nicht aus jeder Fliege einen Elefant gemacht wird, ist natürlich das Ideal. Kommen Sie ihm nahe?

# Sind Sie zuverlässig?

1. Sie haben in einem Hotel übernachtet und merken erst beim Auspacken des Koffers zu Hause, daß Sie den Hotelschlüssel vergessen haben abzugeben. Was tun Sie?
   *a) ich werfe ihn ganz einfach weg. Niemand wird wissen, daß ich ihn besessen habe*
   *b) ich schicke ihn anonym zurück*
   *c) ich schicke ihn mit ein paar freundlichen Zeilen, in denen ich um Entschuldigung bitte, an das Hotel zurück*

2. Können Sie sich vorstellen, daß Sie in Ihrer Begeisterung Versprechungen machen, die Sie erst in der weiteren Zukunft erfüllen können, so daß Sie nicht ganz sicher sein können, ob es überhaupt klappt?
   *a) ganz spontan kann mir das schon passieren*
   *b) nein, so etwas würde ich nie tun*
   *c) das ist schon vorgekommen*

3. Sie hatten entweder ein Haustier in Pflege oder besitzen selbst eins, um das Sie sich kümmern müssen. Wie klappt das?
   *a) man darf so etwas nicht so eng sehen*
   *b) meistens klappt das ganz gut*
   *c) selbstverständlich kümmere ich mich um ein Haustier zuverlässig*

4. Sie kommen von einer wichtigen geschäftlichen Besprechung ins Büro zurück. Was tun Sie?
   *a) ich setzte mich sofort hin und mache mir Notizen*
   *b) ich ordne vor allem im Kopf, was ich gehört habe*
   *c) ich bitte die Sekretärin, mir das Protokoll über die Sitzung zu reichen*
   *d) das ist ganz unterschiedlich. Es kommt darauf an, worum es bei der Besprechung ging*
   *e) ich schreibe mir gar nichts auf, denn wenn mein Wissen gebraucht wird, wird mich schon jemand daran erinnern*

5. Ein Kind bittet Sie, in einem Moment, in dem Sie eigentlich gar keine Zeit haben, um einen Gefallen. Was tun Sie?
   *a) ich verspreche erst einmal alles, um das Kind wieder los zu sein*
   *b) ich denke wenigstens flüchtig darüber nach, ob ich ein solches Versprechen auch später werde halten können*
   *c) ich sage grundsätzlich gar nichts zu, um später keine Enttäuschungen heraufzubeschwören*
   *d) das kommt ganz auf die Situation an*

6. Führen Sie zwei Terminkalender, die nach geschäftlichen und privaten Interessen getrennt sind?
   *a) ich führe überhaupt keinen Terminkalender*
   *b) ich habe nur einen Terminkalender, in dem ich das Geschäftliche und Private gemeinsam notiere*
   *c) ja, ich habe getrennte Terminkalender*

7. Sie sollen für Ihre Firma eine komplizierte Berechnung anstellen, von der eine Menge abhängt. Was tun Sie, wenn Sie diese fertiggestellt haben?
   a) *ich mache sofort eine Gegenprobe, um festzustellen ob ich mich nirgends geirrt habe*
   b) *ich schlafe erst einmal darüber und rechne das Ganze am nächsten Tag noch einmal nach*
   c) *ich fertige Fotokopien der Berechnung an und gebe sie mehreren Kollegen zur Prüfung*
   d) *ich lege das Ganze beiseite und komme vielleicht später einmal wieder darauf zurück*
8. Wie verhalten Sie sich nach einer feuchtfröhlichen Nacht, vorzugsweise nach einer Betriebsfeier, wenn Sie am nächsten Morgen wieder pünktlich im Büro sein müssen?
   a) *nach solchen Nächten komme ich meistens zu spät*
   b) *ich bin nach solchen Anlässen immer ganz besonders pünktlich*
   c) *am liebsten bleibe ich nach einer solchen Nacht im Bett*
   d) *ich mache blau, tue also so, als wäre ich krank gewesen*
9. Sie haben versehentlich während der Fahrt mit Ihrer Zigarette ein Loch in die Autopolster eines Kollegen gebrannt. Wie verhalten Sie sich jetzt?
   a) *ich würde die unliebsame Panne sofort gestehen und Schadenersatz anbieten*
   b) *ich würde so tun, als sei nichts passiert*
   c) *ich würde erst mal in aller Ruhe abwarten, ob es überhaupt bemerkt wird*
   d) *ich würde bis zum Schluß alles leugnen, denn schließlich könnte das Malheur auch jemandem anderen passiert sein*
10. Verhütung ist Ihrer Meinung nach
    a) *ausschließlich Sache der Frau*
    b) *ausschließlich Sache des Mannes*
    c) *Sache beider Partner*
    d) *Angelegenheit des Partners, der zuverlässiger ist*

**Testpunkte**

| Frage | Antwort | | | | |
|---|---|---|---|---|---|
| | a | b | c | d | e |
| 1. | 4 | 3 | 1 | – | – |
| 2. | 4 | 0 | 1 | – | – |
| 3. | 3 | 5 | 6 | – | – |
| 4. | 1 | 2 | 3 | 5 | 6 |
| 5. | 4 | 1 | 2 | 3 | – |
| 6. | 3 | 2 | 0 | – | – |
| 7. | 2 | 3 | 0 | 4 | – |
| 8. | 3 | 1 | 5 | 6 | – |
| 9. | 0 | 4 | 3 | 5 | – |
| 10. | 2 | 1 | 0 | 3 | – |

**8 bis 15 Punkte:**

Ihre Unzuverlässigkeit ist beinahe schon sprichwörtlich, aber drolligerweise wird Ihnen das kaum verübelt. Die meisten Ihrer Mitmenschen halten Sie sogar in Ihrer Zerstreutheit und Vergeßlichkeit für liebenswert. Trotzdem könnte es keineswegs schaden, wenn Sie sich ein bißchen am Riemen reißen und versuchen würden, nicht jeden Termin platzen zu lassen, ein wenig pünktlicher zu sein und die Dinge, die Sie fest zugesagt haben, auch wirklich einzuhalten.

**16 bis 30 Punkte:**

Im Grunde Ihres Herzens wünschen Sie sich nichts mehr, als zuverlässig zu sein. Indes es klappt nicht immer. Das ist auch nicht weiter tragisch, denn einen Supermenschen möchte niemand aus Ihnen machen. Ihr ehrliches Bemühen, sich zu bessern, wird von allen Seiten anerkannt. Man schätzt an Ihnen Ihre liebenswürdige Art und die Zerknirschtheit, mit der Sie sich entschuldigen, wenn Sie irgend etwas vermasselt haben.

**31 bis 46 Punkte:**

Sie sind ein wahrer Ausbund an Zuverlässigkeit. Kein Wunder, daß Sie bei Ihren Vorgesetzten einen Stein im Brett haben. Andererseits: Haben Sie sich schon einmal überlegt, ob Sie nicht auf diese Art und Weise in Bezug auf das Betriebsklima die Preise verderben. Doch keine Bange! So wie Sie an Ihre Arbeit herangehen, Ihren Alltag managen und zu Ihrem Wort stehen, können Sie sich notfalls den Mißmut der Kollegen leisten, denn im Grunde Ihres Herzens wissen Sie, daß man Sie nur um Ihre Akribie beneidet.

## Können Sie Menschen führen?

„Ich muß kein Huhn sein" – so lautet ein verbreiteter Spruch – „um zu wissen, wie ein Ei schmeckt". – Ähnlich ist es mit der psychologisch richtigen Menschenführung. Man muß nicht jeden Handgriff seiner Angestellten mindestens ebenso gut selbst ausführen können, um in der Lage zu sein, gezielte Anweisungen zu geben, andere mitzureißen, für ein gesundes Betriebsklima zu sorgen und eine Truppe auf Vordermann zu bringen. Wie steht es mit Ihrem Fingerspitzengefühl für andere? Können Sie lenken und beeinflussen ohne zu manipulieren? Dieser Test gibt Ihnen die Antwort.

1. Sind Sie der Meinung, daß Sie, wenn Sie andere führen wollen, ein Vorbild geben müssen, was Disziplin und Pünktlichkeit anbelangt?
    a) *der Meinung bin ich hundertprozentig*
    b) *das würde ich nicht unbedingt sagen, denn man kann die Leute auch durch zu viel Disziplin erschrecken und die Kluft zwischen sich selbst und den Angestellten zu groß werden lassen*
    c) *ich würde mich auf alle Fälle darum bemühen*

2. Glauben Sie, daß seelischen Belastungen die Arbeitsleistung eines Menschen entscheidend beeinflussen?
    a) *nein, das ist meistens nur eine faule Ausrede*
    b) *die seelischen Komponenten werden heute viel zu sehr hochgespielt*
    c) *die Psyche kann gar nicht genug berücksichtigt werden*

3. In Ihrer Firma oder Ihrem Privathaus passiert ein Wasserbruch oder eine andere akute Krise. Wie verhalten Sie sich?
    a) *ich gebe Anleitungen und sorge für Ruhe*
    b) *ich krempele mir selbst die Hemdärmel hoch und packe kräftig mit an*
    c) *ich kümmere mich darum, daß der Schaden rechtzeitig der Versicherung gemeldet wird*
    d) *ich halte mich möglichst aus dem ganzen Chaos heraus*

4. Absolute Disziplin am Arbeitsplatz ist Ihrer Meinung nach
    a) *überflüssig*
    b) *unerläßlich*
    c) *mitunter ratsam*

5. Sie sind der Meinung, daß Sie als Vorgesetzter Ihr Privatleben
    a) *mit den Angestellten möglichst teilen sollen und zum Kumpel werden müßten*
    b) *strikt vom Geschäftlichen trennen sollten*
    c) *hin und wieder auch mit dem Geschäftlichen verquicken sollten, weil das von der jeweiligen Situation abhängt*

6. Sie wollen Ihre Firma erweitern. Wie verhalten Sie sich?
    a) *ich werde erst einmal in aller Ruhe das Konzept für mich allein ausarbeiten*
    b) *ich werde meine Pläne mit der Geschäftsleitung diskutieren*
    c) *ich werde meine Absichten mit möglichst allen Angestellten besprechen*
    d) *ich werde alles mit dem Betriebsrat erörtern*

7. Jemand in Ihrer unmittelbaren Umgebung hat beruflich wiederholt versagt. Was tun Sie jetzt?
    a) *ich werde demjenigen ins Gewissen reden*
    b) *ich werde ihn kräftig zusammenstauchen*
    c) *ich werde mit einem Rausschmiß drohen*
    d) *ich werde ihm neuen Mut machen*
    e) *ich werde versuchen, die Gründe für sein Versagen herauszufinden*

8. Sie sind gezwungen, eine unpopuläre Entscheidung zu verkünden. Sei es nun, daß es um das nicht mehr ausgezahlte Weihnachtsgeld oder um die leider notwendig gewordene Kurzarbeit geht. Wie verhalten Sie sich?
   *a) ich werde an das Verständnis der Betroffenen appellieren*
   *b) ich werde die Gründe für diese Entscheidung darlegen*
   *c) ich werde das, was geplant ist, kurz und bündig mitteilen, weil sich daran ohnehin nichts mehr ändern läßt*
   *d) ich werde die Zukunftspläne so geschickt verpacken, daß zunächst keiner genau weiß, was wirklich auf ihn zukommt*
9. In Ihrem Hause soll ein Fußballteam gegründet werden. Sie sind auch mit von der Partie.
   *a) ich werde als Trainer eingesetzt*
   *b) ich spiele den Libero*
   *c) ich möchte Stürmer sein*
   *d) ich werde im Tor stehen*
   *e) ich werde das Spiel nüchtern beobachten und anschließend Ratschläge geben*
10. Sie haben einen Fehler gemacht, der sich jedoch leicht vertuschen läßt.
    *a) also vertusche ich ihn doch*
    *b) ich werde ihn ungeniert eingestehen, denn so etwas ist menschlich*
    *c) ich werde erst einmal abwarten, ob er überhaupt auffällt*
    *d) ich werde den Fehler ausbügeln und ihn erst dann erörtern*

**Testpunkte**

Frage      Antwort

| | a | b | c | d | e |
|---|---|---|---|---|---|
| 1. | 3 | 2 | 4 | - | - |
| 2. | 5 | 4 | 1 | - | - |
| 3. | 3 | 2 | 1 | 0 | - |
| 4. | 1 | 3 | 2 | - | - |
| 5. | 2 | 3 | 4 | - | - |
| 6. | 1 | 3 | 2 | 4 | - |
| 7. | 2 | 1 | 0 | 3 | 4 |
| 8. | 3 | 4 | 2 | 1 | - |
| 9. | 5 | 3 | 1 | 2 | 4 |
| 10. | 1 | 3 | 2 | 4 | - |

**10 bis 20 Punkte:**

Wahrscheinlich ist es Ihnen längst bekannt, daß Sie viel zu hemdsärmelig und zu kumpelhaft sind, um Menschen in jeder Situation führen zu können. Aber das ist andererseits der Grund, warum Sie so beliebt sind. Sie mischen überall mit, haben sozusagen den Finger am Puls des Volkes, packen auch einmal selbst mit an und lassen nie eine Kluft zwischen sich und anderen entstehen. Aber: Wenn Sie hin und wieder ein bißchen weniger polternd wären, könnten Sie andere geschickter beeinflussen.

**21 bis 30 Punkte:**

Im Umgang mit anderen verhalten Sie sich recht geschickt. Sie wissen Ihre Meinung zu vertreten, können überzeugen und durch Ihre Begeisterungsfähigkeit andere mitreißen. Manchmal allerdings setzen Sie sich auf ein zu hohes Roß. Das führt zu Kontaktschwierigkeiten und Kommunikationssperren. Geben Sie sich etwas volkstümlicher! Es würde Ihnen gut bekommen.

**31 bis 40 Punkte:**

Ihr psychologisches Geschick beim Führen von Menschen ist bewundernswert. Sie können sich einfühlen, bringen Verständnis auf für Sorgen und Nöte anderer, können überzeugen und überreden und geben vor allen Dingen in beinahe allen Lagen ein gutes Beispiel. Es wäre allerdings nicht von Nachteil, wenn Sie hin und wieder ein paar menschliche Schwächen zeigen würden, denn nicht jedem, der mit Ihnen umgeht, ist Ihr Perfektionismus angenehm.

## Können Sie eine eigene Meinung vertreten:

Passiert es Ihnen manchmal, daß Sie von einer Sache hundertprozentig überzeugt sind und sich gar nicht vorstellen können, daß es Leute geben soll, die nicht Ihrer Meinung sind? Und müssen Sie dann erleben, daß Sie sich gräßlich getäuscht haben, daß Sie Ihre Meinung einfach nicht vertreten konnten? Wie gut sind Sie wirklich, wenn es darum geht, andere zu überzeugen?

1. Setzen Sie sich meistens durch, wenn es darum geht, das Fernsehprogramm zu bestimmen?
    - ○ *zum Glück ja*     2 Punkte
    - ○ *nein, meistens tut das mein Partner*     1 Punkt
    - ○ *das kommt ganz darauf an, wie wichtig mir das Ganze ist*     4 Punkte

2. Wenn Sie von Ihren Kindern etwas wollen, geht das meistens ohne laute Worte?
    - ○ *nein, leider nicht*     0 Punkte
    - ○ *ja*     3 Punkte

3. Benutzen Sie beim Sprechen Ihre Hände
    - ○ *weiß ich nicht* — 2 Punkte
    - ○ *ja, sehr lebhaft* — 1 Punkt
    - ○ *kaum* — 4 Punkte
4. Macht es Ihnen etwas aus, vor mehreren Menschen zu stehen und eine Art Rede zu halten?
    - ○ *nein, das macht mir sogar Spaß* — 4 Punkte
    - ○ *könnte ich nie* — 1 Punkt
    - ○ *ich habe es noch nie versucht* — 2 Punkte
5. Geben Sie häufig bei einer Auseinandersetzung aus Vernunftsgründen nach, und weil Sie keine Lust haben, sich noch länger mit einem anderen Menschen auseinanderzusetzen?
    - ○ *ist mir noch nie passiert* — 3 Punkte
    - ○ *ja, durchaus* — 0 Punkte
    - ○ *nur wenn ich müde bin* — 1 Punkt
06. Gehören Sie einer Partei an?
    - ○ *ja* — 3 Punkte
    - ○ *nein* — 1 Punkt
7. Haben Sie einen verantwortungsvollen Beruf?
    - ○ *nein* — 2 Punkte
    - ○ *ja* — 3 Punkte
8. Engagieren Sie sich für Umweltschutz?
    - ○ *ja* — 4 Punkte
    - ○ *nein* — 2 Punkte
9. Macht es Ihnen Freude, größere Partys oder andere Unternehmungen zu organisieren?
    - ○ *eigentlich nicht* — 0 Punkte
    - ○ *ja sehr* — 3 Punkte
10. Legen Sie sich notfalls auch mit Ihrem Vorgesetzten an, wenn Sie überzeugt sind, daß er sich irrt?
    - ○ *natürlich* — 4 Punkte
    - ○ *bringt ja doch nichts* — 1 Punkt
    - ○ *nur wenn es sein muß* — 1 Punkte
11. Hört man Ihnen im allgemeinen aufmerksam zu, wenn Sie etwas sagen wollen?
    - ○ *ist unterschiedlich* — 2 Punkte
    - ○ *ja, meistens* — 5 Punkte
    - ○ *nur selten* — 1 Punkt
12. Sind Sie grundsätzlich selbst überzeugt, von dem, was Sie behaupten?
    - ○ *im allgemeinen ja* — 2 Punkte
    - ○ *selbstverständlich* — 4 Punkte
    - ○ *nur selten* — 0 Punkte

## 10 bis 22 Punkte:

Sie treten viel zu bescheiden auf. Kein Wunder, daß man Ihnen nur wenig Gehör schenkt und Ihre Meinung kaum beachtet. Seien Sie energischer! Es lohnt sich, denn Sie kommen damit besser an!

## 23 bis 33 Punkte:

Wenn Sie von einer Sache wirklich überzeugt sind, können Sie sich auch verkaufen. Aber wehe, Sie glauben selbst nicht so recht daran. Dann verlieren Sie sofort an Glaubwürdigkeit. Und Sie wissen ja: Wer einmal lügt ... Es ist also besser, nur solche Dinge zu behaupten und zu vertreten, hinter denen Sie wirklich stehen.

## 34 bis 44 Punkte:

Sie hätten Politiker werden sollen. Was Sie sagen, hat bei den anderen sofort Gewicht. Versuchen sie, aus dieser Fähigkeit beruflichen Nutzen zu schlagen! Beispielsweise durch Öffentlichkeitsarbeit. Und lassen Sie sich auch weiterhin durch niemanden aus dem Konzept bringen!

## Sind Sie ein guter Menschenkenner?

Es gibt Leute, die lesen in den Gesichtern, Gesten und dem Gehabe anderer Menschen wie in einem offenen Buch. Sie stufen die anderen grundsätzlich richtig ein und irren selten. Wie gut ist es um Ihre eigene Menschenkenntnis bestellt?

1. Könnten Sie mit einem Menschen liiert sein, der äußerlich gar nicht Ihr Typ ist?
    *a) ja*     4 Punkte
    *b) bestimmt nicht*     0 Punkte
    *c) es wäre möglich*     2 Punkte
2. Gehört das Schauspiel zu Ihrem Hobbys oder interessieren Sie sich zumindest dafür?
    *a) sehr*     4 Punkte
    *b) nicht sonderlich*     2 Punkte
    *c) nein, das läßt mich kalt*     0 Punkte
3. Hatten Sie schon als Kind Ideale und Vorbilder?
    *a) Ja, sehr viele*     5 Punkte
    *b) wenige*     3 Punkte
    *c) keine*     1 Punkt

4. Sie sollen einen Menschen nur nach Äußerlichkeiten beurteilen. Worauf achten Sie besonders?
   a) auf die Frisur     1 Punkt
   b) auf den Gang     2 Punkte
   c) auf die Sprechweise     3 Punkte
   d) auf das Gesicht     4 Punkte
   e) auf das Gehalt     0 Punkte

5. Man erlaubt Ihnen einen Zirkusbesuch, gestattet Ihnen aber nur das Betrachten einiger Nummern. Für welche würden Sie sich entscheiden?
   a) für die Tierdressuren     1 Punkt
   b) für die Akrobatik     2 Punkte
   c) für die Clowns     4 Punkte

6. Was ist Ihrer Meinung nach am übertriebenen Fernsehen so gefährlich?
   a) man wird unkritisch     2 Punkte
   b) es gibt Streit wegen des Programms     0 Punkte
   c) die eigenen Hobbys werden vernachlässigt     3 Punkte
   d) die Kommunikation und der Kontakt zu den Mitmenschen werden weniger     4 Punkte

7. Kennen Sie viele Menschen, die zu Ihnen kommen, um Ihnen ihren Kummer mitzuteilen?
   a) ja, sehr viele     4 Punkte
   b) nur wenige     2 Punkte
   c) niemand     0 Punkte

8. Könnten Sie sich vorstellen, Menschen zu führen und Boß zu sein?
   a) natürlich     5 Punkte
   b) nein, das kann ich mir nicht vorstellen     1 Punkt
   c) ich würde es zumindest versuchen     3 Punkte

9. Angenommen, Sie hätten eineiige Zwillinge. Würden Sie die beiden gleich kleiden und behandeln?
   a) natürlich, denn das ist doch süß     1 Punkt
   b) das würde ich nicht tun     3 Punkte
   c) ich würde das den Kindern selbst überlassen     4 Punkte

10. Wenn Sie Fahndungsfotos ansehen, sind Sie dann der Meinung:
    a) das Verbrechen sieht man diesen Menschen nicht an. Sie sind Leute wie Du und ich     4 Punkte
    b) manchmal verrät der Gesichtsausdruck schon eine Menge über die innere Einstellung eines Menschen     3 Punkte
    c) natürlich handelt es sich hier um einen Täter. Das sieht man doch auf den ersten Blick     1 Punkt

**Bis zu 10 Punkten:**

Sie kümmern sich auffallend wenig um Ihre Mitmenschen. Dadurch ist es kein Wunder, daß Sie diese auch nicht sonderlich gut kennen. Selbst wenn Sie von anderen hin und wieder enttäuscht wurden, sollten Sie sich nicht ganz in ein Schneckenhaus zurückziehen. Allerdings ist es nicht schlecht, daß Sie im Umgang mit Fremden eine gewisse Vorsicht und Distanz wahren. Trotzdem ist Ihr angeborenes Mißtrauen manchmal eine Spur zu groß.

**11 bis 23 Punkte:**

Gegen Ihre Menschenkenntnis ist nichts einzuwenden. Ihre zahlreichen Begegnungen geben Ihnen die Chance, Menschen recht genau zu beurteilen. Die Summe Ihrer schlechten Erfahrungen hat Sie geschult und ein wenig vorsichtig gemacht, aber das ist nicht unbedingt ein Nachteil. Auf diese Art und Weise sind Sie davor geschützt, sich zu schnell für einen Menschen zu begeistern, den Sie erst flüchtig kennen.

**24 bis 34 Punkte:**

Sie haben eine angeborene Begabung, anderen Menschen ins Herz zu sehen und sie richtig einzustufen. Rein gefühlsmäßig ordnen Sie sie dort ein, wo Sie hingehören. Allerdings haben auch Sie Ihre schlechten Erfahrungen gemacht und dadurch Ihre Menschenkenntnis noch steigern können. Sie haben ein ausgezeichnetes Einfühlungsvermögen, und es ist daher nicht verwunderlich, daß viele Menschen Ihren Rat suchen und gerne mit Ihnen zusammen sind. Fällen Sie trotzdem nicht vorschnell ein Urteil über andere!

**35 Punkte und mehr:**

Als überdurchschnittlich muß Ihre Menschenkenntnis beurteilt werden. Sie können sich ein sicheres Urteil über andere erlauben. Trotzdem sollten Sie ein bißchen vorsichtig sein, daß Sie sich aus dieser Fähigkeit heraus nicht zu bestimmt an die Einstufung anderer heranwagen. Schließlich können auch Sie sich einmal irren. Außerdem sollten Sie dabei mehr den Verstand als das Gefühl einschalten. Die Sachlichkeit ist ohnehin nicht so ganz Ihre Stärke. Sie verlassen sich am liebsten auf Ihre Intuition, haben jedoch das Glück, damit bisher recht gut gefahren zu sein.

## Haben Sie gesundes Mißtrauen?

Ist Ihnen alles suspekt? Glauben Sie ständig, daß jemand Sie hereinlegen oder übers Ohr hauen möchte? Werden Sie hellhörig, wenn jemand Ihnen gegenüber zu freundlich und zu entgegenkommend ist? Oder sind Sie ein Mensch, dessen Mißtrauen sich in Grenzen hält? Hier erfahren Sie die Wahrheit.

1. Glauben Sie, daß die meisten Menschen – vor allen Dingen Ihre Freunde und Kollegen – über Sie sprechen, wenn Sie nicht dabei sind?
   *a) ja*   4 Punkte
   *b) nein*   2 Punkte
2. Es passiert Ihnen, daß Sie gerade aus dem Haus gehen wollen, als plötzlich Handwerker kommen, die eine Kleinigkeit zu reparieren haben. Gehen Sie trotzdem weg und lassen die Handwerker alleine im Haus?
   *a) ja*   2 Punkte
   *b) nein*   4 Punkte
3. Haben Sie ein ungutes Gefühl, wenn Ihre Mitmenschen plötzlich ganz besonders nett zu Ihnen sind?
   *a) ja*   4 Punkte
   *b) nein*   2 Punkte
4. Gehören Sie zu jenen Menschen, die sehr lange brauchen, bis Sie sich anderen anvertrauen und glauben, eine Freundschaft eingehen zu können?
   *a) ja*   4 Punkte
   *b) nein*   2 Punkte
5. Werden Sie manchmal von dem Gedanken geplagt, daß Ihre Mitmenschen Sie nicht sonderlich leiden können?
   *a) ja*   4 Punkte
   *b) nein*   2 Punkte
6. Finden Sie, daß man seine Angestellten grundsätzlich überwachen muß, damit sie die Arbeit auch wirklich vernünftig machen?
   *a) ja*   4 Punkte
   *b) nein*   2 Punkte
7. Würden Sie als Frau grundsätzlich lieber mit Männern arbeiten, weil es unter Frauen so leicht zu beruflichen Reibereien kommt?
   *a) ja*   4 Punkte
   *b) nein*   2 Punkte
8. Gehören Sie zu jenen Menschen, die rasch beleidigt sind?
   *a) ja*   4 Punkte
   *b) nein*   2 Punkte
9. Zweifeln Sie recht häufig an Ihren Fähigkeiten, vor allen Dingen dann, wenn Sie lange keine Komplimente gehört haben?
   *a) ja*   4 Punkte
   *b) nein*   2 Punkte

10. Können Sie, ohne erst zu reflektieren und das Für und Wider abzuwägen, spontan eine Einladung annehmen oder eine Zusage machen?
    *a) ja*  2 Punkte
    *b) nein*  4 Punkte
11. Können Sie ohne große Hintergedanken den finanziellen Rat anderer befolgen?
    *a) ja*  2 Punkte
    *b) nein*  4 Punkte
12. Glauben Sie bedingungslos an die Treue Ihres Partners beziehungsweise Ihrer Partnerin
    *a) ja*  4 Punkte
    *b) nein*  2 Punkte
13. Würden Sie hellhörig, wenn Ihr Partner rasch den Telefonhörer auflegt, weil Sie das Zimmer betreten?
    *a) ja*  4 Punkte
    *b) nein*  2 Punkte
14. Ist Ihnen das Post- und Bankgeheimnis wichtig?
    *a) ja*  4 Punkte
    *b) nein*  2 Punkte
15. Lesen Sie das Kleingedruckte eines Vertrages immer ganz genau?
    *a) ja*  4 Punkte
    *b) nein*  2 Punkte

**30 bis 45 Punkte:**

Manchmal sind Sie geradezu leichtsinnig. Ohne großartig zu überlegen, unterschreiben Sie blind alles, was man Ihnen vorlegt. Sie gehen grundsätzlich vom Guten im Menschen aus und machen sich keine Gedanken darüber, ob jemand Sie ausnützen will. Seien Sie in Zukunft etwas vorsichtiger, denn Ihre Gutgläubigkeit hat Ihnen – wenn Sie einmal ganz ehrlich sind – wahrscheinlich schon so manche Schlappe eingetragen!

**46 bis 60 Punkte:**

Sie sind ein Mensch, mit dem andere gut auskommen. Wenn Sie das Gefühl haben müssen, daß hinter Ihrem Rücken etwas im Gange ist, das gegen Sie gerichtet ist, spüren Sie das sofort und handeln dementsprechend. Hereinlegen lassen Sie sich nicht so leicht. Auf der anderen Seite können Sie aber auch ganz spontan einem Menschen Vertrauen entgegenbringen, nur weil Sie das Gefühl haben, sein Gesicht gefiele Ihnen oder er sei ein Typ, der niemandem etwas zu leide tun kann. Auf diese Art und Weise wirken Sie nach außen hin sehr offen und sehr sympathisch. Die gelegentlichen Enttäuschungen, die Sie im Umgang mit Ihren Mitmenschen einstecken müssen, können Sie verkraften.

**61 bis 70 Punkte:**

Ihr Mißtrauen in Ehren, aber glauben Sie nicht manchmal, daß Sie ein wenig übertreiben? Hinter allem vermuten Sie gleich etwas Böses. Sie gehen davon aus, daß sich die ganze Welt gegen Sie verschworen hat. Ihr eigenes Selbstwertgefühl ist gering, weil Sie an Ihren Fähigkeiten und Talenten zweifeln und Komplimente, die man Ihnen macht, doch nur als Schmeichelei abtun, ohne sie zu glauben. Etwas mehr Vertrauen, nicht nur in sich selbst, sondern auch an Ihre Mitmenschen, würde Ihnen gut tun. Ihr Argwohn – das hat sich bestimmt schon oft bestätigt – hat sich schon so manches Mal als unbegründet erwiesen.

# Teil VI
# Sie und Ihre Gesundheit

## Stehen Sie zu sehr unter Streß?

1. Ihr täglicher Job ist Ihrer Meinung nach
   - ○ *angemessen* — 3 Punkte
   - ○ *zu anstrengend* — 5 Punkte
   - ○ *„mit links" zu schaffen* — 0 Punkte
2. Wenn Sie Urlaub machen, dann
   - ○ *mehrmals jährlich einige Tage* — 3 Punkte
   - ○ *zwei Wochen an einem Stück* — 2 Punkte
   - ○ *drei Wochen an einem Stück* — 0 Punkte
3. Sie schlafen
   - ○ *sehr unruhig* — 4 Punkte
   - ○ *meistens zu wenig* — 3 Punkte
   - ○ *gut und fest* — 1 Punkt
4. Ihr Blutdruck ist
   - ○ *normal* — 1 Punkt
   - ○ *zu hoch* — 4 Punkte
   - ○ *zu niedrig* — 3 Punkte
5. Nach einem langen und anstrengenden Tag haben Sie
   - ○ *manchmal Kopfschmerzen* — 2 Punkte
   - ○ *nie Kopfschmerzen* — 0 Punkte
   - ○ *sehr oft Kopfschmerzen* — 4 Punkte
6. Sie bezeichnen sich selbst als einen
   - ○ *ausgeglichenen Typ* — 1 Punkt
   - ○ *nervösen Typ* — 3 Punkte
   - ○ *wechselhaften Typ* — 2 Punkte
7. Sind bei Ihnen bereits einige Male typische Leiden und Beschwerden diagnostiziert worden, für die keine stichhaltige medizinische Erklärung gefunden werden konnte?
   - ○ *nein* — 0 Punkte
   - ○ *ja* — 5 Punkte
8. Wenn Sie abends nach Hause kommen, dann
   - ○ *ruhen Sie sich aus* — 3 Punkte
   - ○ *stürzen sich in irgendein Feierabendvergnügen* — 2 Punkte
   - ○ *gehen Sie sofort zu Bett* — 4 Punkte
9. Nach einer Erkältung oder anderen Krankheiten erholen Sie sich
   - ○ *meistens rasch* — 1 Punkt
   - ○ *normal schnell* — 3 Punkte
   - ○ *nur sehr zögernd* — 5 Punkte
10. Sie betreiben Ausgleichssport oder Gymnastik
    - ○ *sehr selten* — 4 Punkte
    - ○ *hin und wieder* — 3 Punkte
    - ○ *regelmäßig* — 0 Punkte

11. Müssen Sie sich gleichzeitig um einen Beruf und um einen Haushalt kümmern?
   - ○ *ja* — 4 Punkte
   - ○ *nein, nur eins von beiden* — 2 Punkte
12. Finden Sie, daß Sie die so wichtige Kunst des Entspannens beherrschen?
   - ○ *ja, absolut* — 1 Punkt
   - ○ *manchmal ja* — 3 Punkte
   - ○ *eigentlich nicht* — 5 Punkte

**Auflösung:**

**Zu Frage 1:**

Beruflicher Streß, so gefährlich, weil so anhaltend und regelmäßig, ist die häufigste Voraussetzung für Managerkrankheiten.

**Zu Frage 2:**

Ärzte haben festgestellt, daß der Körper mindestens drei zusammenhängende Wochen braucht, um sich zu regenerieren und damit richtig zu erholen.

**Zu Frage 3:**

Anhaltende Schlafstörungen sind nicht selten die Antwort auf Streßsituationen wie Angst, Leistungsdruck und Überforderung.

**Zu Frage 4:**

Ein zu hoher Blutdruck ist eine alarmierend häufige Begleiterscheinung von ständiger Überbelastung. Der Mechanismus ist dabei folgendermaßen: Bei Aufregung steigt der Blutdruck, und der Organismus gerät in einen Zustand erhöhter Spannung, Erregung und Reizempfindlichkeit. Besteht dieser Spannungszustand aber ständig, dann kann es zu einer Fixierung des Bluthochdruckes kommen.

**Zu Frage 5:**

Unmotiviert, auftretende Kopfschmerzen sind fast immer ein körperliches Zeichen für Überbelastung und Streß.

**Zu Frage 6:**

Nachweislich sind manche Menschen streßempfänglicher als andere. Wenn Sie zu den von Natur aus leicht erregbaren Typen gehören, sollten Sie sich verstärkt gegen Streß schützen. Er schadet Ihnen nämlich eher.

**Zu Frage 7:**

Wenn Sie regelmäßig unter psychomatischen Krankheiten leiden, die mit großer Wahrscheinlichkeit eine Reaktion des Körpers auf Dauerstreß ist, dann besteht eine geeignete Therapie darin, daß Sie – notfalls durch einen Berufswechsel – versuchen, Belastungen, die über Ihre Kräfte gehen, zu vermeiden.

**Zu Frage 8:**

Wer sofort nach der Arbeit ins Bett geht und keinen richtigen Feierabend hat, schont sich nicht etwa besonders gründlich, sondern unterstützt sogar Streßschäden. Freizeit ist nämlich eine Anti-Streß-Devise.

**Zu Frage 9:**

Zu häufige Belastungssituationen führen oft dazu, daß die allgemeine Widerstands- und Genesungskraft des Körpers geringer wird. Es dauert also länger, bis man nach einer Krankheit wieder gesund ist.

**Zu Frage 10:**

Turnen Sie sich den Streß weg! Nichts hilft besser als regelmäßiger Sport, um mit der Altagsbelastung fertig zu werden.

**Zu Frage 11:**

Die großen Versicherungsgesellschaften haben festgestellt, daß sich die durchschnittliche Lebenserwartung um fünf Jahre verkürzt, wenn eine Frau lange mit der Doppelbelastung Beruf und Haushalt fertig werden muß.

**Zu Frage 12:**

Richtig entspannen kann man lernen. Lernen Sie es, falls Sie es noch nicht können. Sie haben damit ein ausgezeichnetes Mittel gegen den Streß in der Hand.

**Punkte:**

**9 bis 22 Punkte:**

Sie gehören zu jenen beneidenswerten Menschen, die auch dann noch eine ruhige und damit gesunde Kugel schieben können, wenn es um Sie herum hektisch zugeht. Machen Sie getrost so weiter. Wer sich nicht aus der Ruhe bringen läßt, tut seinem Organismus den allergrößten Gefallen.

**23 bis 36 Punkte:**

Für Sie ist der Urlaub immer ganz besonders wichtig, weil Sie sich dann gründlich von den Belastungen des Alltags erholen. Sie sind andererseits aber auch ein Mensch, der eine gewisse Portion Trubel, Aufregung und Anspannung braucht, um gut über die Runden zu kommen. Aber seien Sie auf der Hut! Noch mehr, als Sie bereits um die Ohren haben, sollten Sie sich nicht mehr zumuten. Sonst spielt der Körper nämlich nicht mehr mit.

**37 bis 50 Punkte:**

Höchstwahrscheinlich fühlen Sie sich ständig erschöpft, überlastet und irgendwie kaputt. Kein Wunder! Sie stehen ja auch unter ständiger Anspannung und schaffen es nicht, wenigstens vorübergehend den Streß hinter sich zu lassen. Klar, vom Typ her neigen Sie dazu, die Dinge immer ein wenig aufregender zu sehen, als sie wirklich sind. Aber trotzdem kann und darf es so nicht weitergehen! Lassen Sie sich von einem Arzt oder Therapeuten die Kunst des Entspannens zeigen. Mit Beruhigungstabletten tun Sie sich keinen guten Dienst!

# Wie schonend gehen Sie mit Ihrem Magen um?

1. Wenn Sie seelischen Kummer haben,
   - ○ *sprechen Sie offen darüber* — 1 Punkt
   - ○ *deuten Sie das wenigstens an* — 3 Punkte
   - ○ *fressen Sie alles in sich hinein* — 5 Punkte
2. Wenn Sie in einem Restaurant essen, dann probieren Sie am liebsten
   - ○ *exotische, neue Gerichte* — 4 Punkte
   - ○ *schonende Speisen* — 0 Punkte
   - ○ *bekannte Hausmannskost* — 3 Punkte
3. Sie rauchen und trinken?
   - ○ *ich rauche* — 3 Punkte
   - ○ *ich trinke* — 2 Punkte
   - ○ *ich tue beides* — 6 Punkte
   - ○ *ich tue nichts von beidem* — 0 Punkte
4. Fühlen Sie sich, auch wenn Sie das normalerweise nicht zugeben, oft unerfüllt und unglücklich?
   - ○ *nein* — 1 Punkt
   - ○ *ja* — 4 Punkte
5. Treten bei Ihnen, wenn Sie lange nichts gegessen haben, häufiger Schmerzen im Oberbauch auf?
   - ○ *nur selten* — 2 Punkte
   - ○ *nie* — 0 Punkte
   - ○ *häufig* — 5 Punkte

6. Oder kennen Sie es eher, daß nach oder schon während einer Mahlzeit Schmerzen auftreten?
   - ○ kommt vor — 2 Punkte
   - ○ kommt nicht vor — 0 Punkte
   - ○ kommt oft vor — 5 Punkte
7. Welchen Geschlechts sind Sie?
   - ○ weiblich — 2 Punkte
   - ○ männlich — 4 Punkte
8. Haben Sie nach dem Essen oft Sodbrennen, oder müssen Sie aufstoßen?
   - ○ Sodbrennen ja — 3 Punkte
   - ○ Aufstoßen ja — 2 Punkte
   - ○ beides — 5 Punkte
   - ○ beides nicht — 0 Punkte
9. Bekleiden Sie eine berufliche Spitzenposition mit viel Verantwortung?
   - ○ nein — 1 Punkt
   - ○ ja — 4 Punkte
10. wie nehmen Sie Ihre Mahlzeiten zu sich?
    - ○ in Eile — 5 Punkte
    - ○ in aller Ruhe — 0 Punkte
    - ○ normal — 3 Punkte
11. Wieviel Mahlzeiten essen Sie pro Tag?
    - ○ drei — 4 Punkte
    - ○ vier — 3 Punkte
    - ○ fünf oder mehr — 1 Punkt
12. Wie alt sind Sie?
    - ○ zwischen 15 und 25 — 1 Punkt
    - ○ zwischen 26 und 36 — 3 Punkte
    - ○ zwischen 37 und 50 — 6 Punkte

**Auflösungen:**

**Zu Frage 1:**

Kummer schlägt tatsächlich auf den Magen, und vor allem dann, wenn er in sich hineingefressen wird. Sprechen Sie sich Ihre Sorgen lieber von der Seele.

**Zu Frage 2:**

Fast immer reagiert unser Magen „sauer", wenn wir ihm exotische, uns ungewohnte Speisen zumuten, die üblicherweise sehr stark gewürzt sind.

**Zu Frage 3:**

Regelmäßiger Alkoholgenuß sowie starkes Rauchen sind die besten Voraussetzungen für eine permanente Schleimhautentzündung, die sich leicht bis zum Geschwür steigern kann.

**Zu Frage 4:**

Seelische Tiefs können vor allem dann leicht zu Magenbeschwerden führen, wenn sie über längere Zeit anhalten.

**Zu Frage 5:**

Der sogenannte „Nüchternschmerz" ist ein ziemlich sicheres Zeichen dafür, daß sich bereits ein Zwölffingerdarmgeschwür gebildet hat.

**Zu Frage 6:**

Schmerzen während des Essen dagegen signalisieren Magengeschwüre.

**Zu Frage 7:**

Erwiesenermaßen leiden Männer rund viermal häufiger unter Magenschmerzen vornehmlich Geschwüre, als Frauen, allerdings wurde während der letzten zwei Jahrzehnte – mit zunehmender Berufstätigkeit der Frau – festgestellt, daß sich dieses Verhältnis mehr und mehr zu Ungunsten der Frauen verschlechtert.

**Zu Frage 8:**

diese beiden Erscheinungsformen rechtfertigen einen sofortigen Besuch bei einem Arzt, denn sie deuten ernstzunehmende Magenschäden an.

**Zu Frage 9:**

Da vor allem Menschen, die eine Spitzenposition einnehmen, häufig unter Magenerkrankungen leiden, spricht man im Zusammenhang mit diesen Erkrankungen auch von „Managerkrankheiten".

**Zu Frage 10:**

Wer in Ruhe ißt, verdaut gründlicher und besser und beugt damit Magenreizungen vor.

# Wie schonend gehen Sie mit Ihrem Magen um?

**Zu Frage 11:**

Wenn Sie häufiger kleinere Portionen essen, desto dankbarer ist nicht nur Ihr Magen, sondern auch Ihre Linie.

**Zu Frage 12:**

Untersuchungen haben ergeben, daß vor allem die Altersgruppen zwischen dem dritten und fünften Lebensjahrzehnt anfällig ist für Magenerkrankungen.

**Punkte:**

**7 bis 20 Punkte:**

Es spricht nichts dafür, daß Sie in nächster Zeit unter einer selbstverschuldeten Magenerkrankung leiden könnten. Dabei sind bakteriell bedingte Erkrankungen natürlich ausgeschlossen. Sie ernähren sich vernünftig und scheinen zu jenen Menschen zu gehören, die sich nicht sofort aus der Ruhe bringen lassen, wenn irgendetwas schiefgelaufen ist. Versuchen Sie, sich diese ruhige Ader zu bewahren! Ihr Magen wird es Ihnen danken.

**21 bis 35 Punkte**

Daß Ihr Magen Ihnen hin und wieder Beschwerden macht, wissen Sie selbst am besten. Und wahrscheinlich wissen Sie auch, welche Alltagssünden zum Teil dafür verantwortlich sind. Machen Sie sich klar, daß aus zunächst harmlosen Reizungen der Magenschleimhaut ernstzunehmende Geschwüre und andere Krankheiten werden können. Seien Sie liebevoller mit Ihrem Magen! Es kommt Ihrem allgemeinen Wohlbefinden und Ihrem Aussehen zugute. Und schieben Sie den nächsten Besuch beim Arzt nicht wieder auf die lange Bank!

**36 bis 57 Punkte:**

Es dürfte Ihnen bekannt sein, daß Sie zu jenen Menschen gehören, denen immer gleich alles auf den Magen schlägt. Aber wissen Sie auch, daß Sie daran selbst schuld sind, bis zu einem gewissen Grade wenigstens? Sie bilden sich immer ein, einen „Roßmagen" zu haben, und dabei gibt es so etwas gar nicht! Gehen Sie unverzüglich zum Arzt! Lassen Sie sich gründlich untersuchen! Und halten Sie sich dann an die Diät- und Verhaltens-Vorschriften, die er Ihnen gibt. Auf Dauer spielt Ihr Magen nämlich nicht mehr mit!

## Fühlen Sie sich noch wohl in Ihrer Haut?

1. Wie ernähren Sie sich?
   - ○ *gesundheitsbewußt, nämlich fettarm und eiweißreich*     1 Punkt
   - ○ *je nach Appetit*     3 Punkte
   - ○ *genaugenommen zu üppig und zu stark gewürzt*     5 Punkte
2. Hand auf's Herz: Entfernen Sie jeden Abend Ihr Make-up bzw. waschen Sie sich gründlich?
   - ○ *nicht immer*     4 Punkte
   - ○ *ja meistens*     2 Punkte
   - ○ *immer*     0 Punkte
3. Sind Sie wirklich vorsichtig und vernünftig beim Sonnenbaden?
   - ○ *der Teint ist mir wichtiger als die Gesundheit*     5 Punkte
   - ○ *ich bin recht vorsichtig*     2 Punkte
   - ○ *ich gehe kaum in die Sonne*     1 Punkt
4. Schützen und pflegen Sie bei Wind und Wetter, bzw. starker Sonnenstrahlung auch Lippen und Hände?
   - ○ *ja*     1 Punkt
   - ○ *nein*     4 Punkte
5. Rauchen Sie?
   - ○ *stark*     5 Punkte
   - ○ *mäßig*     3 Punkte
   - ○ *gar nicht*     0 Punkte
6. Haben Sie meistens genug Schlaf?
   - ○ *meistens ja*     1 Punkt
   - ○ *unterschiedlich*     2 Punkte
   - ○ *nein, nur selten*     4 Punkte
7. Sind Sie mehr für Duschen oder Vollbäder?
   - ○ *mal so, mal so*     3 Punkte
   - ○ *Duschen*     2 Punkte
   - ○ *Vollbäder*     6 Punkte
8. Gehen Sie regelmäßig an der frischen Luft spazieren?
   - ○ *hängt vom Wetter ab*     3 Punkte
   - ○ *ja, fast täglich*     1 Punkt
   - ○ *nur selten*     5 Punkte
9. Sorgen Sie für ausreichend Bewegung und Sport?
   - ○ *ich versuche es*     2 Punkte
   - ○ *eigentlich nicht*     4 Punkte
   - ○ *ja*     0 Punkte
10. Wie alt sind Sie?
    - ○ *20 bis 30*     2 Punkte
    - ○ *über 30*     4 Punkte
    - ○ *unter 20*     1 Punkt

11. Welchen Hauttyp haben Sie?
    - ○ *fettig* — 2 Punkte
    - ○ *normal* — 1 Punkt
    - ○ *zu trocken* — 4 Punkte
12. Leben Sie auf dem Land oder in der Stadt?
    - ○ *auf dem Land* — 2 Punkte
    - ○ *in der Stadt* — 4 Punkte

**Auflösung:**

**Zu Frage 1:**

Zu scharfe oder zu fette Speisen können bei empfindlichen Personen zu Hautunreinheiten, zu Allergien oder Ausschlag führen. Unsere Haut braucht Vitamine und eine vernünftige Ernährung, um jugendlich und frisch aussehen.

**Zu Frage 2:**

Wer sein Make-up nicht gründlich entfernt, sorgt für eine Verstopfung der Hautporen, was leider Unreinheiten nach sich zieht.

**Zu Frage 3:**

Nichts beschleunigt das vorzeitige Altern und Austrocknen der Haut mehr als unvernünftiges Sonnenbaden. UV-Strahlen sollten nur in geringen Dosen und je nach Hauttyp genossen werden.

**Zu Frage 4:**

Lippen und Hände reagieren besonders empfindlich auf extreme Witterungsverhältnisse. In der kalten Jahreszeit sind fettende Lippencremes oder Pomaden sowie pflegende Substanzen für die Hände unerläßlich.

**Zu Frage 5:**

Nikotin wirkt gefäßverengend und schädigend auf die Haut. Untersuchungen in den USA haben ergeben, daß Raucherinnen im Durchschnitt 10 bis 15 Jahre älter wirken als solche Frauen, die kein Nikotin einatmen.

**Zu Frage 6:**

An der Volksweisheit vom „Schönheitsschlaf" ist mehr als ein Körnchen Wahrheit dran. Ausreichend Schlaf ist eine gute Voraussetzung dafür, daß sich die Haut während der Nacht regenerieren und entspannen kann.

**Zu Frage 7:**

Lange Vollbäder bei Temperaturen von über 40 ° trocknen die Haut aus, führen leicht zu Rötungen und belasten den ganzen Kreislauf. Besser sind Wechselduschen, die die Durchblutung der Haut anregen.

**Zu Frage 8:**

Frische Luft, vor allem auch dann, wenn es regnet, ist ein bewährtes Schönheits- und Verjüngungsmittel für die Haut, die dadurch Feuchtigkeit aufnehmen kann und ihre natürliche Spannkraft bewahrt.

**Zu Frage 9:**

Durch körperliche Bewegung läßt sich der Kreislauf in Schwung bringen, und das ist gleichzeitig das beste, was der Haut überhaupt passieren kann.

**Zu Frage 10:**

Spätestens zu Beginn des dritten Lebensjahrzehntes sollte die Hauptpflege ein fester Bestandteil der täglichen Hygiene geworden sein. Die reifere Haut braucht Feuchtigkeit und eine pflegende Nährcreme.

**Zu Frage 11:**

Fettige Haut neigt zwar besonders während der Pubertät verstärkt zur Akne, ist aber mit zunehmendem Alter günstiger als eine zu tockene Haut, die besonders leicht und früh ihre Elastizität verliert. Vor dem Beginn eines Pflegeprogramms sollte man grundsätzlich seinen Hauttyp kennen, um die passenden Präparate auswählen zu können.

**Zu Frage 12:**

Die zunehmende Verschmutzung der Luft in den Städten begünstigt nicht nur das Entstehen von Erkrankungen der Luft- und Atemwege, sondern auch von Hautkrankheiten. Gründliches Reinigen mindestens dreimal am Tag kann hier entgegenwirken.

**Punkte:**

**11 bis 26 Punkte:**

Bleiben Sie getrost bei Ihrem bisherigen Pflegeprogramm für Ihre Haut. Man sieht Ihnen an, daß Sie sich wohlfühlen in Ihrer eigenen Haut. Und sicher ist es Ihnen noch nicht passiert, daß man Sie für älter gehalten hat, als Sie tatsächlich sind. Stimmt's?

**27 bis 40 Punkte:**

Sie sollten sich einmal vor den Spiegel stellen und sich dann ganz gründlich studieren. Sind Sie wirklich mit Ihrem Aussehen zufrieden? Oder finden Sie nicht auch, daß etwas mehr Pflege und eine vernünftige Lebensweise nicht schaden könnten? Sie sehen oft müde und abgespannt aus, selbst dann, wenn Sie es gar nicht sind. Das sollte nicht sein! Etwas mehr Eitelkeit würden Ihnen recht gut zu Gesicht stehen.

**41 bis 54 Punkte**

Sie wissen es selbst: Man sieht es Ihnen an, daß Sie sich kaum einen Deut um Ihre Schönheit und Ihre Gesundheit kümmern. Ändern Sie Ihre eigene Einstellung sich selbst gegenüber, ehe Ihre Unvernunft dazu erhafte Spuren hinterlassen hat! Auch ein Besuch bei einem Dermatologen (Hautarzt) könnte nicht schaden, denn es muß eine Menge wieder gutgemacht werden.

## Sind Sie alkoholabhängig?

1. Von Ihren Eltern war starker Trinker?
   - ○ *der Vater* — 6 Punkte
   - ○ *die Mutter* — 6 Punkte
   - ○ *beide* — 8 Punkte
   - ○ *keiner* — 1 Punkt
2. Ihr Blutdruck ist
   - ○ *normal* — 2 Punkte
   - ○ *zu niedrig* — 5 Punkte
   - ○ *zu hoch* — 1 Punkt
3. Magenschleimhautentzündungen oder Magengeschwüre hatten Sie
   - ○ *noch nie* — 0 Punkte
   - ○ *mitunter* — 2 Punkte
   - ○ *häufig bis chronisch* — 5 Punkte

4. Zur Abendmahlzeit trinken Sie Alkohol
   - ○ regelmäßig                6 Punkte
   - ○ nie                       0 Punkte
   - ○ manchmal                  2 Punkte
5. Wenn Sie Auto fahren, trinken Sie
   - ○ mitunter                  3 Punkte
   - ○ grundsätzlich nie         0 Punkte
   - ○ ziemlich oft              5 Punkte
6. Am besten schmeckt Ihnen Alkohol, wenn Sie
   - ○ sich freuen               2 Punkte
   - ○ traurig sind              5 Punkte
   - ○ allein sind               4 Punkte
7. Sie trinken grundsätzlich in
   - ○ nur Gesellschaft          2 Punkte
   - ○ auch mal allein           4 Punkte
   - ○ fast nur allein           6 Punkte
8. Einen schweren Rausch haben Sie
   - ○ häufiger erlebt           5 Punkte
   - ○ noch nie erlebt           0 Punkte
   - ○ manchmal erlebt           3 Punkte
9. Wenn Sie zuviel getrunken haben, werden sie
   - ○ lustig                    3 Punkte
   - ○ traurig                   5 Punkte
   - ○ müde                      1 Punkt
10. Ihnen schmeckt mitunter ein Gläschen am Morgen
    - ○ überhaupt nicht          0 Punkte
    - ○ recht gut                3 Punkte
    - ○ mäßig gut                2 Punkte
11. Wenn Sie selbst oder andere beschwipst sind, dann finden Sie das
    - ○ abstoßend                1 Punkt
    - ○ normal                   4 Punkte
    - ○ amüsant                  3 Punkte
12. Sie trinken, weil
    - ○ es Ihnen schmeckt        2 Punkte
    - ○ aus Langeweile           4 Punkte
    - ○ aus Kummer               7 Punkte

**Auflösung:**

**Zu Frage 1:**

Es ist sehr leicht, früh am Beispiel dr Eltern den Alkoholmißbrauch regelrecht zu lernen. Mehr als ein Drittel aller Süchtigen stammen aus Familien, in denen ein oder beide Elternteile ebenfalls Trinker waren.

**Zu Frage 2:**
Neueste Theorieen neigen dazu, den Alkoholgefährdeten und einen zu niedrigen Blutdruck in Zusammenhang zu bringen.

**Zu Frage 3:**
Der chronische Alkoholmißbrauch führt nicht nur häufig zur Fettleber, sondern auch in vielen Fällen zu Magengeschwüren und chronischen Magenschleimhautentzündungen.

**Zu Frage 4:**
Selbst wenn Sie zu nur einer Mahlzeit am Tag regelmäßig Ihr „Bierchen" oder Ihr Glas Wein trinken, sind Sie bereits gefährdet, denn der Weg zum Alkoholismus führt über das gewohnheitsmäßige Trinken.

**Zu Frage 5:**
Die Bereitschaft, auch dann zu trinken, wenn Sie noch Auto fahren müssen, kündigt bereits eine verminderte Selbstkontrolle und damit den Beginn des Trinkzwangs an.

**Zu Frage 6:**
Nichts ist gefährlicher, als den Alkohol dazu zu mißbrauchen, sich eine schlechte Stimmung, das Alleinsein oder irgendein Problem einfach „wegtrinken" zu wollen.

**Zu Frage 7:**
Alkoholsüchtige zeichnen sich dadurch aus, daß sie mehr und mehr heimlich trinken.

**Zu Frage 8:**
Wer mit dem Trinken nicht mehr aufhören kann, ehe ein Rauschzustand eingetreten ist, ist bereits mehr als ein harmloser Gewohnheitstrinker!

**Zu Frage 9:**
Hatten ein, zwei Gläschen früher die Wirkung, den Betreffenden in eine fröhliche Stimmung zu versetzen, so folgt beim Süchtigen auf den Alkoholgenuß häufiger eine depressionsähnlicher Zustand.

**Zu Frage 10:**
Unterschätzen Sie nicht den morgendlichen Wunsch, „sich einen zu genehmigen"! So fängt es nämlich an.

**Zu Frage 11:**

Ihre Einstellung zum „süßen" Schwips verrät Ihre Einstellung zum Alkohol überhaupt. Normal ist ein Schwips jedenfalls nicht.

**Zu Frage 12:**

Wer aus Kummer oder Langeweile zur Flasche greift, benutzt die Wirkung des Alkohols, um einer bestimmten Situation zu entfliehen. Von dieser Tatsache bis zur Sucht ist es nicht mehr weit!

**Punkte:**

**10 bis 27 Punkte:**

Wenn Sie Ihren augenblicklichen Lebens-, und vor allem Trinkgewohnheiten beibehalten, gehören Sie nicht zu den vom Alkohol bedrohten Menschen.

**28 bis 45 Punkte:**

Vor jedem Griff zur Flasche sollten Sie eine kurze Überlegungspause einlegen. Trinken Sie im Moment zwar noch nicht, aber Sie schlucken Ihr Gläschen eine Spur zu regelmäßig und zu bedenkenlos. Jetzt ist es noch leicht, mit der Gewohnheit wieder aufzuhören. Später ist es verflixt schwer!

**46 bis 64 Punkte:**

Ist Ihnen eigentlich klar, daß Sie auf dem besten Wege sind, zum Gewohnheitstrinker und damit fast unweigerlich auch zum Alkoholiker zu werden? Nehmen Sie den Beginn Ihrer Abhängigkeit nicht auf die leichte Schulter! ein Tip: Versuchen Sie, eine ganze Woche lang nicht zu trinken. Wenn Ihnen das nicht gelingt, sollten Sie mit Ihrem Arzt ein sehr offenes Gespräch führen.

## Droht Ihnen ein Herzinfarkt?

1. Prüfen Sie Ihr Gewicht und vergleichen Sie es mit der für Ihr Geschlecht, Ihr Alter und Ihre Größe angegebenen Norm!
   - O *untergewichtig*     0 Punkte
   - O *normalgewichtig*     2 Punkte
   - O *übergewichtig*     5 Punkte

2. Hand auf's Herz! Ernähren Sie sich
   - ○ *linienbewußt* — 1 Punkt
   - ○ *fettreich* — 4 Punkte
   - ○ *fett- und kalorienreich* — 6 Punkte
3. Sie neigen zu einem Blutdruck, der
   - ○ *zu niedrig* — 0 Punkte
   - ○ *normal* — 2 Punkte
   - ○ *zu hoch ist* — 6 Punkte
4. Sie rauchen pro Tag
   - ○ *keine* — 0 Punkte
   - ○ *15-25 Zigaretten* — 4 Punkte
   - ○ *25 und mehr Zigaretten* — 7 Punkte
5. Alkohol trinken Sie
   - ○ *gar nicht* — 0 Punkte
   - ○ *mäßig* — 1 Punkt
   - ○ *regelmäßig* — 4 Punkte
6. Sie sind
   - ○ *männlich* — 5 Punkte
   - ○ *weiblich* — 3 Punkte
7. Sie hatten bisher
   - ○ *keinen Infarkt* — 1 Punkt
   - ○ *einen Infarkt* — 4 Punkte
   - ○ *mehrere Infarkte* — 7 Punkte
8. Sie sind zwischen
   - ○ *20 und 30* — 1 Punkt
   - ○ *30 und 40* — 4 Punkte
   - ○ *40 und 60* — 6 Punkte
9. Sie betätigen sich körperlich
   - ○ *gar nicht* — 5 Punkte
   - ○ *manchmal* — 3 Punkte
   - ○ *regelmäßig* — 1 Punkt
10. Sie haben einen Job, der
    - ○ *aufreibend* — 6 Punkte
    - ○ *fordernd* — 5 Punkte
    - ○ *„friedlich" ist* — 2 Punkte
11. Sie beurteilen sich selbst als
    - ○ *ausgeglichen* — 1 Punkt
    - ○ *überarbeitet* — 3 Punkte
    - ○ *supernervös* — 6 Punkte
12. Nach der Vorgeschichte Ihrer Familie neigen Sie
    - ○ *unbedingt* — 6 Punkte
    - ○ *bedingt* — 4 Punkte
    - ○ *gar nicht zum Herzinfarkt* — 1 Punkt

**Auflösung:**

**Zu Frage 1:**

Starkes Übergewicht beeinträchtigt nicht nur Ihr allgemeines Wohlbefinden und macht Sie krankheitsanfälliger, sondern ist vor allem auch eine ernsthafte und zugleich unnötige Belastung für Herz und Kreislauf!

**Zu Frage 2:**

Eine fettreiche Ernährung – vor allem, wenn Sie tierische Fette bevorzugen – führt unweigerlich zu einem erhöhten Cholesterinspiegel im Blut. Und hohe Blutfettwerte sind ein weiteres Infarktrisiko.

**Zu Frage 3:**

Bekämpfen Sie Ihren zu hohen Blutdruck und eine richtige Ernährung, ausreichend Bewegung und Medikamente! Sie vermindern damit die Infarktgefahr.

**Zu Frage 4:**

Nikotinmißbrauch ist eine gute Voraussetzung für einen frühen Herzschaden, denn der hohe Zigarettenkonsum führt zu einer Verengung der Gefäße, so daß auch das Herz nicht ausreichend mit Blut und Sauerstoff versorgt wird.

**Zu Frage 5:**

Das Gläschen in Ehren, so haben kürzliche Untersuchungen gezeigt, kann sogar Cholesterinwerte senken. Nur ein Übermaß an Alkohol ist für den Körper Gift.

**Zu Frage 6:**

Bis vor zwei, drei Jahrzehnten waren die Männer für einen Infarkt viermal anfälliger als die Frauen. Doch diese Zahl verschiebt sich durch die wachsende Doppelbelastung von so vielen Frauen, die Beruf und Haushalt bewältigen müssen, immer mehr zu Ungunsten des weiblichen Geschlechts.

**Zu Frage 7:**

Vom ersten Infarkt genesen drei von vier Patienten bei richtiger Behandlung und anschließender vernünftiger Lebensweise wieder weitgehend. Dennoch bleibt eine erhöhte Rückfallquote bestehen. Erfahrungsgemäß wird der vierte Infarkt nur äußerst selten überstanden.

**Zu Frage 8:**
Das größte Infarktrisiko liegt zwischen 40 und 60 Jahren, allerdings erschiebt sich diese Zahl immer weiter nach unten.

**Zu Frage 9:**
Eine regelmäßige körperliche Betätigung erhält Ihr Herz „jung", beugt außerdem Übergewicht und frühen Verschleißerscheinungen vor.

**Zu Frage 10:**
Der Herzinfarkt wird auch die „Managerkrankheit" genannt, weil vor allem Männer – aber auch mehr und mehr Frauen – in verantwortlichen Spitzenpositionen davon heimgesucht werden.

**Zu Frage 11:**
Seelischer Streß und nervliche Belastungen, vor allem, wenn man ihnen auf Dauer ausgesetzt ist, fördern die Infarktbereitschaft des Organismus.

**Zu Frage 12:**
Mehr oder weniger unbedingt – wenn Sie nicht vorbeugen – neigen Sie zum Infarkt, wenn beide Elternteile von dieser Erkrankung befallen wurden. Dabei ist jedoch zu bedenken, daß eine erhebliche Veranlagung allein noch nicht als ausschließliche Ursache für einen Herzinfarkt angesehen werden kann.

**Punkte:**
**12 bis 25 Punkte:**
Herzlichen Glückwunsch! Wenn die von Ihnen gemachten Angaben wirklich alle ehrlich waren, dann gehören Sie zu den Supergesunden unter uns, die wohl kaum vom Herzinfarkt bedroht sind. Immer vorausgesetzt natürlich, Sie leben auch weiterhin so vernünftig wie bisher. Aber werden Sie trotzdem nicht leichtsinnig! Regelmäßige ärztliche Untersuchungen. Auch wenn Sie finden, daß Ihnen nichts fehlt, sind anzuraten. Sie wissen ja: Vorbeugen ist besser als heilen!

**26 bis 45 Punkte:**
Zu einem ausgesprochenen Infarktkandidaten kann man Sie nun zum Glück noch nicht zählen, aber ungefährdet sind Sie auch nicht! Wie es gesundheitlich weitergeht, hängt jetzt weitgehend von Ihnen selbst, von Ihrer Vernunft und davon ab, wie genau Sie die ärztlichen Ratschläge befolgen. Denn Ihren Hausarzt aufsuchen sollten Sie auf alle Fälle. Diese Visite darf allerdings nicht als Panikmache, sondern muß als vernünftige Vorbeugung betrachtet werden.

**46 bis 69 Punkte:**

Wahrscheinlich wissen Sie es längst selbst, weigern sich jedoch, es sich ehrlich einzugestehen: Sie sind der perfekte Herzinfarktkandidat! Das muß natürlich noch keineswegs bedeuten, daß Sie unweigerlich demnächst einen Herztod erleiden, aber Grund zu einer gewaltigen Umstellung Ihrer Lebensgewohnheiten ist es durchaus! Hören Sie mit dem Rauchen auf! Nehmen Sie ab! Sorgen Sie für mehr Bewegung! Und versuchen Sie, das Leben nicht zu ernst zu nehmen! In erster Linie gilt jedoch: Sprechen Sie schon in den nächsten Tagen ausführlich mit Ihrem Arzt. Wahrscheinlich wird der Vorschlag, sofort ein EKG machen zu lassen, von ihm stammen...

# Wie gut ist Ihr Nervenkostüm?

1. Beurteilen Sie sich einmal möglichst objektiev. Wie sind Sie?
   - ○ *ausgeglichen und ruhig* — 0 Punkte
   - ○ *mal ruhig, mal nervös* — 2 Punkte
   - ○ *entsetzlich nervös* — 4 Punkte
2. Kennen Sie das, ein merkwürdiges Kribbeln in der Hand oder in den Fingern?
   - ○ *ja* — 4 Punkte
   - ○ *nein* — 0 Punkte
3. Wie sind Ihre Reflexe? Reagieren Sie bei ärztlichen Untersuchungen auf Reflexprüfungen z.B. mit einem Gummihammer auf die Kniescheibe normal?
   - ○ *ja* — 1 Punkte
   - ○ *meistens* — 2 Punkte
   - ○ *meistens nicht* — 5 Punkte
4. Haben Sie in bestimmten Teilen Ihres Körpers schon eine Empfindungslosigkeit festgestellt?
   - ○ *nein* — 0 Punkte
   - ○ *ja* — 4 Punkte
5. Leiden Sie unter Muskelschwäche oder Muskelschwund?
   - ○ *ja* — 3 Punkte
   - ○ *nein* — 1 Punkt
6. Schonen Sie sich und Ihre Nerven manchmal ganz bewußt?
   - ○ *ja* — 1 Punkt
   - ○ *nur sehr selten* — 3 Punkte
   - ○ *nein* — 4 Punkte
7. Haben Sie die Doppelbelastung von Haushalt und Kindern?
   - ○ *ja* — 4 Punkte
   - ○ *nein* — 2 Punkte

8. Sind Sie männlich oder weiblich?
   - ○ *männlich*     2 Punkte
   - ○ *weiblich*     3 Punkte
9. Haben Sie manchmal starke, migräneähnliche Schmerzen, die intensiv in einen Teil Ihres Gesichts ausstrahlen?
   - ○ *ja*     4 Punkte
   - ○ *nein*     0 Punkte
10. Kennen Sie unerklärliche Schmerzen im Arm, die mit einem, vor allem morgens auftretenden Spannungsgefühl in der Hand einhergehen?
    - ○ *nein*     2 Punkte
    - ○ *ja*     3 Punkte
11. Leiden Sie unter Stoffwechselstörungen oder Zuckerkrankheit?
    - ○ *ja*     3 Punkte
    - ○ *nein*     0 Punkte
12. Können Sie sich auf Befehl richtig entspannen?
    - ○ *ja*     0 Punkte
    - ○ *manchmal*     2 Punkte
    - ○ *nein*     4 Punkte

**Auflösung:**

**Zu Frage 1:**

Übergroße Nervosität ist ein Zeichen dafür, daß die Nerven überansprucht sind, und daß der betreffende Mensch zu sehr und zu regelmäßig belastet wird.

**Zu Frage 2:**

Nadelstichartiges Kribbeln sowie ein taubes Gefühl in den befallenen Bereichen können eine Neuritis, d.h. Nervenentzündung ankündigen.

**Zu Frage 3:**

Auch das Fehlen oder Abschwächen der Reflexe in dem befallenen Bereich zeugen von einer Neuritis.

**Zu Frage 4:**

Ist die Empfindungsfähigkeit im erkrankten Gebiet bereits erloschen, sollte unbedingt sofort ein Facharzt aufgesucht werden. Als Hilfe bei einer ersten Eigendiagnose! Das ist ein ähnliches Gefühl, wie es auftaucht, wenn ein Fuß „eingeschlafen ist.

**Zu Frage 5:**

Auffallende Muskelschwäche oder sogar Muskelschwunde im Versorgungsgebiet der befallenen Nerven ist ein alamierendes Zeichen, da es sich dabei meist um Dauerschäden handelt. Gymnastik und gezieltes therapeutisches Training können den Prozeß allerdings aufhalten.

**Zu Frage 6:**

Am besten kommen solche Menschen durch den Alltag und durch das Leben überhaupt, die ihre Nerven ganz bewußt schonen, indem Sie nicht jeden kleinen Ärger an sich herankommen lassen.

**Zu Frage 7:**

Die Doppelbelastung von Beruf und Kindern ist – so haben Untersuchungen der größten deutschen Versicherungsgesellschaft ergeben – überfordert die meisten Frauen. Die Auswirkung: Die Lebenserwartung kann um bis zu fünf Jahre sinken, vorausgesetzt, man hat nicht jenes stabile Nervenkostüm, das einen vor Schäden schützt.

**Zu Frage 8:**

Frauen neigen etwas häufiger zur Erkrankungen und Abnutzungserscheinungen des Nervensystems als Männer.

**Zu Frage 9:**

Schmerzen, die in einzelnen Partien des Gesichts ausstrahlen und häufig als Migräne mißdeutet werden, zeigen in den meisten Fällen eine Gesichtsneuralgie an, gegen die mit herkömmlichen Schmerzmitteln nichts ausgerichtet werden kann.

**Zu Frage 10:**

Schmerzen im Arm, im Handgelenk sowie ein morgentliches Spannungsgefühl in der Hand kennzeichnen eine Nervenschädigung im Gelenksbereich. Diese Form der Brachialgien kann auch durch einen Bandscheibenvorfall oder durch einen Schaden im Bereich der Halsrippen verursacht werden.

**Zu Frage 11:**

Polyneuropathien, das sind Entzündungen, von denen gleichzeitig viele Nerven betroffen sind, treten bei Diabetikern und Menschen, die unter anderen an Stoffwechselstörungen leiden, gehäuft auf.

**Zu Frage 12:**

Wer es lernt, sich auf Befehl gründlich zu entspannen, tut seinem Nervenkostüm einen großen Gefallen, weil er sich während dieser Phase immer wieder ein wenig regenerieren kann.

**Punkte:**

**8 bis 20 Punkte:**

Sie kann wirklich nichts so leicht aus der Ruhe bringen. Sie lassen die Dinge des Lebens gelassen an sich herankommen und tun damit sich, Ihrer Gesundheit sowie Ihrer Umwelt, auf die Sie Heiterkeit ausstrahlen, einen Gefallen. Um Ihr Nervenkostüm kann man Sie beneiden.

**21 bis 32 Punkte:**

Sie können, wahrscheinlich vor allem während und kurz nach dem Urlaub, ganz ruhig und gefestigt sein. Aber wehe, Sie geraten unter zu viel Streß! Dann ist es vorbei mit dieser Ruhe. Sie werden nervös, und Ihr gesamter Organismus läuft auf Hochtouren. Versuchen Sie dringend, die hohe Kunst des Sich-Entspannens zu lernen, und wenn Sie dafür Kurse über Yoga oder Autogenes Training belegen müssen. Das würde sich für Sie ganz bestimmt lohnen.

**33 bis 45 Punkte:**

Sie lassen sich von der Alltagshetze immer wieder unterkriegen und sind meistens mit den Nerven total fertig. Daß Sie da mit Beruhigungstabletten nichts erreichen können, wissen Sie wahrscheinlich selbst. Es wäre dringend ratsam, wenn Sie bald einmal einen erfahrenen Neurologen aufsuchen und sich gründlich untersuchen lassen würden.

# Sind Sie rundherum fit?

1. Rauchen Sie?
   - ○ *stark*      4 Punkte
   - ○ *wenig*      2 Punkte
   - ○ *nein*      0 Punkte

2. Wieviel Alkohol trinken Sie im Durchschnitt?
   - ○ *keinen* — 1 Punkt
   - ○ *ein, zwei Gläschen* — 3 Punkte
   - ○ *recht viel* — 5 Punkte
3. Trainieren Sie regelmäßig, bzw. betreiben Sie regelmäßig Sport?
   - ○ *nein* — 5 Punkte
   - ○ *manchmal* — 2 Punkte
   - ○ *ja* — 1 Punkt
4. Oder halten Sie sich an Ausgleichgymnastik?
   - ○ *ja* — 2 Punkte
   - ○ *nein* — 4 Punkte
5. Sind Sie nach einer anstrengenden Beschäftigung auf körperlichem Gebiet schnell außer Atem und erschöpft?
   - ○ *nein* — 0 Punkte
   - ○ *kommt vor* — 1 Punkte
   - ○ *ja* — 3 Punkte
6. Wie ist Ihr Gewicht?
   - ○ *normal* — 0 Punkte
   - ○ *zu niedrig* — 3 Punkte
   - ○ *zu hoch* — 5 Punkte
7. Gehören Sie zu jenen Leuten, die auch dann mit dem Auto zum Briefkasten fahren, wenn dieser gleich um die Ecke ist?
   - ○ *ja* — 3 Punkte
   - ○ *nein* — 0 Punkte
8. Haben Sie einen Beruf, der mit viel Bewegung verbunden ist?
   - ○ *nein* — 4 Punkte
   - ○ *ja* — 0 Punkte
   - ○ *nein* — 4 Punkte
9. Finden Sie, daß Sie noch immer die gleiche Beweglichkeit haben wie vor fünf oder zehn Jahren?
   - ○ *ja*
   - ○ *nein*
10. Erholen Sie sich nach einer Krankheit schnell wieder?
    - ○ *nein* — 6 Punkte
    - ○ *unterschiedlich* — 2Punkte
    - ○ *ja* — 1 Punkt
11. Wie ist Ihre Haut?
    - ○ *grau und müde* — 4 Punkte
    - ○ *unauffällig* — 2 Punkte
    - ○ *rosig und frisch* — 0 Punkte
12. Nach wie vielen Tagen haben Sie sich normalerweise am Urlaubsort eingelebt, so daß Sie hundertprozentig abschalten können?
    - ○ *ja, zwei bis drei Tage* — 3 Punkte
    - ○ *sofort* — 1 Punkte
    - ○ *nach einer Woche* — 6 Punkte

**Auflösung:**

**Zu Frage 1:**

Gerade bei Frauen – so haben Untersuchungen ergeben – kann starkes Rauchen den natürlichen Alterungsprozeß um bis zu zehn Jahren beschleunigen.

**Zu Frage 2:**

Während eine sehr geringe Menge Alkohols Wohlbefinden und Kreislauf unterstützen, schwächen übermäßiger Genuß nicht nur den Allgemeinzustand, sondern auch die Fitness, von den Suchtgefahren einmal ganz zu schweigen.

**Zu Frage 3:**

Nur wer regelmäßig Sport treibt, bleibt ein Leben lang fit und rüstig. Wer lange „geruht"! hat, sollte jedoch mit einem vorsichtigen Training beginnen.

**Zu Frage 4:**

Gymnastik ist ein guter Weg, um die Beweglichkeit des Körpers zu erhalten. Aber auch sie hat nur dann den gewünschten Erfolg, wenn sie regelmäßig durchgeführt wird.

**Zu Frage 5:**

Wer nach einer Anstrengung schnell außer Atem ist, sollte es sich eingestehen: Ich bin keineswegs fit und belastbar!

**Zu Frage 6:**

Übergewicht ist eine Belastung für den gesamten Organismus, für Herz und Kreislauf. Aber auch Magerkeit ist kein erstrebenswertes Ideal, denn fit bleibt man bei ständigen Diäten bestimmt nicht.

**Zu Frage 7:**

Das Auto, so wissen Wissenschaftler längst, hat viel mit dazu beigetragen, daß wir zu bequem geworden sind.

**Zu Frage 8:**

Eine sitzende Beschäftigung verlangt danach, daß man ihr durch Sport und Gymnastik entgegenwirkt, will man nicht durch Fettpölsterchen, eine Verschlechterung des Allgemeinzustandes sowie einen Mangel an Fitness dafür bezahlen.

**Zu Frage 9:**

Testen Sie einmal, wie beweglich Sie jetzt wirklich noch sind. Berühren Sie beispielsweise bei durchgedrückten Knie mit den Fingerspitzen den Boden.

**Zu Frage 10:**

Wer eine lange Rekonvaleszenz braucht, signalisiert: Mein Körper ist keineswegs fit, sondern erholungsbedürftig.

**Zu Frage 11:**

Unsere Haut ist nicht nur ein Stimmungs- sondern auch ein Gesundheitsbarometer. Sehen Sie einmal aufmerksam in den Spiegel, wenn Sie wissen wollen, wie gut es Ihnen wirklich geht.

**Zu Frage 12:**

Wer lange braucht, um am Urlaubsort abzuschalten, und um sich einzuleben, ist bestimmt nicht auf seinem gesundheitlichen Höchststand. Bedenken Sie: Sie brauchen mindestens drei zusammenhängende Wochen Urlaub, damit sich der Organismus richtig regenerieren kann.

**Punkte:**

**7 bis 20 Punkte:**

Sie gehören zur Ausnahme. Sie sind rundherum fit und fühlen sich wahrscheinlich dementsprechend wohl. Sicher ist Ihnen schon aufgefallen, daß man Sie im allgemeinen für jünger hält, als Sie tatsächlich sind. Leben Sie so weiter, dann werden Sie aicu in hohem Alter noch Ausstrahlungskraft und Spaß am Leben haben!

**21 bis 35 Punkte:**

Bei Ihnen kommt der Vorsatz, wieder einmal mehr für die Fitness zu tun, anfallsweise – so daß Sie dann eine Weile recht aktiv sind. Und obwohl Sie schnell spüren, wie gut Ihnen das tut, fallen Sie danach wieder in die alte Bequemlichkeit zurück. Das ist schade, denn Sie hätten bestimmt das Zeug dazu, dem Alter ein Schnippchen zu schlagen.

**36 bis 53 Punkte:**

Natürlich sagt man Ihnen nichts Neues, wenn man behauptet, Sie würden Raubbau mit Ihren Kräften treiben, indem Sie diese ungenutzt lassen. Sie machen sich das Leben wirklich zu bequem. Und das, obwohl Sie sich bei dieser ruhigen Masche selbst nicht wohl fühlen. Wahrscheinlich leiden Sie auch unter Übergewicht und dazu, jetzt schon zu resignieren. Lassen Sie sich von einem guten Arzt wertvolle Ratschläge über Ernährung und Bewegung geben! Und befolgen Sie diese auch!

# Sind Sie wetterfühlig?

1. Haben Sie häufig Kopfschmerzen?
    - ○ *nein* — 1 Punkt
    - ○ *ja* — 3 Punkte
    - ○ *ziemlich häufig* — 2 Punkte
2. Sind Sie männlich oder weiblich?
    - ○ *männlich* — 2 Punkte
    - ○ *weiblich* — 4 Punkte
3. Sind Sie durch Ihren Beruf dazu gezwungen, im Gegensatz zu Ihrer biologischen Uhr zu leben, d. h. durch Schichtarbeit beispielsweise tagsüber zu schlafen und nachts zu arbeiten
    - ○ *ich mache regelmäßig Schichtdienst* — 6 Punkte
    - ○ *ich mache nie Schichtdienst* — 1 Punkt
    - ○ *ich mache manchmal Schichtdienst* — 4 Punkte
4. Wie reagieren Sie auf Föhn?
    - ○ *mit Kopfschmerzen* — 3 Punkte
    - ○ *mit Nervosität* — 2 Punkte
    - ○ *gar nicht* — 1 Punkt
5. Fühlen Sie sich auch in extremen Höhenlagen noch wohl?
    - ○ *unterschiedlich* — 4 Punkte
    - ○ *ja* — 2 Punkte
    - ○ *nein, mein Kreislauf macht mir dann Schwierigkeiten* — 6 Punkte

6. Kriegen Sie meistens genug Schlaf?
    - ○ *nur selten* — 2 Punkte
    - ○ *fast nie* — 4 Punkte
    - ○ *ja meistens* — 1 Punkt
7. Sind Sie ein empfindlicher, leicht reizbarer Typ?
    - ○ *nein* — 0 Punkte
    - ○ *ja* — 3 Punkte
8. Stehen Sie normalerweise unter Streß?
    - ○ *ja* — 3 Punkte
    - ○ *manchmal* — 2 Punkte
    - ○ *nein* — 1 Punkt
9. Sind Sie magenempfindlich?
    - ○ *nein* — 1 Punkt
    - ○ *ja* — 3 Punkte
10. Wie ist Ihr Kreislauf?
    - ○ *sehr schlecht* — 4 Punkte
    - ○ *etwas schwach* — 2 Punkte
    - ○ *gut* — 0 Punkte
11. Spüren Sie Witterungsumschwünge, Gewitter oder Schneefälle im voraus?
    - ○ *ja* — 5 Punkte
    - ○ *fast nie* — 2 Punkte
    - ○ *nein* — 0 Punkte
12. Kennen Sie das, daß Sie plötzlich scheinbar grundlos schlapp machen?
    - ○ *nein* — 1 Punkt
    - ○ *ja* — 6 Punkte

**Auflösung:**

**Zu Frage 1:**

Regelmäßige Kopfschmerzen, wenn Sie nicht durch einen ungesunden Lebenswandel oder eine Krankheit bedingt sind, zwigen fast immer eine extreme Wetterfühligkeit an.

**Zu Frage 2:**

Frauen leiden fast doppelt so häufig wie Männer unter dem Wetter. Auch wird ihre monatliche Blutung von den jeweiligen Mondphasen beeinflußt.

**Zu Frage 3:**

Wer gegen seine biologische Uhr lebt, ist ganz allgemein anfälliger.

## Zu Frage 4:

Ärzte raten Menschen mit einem labilen Kreislauf von Reisen in extreme Höhenlagen ab. Auch Infarktgefährdete sollten das „Gipfelstürmen" meiden.

## Zu Frage 5:

Föhnfühligkeit stellt sich aus bisher unbekannten Gründen meistens erst zwei, drei Jahre nach der Ansiedlung in einem föhngeplagten Gebiet ein.

## Zu Frage 6:

Ausreichend Schlaf stärkt die gesamte Konstitution und beugt somit auch der Wetterfühligkeit vor.

## Zu Frage 7:

Wer sich von den alltäglichen Dingen des Lebens leicht aus der Ruhe bringen läßt, reagiert meistens auch empfindlich auf Witterungsumschwünge. Wetterfühligkeit kann in vielen Fällen auch zu den psychosomatischen Beschwerden gerechnet werden, dann nämlich, wenn seelische Ursachen die Überempfindlichkeit bedingen.

## Zu Frage 8:

Ein gestreßter Mensch ist auch immer ein anfälliger Mensch. Ständige Hetze kann auch bei wenig empfindlichen Menschen zur Wetterfühligkeit führen.

## Zu Frage 9:

Meistens geht das Hand in Hand: Magenempfindlichkeit und Wetterfühligkeit.

## Zu Frage 10:

Ein labiler Kreislauf reagiert fast immer auf Witterungsumschwünge. Vor allem die gedrückte Stimmung vor einem Gewitter führt leicht zu Schwindelanfällen und Unwohlsein.

## Zu Frage 11:

Wer Witterungsumschwünge schon im voraus spürt, sollte versuchen, sich zu schonen. Es ist beispielsweise dann nicht ratsam Auto zu fahren, weil das Konzentrationsvermögen vermindert wird.

**Zu Frage 12:**

Ein scheinbar grundloses Schlappmachen ist in vielen Fällen auf drastische Wetterveränderungen zurückzuführen. Es muß gleichzeitig als Alarmzeichen gewertet werden, weil es einen schlechten Allgemeinzustand signalisiert.

**Punkte:**

**11 bis 25 Punkte:**

Sie haben ein positives, ausgeglichenes Naturell und sind darüberhinaus von robuster Gesundheit. Ein Gewitter kann Sie ganz bestimmt nicht aus den Schuhen kippen. Leben Sie weiterhin so vernünftig. Dann wird Ihnen das Wetter nie etwas anhaben können.

**26 bis 39 Punkte:**

Ihre Stimmungslage, Ihr Gemützustand und Ihr allgemeines Wohlbefinden werden durchaus vom Wetter beeinflußt. Sie sind ausgesprochen fröhlich und unternehmungslustig, wenn die Sonne von einem wolkenlosen Himmel scheint. Ihre gedrückte Stimmung vor einem Gewitter ist auf den Lufthochdruck zurückzuführen. Weniger wetterfühlig wären Sie, wenn Sie weniger unter Streß stehen würden und darüberhinaus gezielt gesünder leben würden.

**40 bis 48 Punkte:**

Sie sind leider extrem wetterfühlig und haben wahrscheinlich auch oft mit Kopfschmerzen zu tun. Es könnte nicht schaden, eine gründliche Generaluntersuchung zu veranlassen. Mitunter sind diese Beschwerden auf eine Organschwäche zurückzuführen, die behandelt werden muß. Danach würden Sie sich in jeder Beziehung und bei jedem Wetter besser fühlen.

## Neigen Sie zu Kopfschmerzen oder Migräne?

1. Sind Sie männlich oder weiblich?
   - O *männlich*     2 Punkte
   - O *weiblich*     4 Punkte
2. Gehen Sie regelmäßig zu zahnärztlichen Untersuchungen?
   - O *nur, wenn ich Schmerzen habe*     2 Punkte
   - O *ja, regelmäßig*     0 Punkte
   - O *nur selten*     4 Punkte

3. Leiden Sie häufig an seelischen Störungen?
   - O *eigentlich nicht* — 1 Punkt
   - O *ja, manchmal* — 3 Punkte
   - O *leider sehr oft* — 5 Punkte
4. Lassen Sie Ihre Augen regelmäßig untersuchen?
   - O *ja* — 0 Punkte
   - O *nein* — 5 Punkte
   - O *alle 1 bis 2 Jahre* — 3 Punkte
5. Neigen Sie zu Allergien?
   - O *ja* — 3 Punkte
   - O *nein* — 0 Punkte
6. Hatten schon Ihre Eltern häufig Kopfschmerzen oder Migränen?
   - O *ein Elternteil* — 2 Punkte
   - O *kein Elternteil* — 0 Punkte
   - O *beide Elternteile* — 3 Punkte
7. Stehen Sie normalerweise unter Streß?
   - O *nein* — 0 Punkte
   - O *ja* — 5 Punkte
   - O *manchmal* — 2 Punkte
8. Wie würden Sie Ihren Allgemeinzustand bezeichnen?
   - O *als mäßig* — 2 Punkte
   - O *als gut* — 1 Punkt
   - O *als schlecht* — 4 Punkte
9. Leiden Sie häufig an Ohrenschmerzen?
   - O *ja* — 3 Punkte
   - O *nein* — 0 Punkte
10. Sind bei Ihnen schon einmal Übelkeit und Erbrechen gemeinsam mit Kopfschmerzen aufgetreten?
    - O *ja* — 4 Punkte
    - O *nein* — 0 Punkte
11. Ist bei Ihnen schon einmal eine neurologische Untersuchung vorgenommen worden?
    - O *nein* — 3 Punkte
    - O *ja* — 0 Punkte
12. Nehmen Sie bei Kopfschmerzen sofort und regelmäßig Schmerztabletten?
    - O *ja* — 5 Punkte
    - O *nur bei sehr starken Beschwerden* — 3 Punkte
    - O *ich nehme fast nie Medikamente* — 1 Punkt

**Auflösung:**

**Zu Frage 1:**

Frauen leiden fast doppelt so häufig an Kopfschmerzen und Migräne wie Männer.

**Zu Frage 2:**

Oft kann ein Schaden im Zahn- oder Kieferbereich für anhaltende Kopfschmerzen verantwortlich sein.

**Zu Frage 3:**

Seelische Störungen können zu einer Verengung der Gefäße führen und damit Kopfschmerzen auslösen.

**Zu Frage 4:**

Wer schlecht sieht, überanstrengt seine Augen und beschwört damit auch Kopfschmerzen herauf.

**Zu Frage 5:**

Kopfschmerzen können durch Allergien hervorgerufen werden. Sie verschwinden dann erst wieder, wenn die Allergene gefunden und beseitigt wurden.

**Zu Frage 6:**

Kopfschmerzen setzen eine anlagebedingte Bereitschaft voraus, so daß häufig mehrere Familienmitglieder darunter leiden.

**Zu Frage 7:**

Streß führt leicht zu Verkrampfungen im Schulter-und Nackenbereich, was hier wiederum die Anfälligkeit für Kopfschmerzen erhöht.

**Zu Frage 8:**

Ein schlechter Allgemeinzustand setzt die gesamte Widerstandskraft des Organismus herab. Somit können auch Kopfschmerzen oder Migräne leichter auftreten. Aber auch Witterungseinflüsse spielen bei vielen Menschen eine Rolle

**Zu Frage 9:**

Erkrankungen der Organe in der Schädelregion kündigen sich häufig durch Kopfschmerzen an.

### Zu Frage 10:

Wenn zu den Kopfschmerzen Übelkeit und Erbrochen kommen, handelt es sich in den meisten Fällen um eine Migräne, die auf normale Schmerzmittel nicht anspricht.

### Zu Frage 11:

Ein Neurologe kann feststellen, ob es sich bei der Kopfschmerzursache um eine erste Allgemein- oder Hirnkrankheit, oder um eine unbedeutende oder seelische Störung handelt.

### Zu Frage 12:

Wer ständig zu schmerzstillenden Mitteln greift, entwickelt nicht nur im Laufe der Zeit eine Resitenz – d.h. die Mittel werden wirkungslos – sondern kann sich dadurch auch ernsthafte Körperschäden zuziehen.

### Punkte:

### 6 bis 20 Punkte:

Sie gehören zu jener beneidenswerten Gruppe von Menschen, die nur äußerst selten unter Kopfschmerzen oder einer Migräne zu leiden haben. Ihre Grundeinstellung dem Leben gegenüber ist positiv. Sie nehmen die Dinge nicht zu schwer und tun Ihre Gesundheit dadurch einen großen Gefallen. Auch zu seelisch bedingten Beschwerden anderer Natur neigen Sie nicht. Erhalten Sie sich die Fähigkeit, über den Dingen zu stehen.

### 21 bis 35 Punkte:

Daß Sie einen recht hektischen Alltag haben, wissen Sie ja selbst; und daß damit Ihre recht häufigen Kopfschmerzen zumindest zum Teil zusammenhängen, ist Ihnen auch klar. Versuchen Sie, in Ihrer Freizeit mehr an der frischen Luft zu sein. Treiben Sie mehr Sport! Suchen Sie Entspannung! Und lassen Sie auch Ihre Zähne und Ihre Augen gründlich untersuchen.

### 36 bis 48 Punkte:

Ihre Kopfschmerzen sind oft unerträglich. Wahrscheinlich kennen Sie keine triftigen Gründe für diese so häufigen Beschwerden. Deshalb sollten Sie einmal eine neurologische Untersuchung durchführen lassen. Auch ist eine Gesamtüberprüfung durch einen praktischen Arzt anzuraten, denn Ihr Allgemeinzustand könnte ebenfalls besser sein.

# Schlafen Sie gut?

1. Wie sieht Ihre übliche Abendmahlzeit aus?
   - ○ *leicht verdaulich und bekömmlich* — 1 Punkt
   - ○ *ganz unterschiedlich, mal leicht, mal schwer* — 3 Punktt
   - ○ *abends schmeckt es mir immer am besten* — 5 Punkte
2. Trinken Sie abends meist Alkohol oder spät noch Kaffee?
   - ○ *nein, beides nur selten* — 1 Punkt
   - ○ *Alkohol meistens* — 3 Punkte
   - ○ *regelmäßig Kaffee* — 4 Punkte
   - ○ *sogar beides* — 6 Punkte
3. Haben Sie vor kurzer Zeit einen längeren Urlaub gemacht?
   - ○ *leider nicht* — 4 Punkte
   - ○ *ja, aber einen kurzen* — 3 Punkte
   - ○ *ja, drei Wochen lang* — 0 Punkte
4. Gehen Sie im allgemeinen dann ins Bett, wenn das Fernsehprogramm beendet ist?
   - ○ *ja, im allgemeinen* — 4 Punkte
   - ○ *nein, das ist davon völlig unabhängig* — 1 Punkt
5. Lesen Sie meistens noch im Bett?
   - ○ *nur sehr selten* — 3 Punkte
   - ○ *meistens* — 2 Punkte
   - ○ *fast immer* — 1 Punkt
6. Ist Ihr normaler Alltag im allgemeinen hektisch?
   - ○ *sehr hektisch* — 4 Punkte
   - ○ *unterschiedlich* — 2 Punkte
   - ○ *fast zu ruhig* — 5 Punkte
7. Gehören Sie zu jenen Menschen, die den Tag beschaulich und geruhsam ausklingen lassen?
   - ○ *nein* — 4 Punkte
   - ○ *ja* — 0 Punkte
8. Schlafen Sie, egal welches Wetter gerade herrscht, bei geöffnetem Fenster?
   - ○ *ja* — 0 Punkte
   - ○ *nur im Sommer* — 2 Punkte
   - ○ *nur selten* — 5 Punkte
9. Was halten Sie für ein normales und für Sie ausreichendes Schlafen?
   - ○ *acht Stunden*
   - ○ *mehr als acht Stunden* — 5 Punkte
   - ○ *fünf bis sieben Stunden* — 4 Punkte
10. Würden Sie sich selbst als einen Morgen- oder einen Abendmenschen bezeichnen
    - ○ *weiß ich nicht* — 0 Punkte
    - ○ *Morgenmensch* — 1 Punkt
    - ○ *Abendmensch* — 3 Punkte

11. Wenn es mit Ihrem Partner zu Streit kommt, versöhnen Sie sich dann möglichst wieder vor dem Zubettgehen?
    - ○ grundsätzlich — 1 Punkt
    - ○ manchmal — 3 Punkte
    - ○ meistens nicht — 5 Punkte

12. Können Sie gut abschalten und auch alle beruflichen Dinge aus Ihrem Hirn verbannen, wenn Sie entpsannen wollen?
    - ○ mäßig gut — 2 Punkte
    - ○ gar nicht — 4 Punkte
    - ○ ja, ausgezeichnet — 0 Punkte

**Auflösung:**

**Zu Frage 1:**

Ein „voller Bauch studiert" nicht nur ungern, er gibt auch ungern Ruhe. Essen Sie abends ganz besonders leicht und bekömmlich – Ihrer Linie und Ihrem Schlaf zuliebe.

**Zu Frage 2:**

Viele Menschen glauben, Alkohol beruhigt und fördert dadurch die Einschlafbereitschaft. Das ist jedoch falsch. Alkohol Ist – auch wie Kaffee – ein Stimulus, der Sie nur aufdreht und keineswegs besänftigt.

**Zu Frage 3:**

Wenn sich Ihr Körper seit langer Zeit nicht mehr gründlich entspannen und regenerieren konnte, dann sinkt auch die Bereitschaft der überspannten Nerven, abends Ruhe zu geben.

**Zu Frage 4:**

Das abendliche Fernsehen, auch wenn es einlullend erscheint, ist – so haben Schlafwissenschaftler längst festgestellt – in vielen Fällen für die Einschlafschwierigkeiten verantwortlich, weil es den Menschen oft aufregt und emotional anspannt.

**Zu Frage 5:**

Pauschal kann nicht behauptet werden, daß das Lesen vor dem Einschlafen für einen guten Schlaf sorgt. Es kommt dabei nämlich auf die Art der Lektüre an. Krimis – ähnlich wie TV-Western oder ähnliches – fördern mit Sicherheit nicht die Bereitschaft, Ruhe zu finden.

**Zu Frage 6:**
Menschen, die den ganzen Tag unter Streß stehen, schaffen es oft nur schwer, abends Ruhe zu finden. Andererseits sind Schlafstörungen bei solchen Männern und Frauen am häufigsten, die zu wenig ausgelastet sind, die sich langweilen und nicht gefordert werden. Der Organismus zeigt dann begreiflicherweise auch keine Ermüdungserscheinungen.

**Zu Frage 7:**
Die regelmäßige Sauerstoffzufuhr erhöht die Ein- und Durchschlafbereitschaft. Öffnen Sie Ihre Fenster auch dann, wenn es draußen kalt ist, wenigstens einen Spalt breit!

**Zu Frage 8:**
Die Hektik des Alltags fällt von Ihnen ab, wenn Sie Ihren Tag ganz bewußt ruhig ausklingen lassen. Gesteigerte Aktivität vor dem Einschlafen ist der Schlafbereitschaft keineswegs zuträglich.

**Zu Frage 9:**
Es ist unmöglich, generelle Schlafregeln aufzustellen. Das Schlafbedürfnis einzelner Menschen ist völlig unterschiedlich. Als Faustregel gilt jedoch, daß der Mensch mit zunehmendem Alter weniger Schlaf braucht.

**Zu Frage 10:**
Wenn Sie morgens voller Tatendrang (und guter Laune) sind, dann ist das ein Zeichen dafür, daß Sie gut und ausreichend lange geschlafen haben. Menschen, die erst abends hyperaktiv werden, haben es häufig schwer, aus diesem angespannten Zustand heraus in den Schlaf zu finden.

**Zu Frage 11:**
Sie sollten Ärgernisse und Auseinandersetzungen nie mit in die Nacht nehmen! Das vermindert nicht nur die Einschlaffähigkeit erheblich, sondern läßt auch den Streit leicht in unangemessenen Proportionen erscheinen.

**Zu Frage 12:**
Sich zu entspannen und bewußt abzuschalten kann man lernen. Versuchen Sie es doch einmal mit Yoga oder einer anderen, von einem Fachmann vermittelten Entspannungstherapie wie Autogenes Training oder Akupressur.

**Punkte:**
**10 bis 25 Punkte:**
Um Ihren guten Schlaf sind Sie zu beneiden. Sie kennen es wahrscheinlich gar nicht, daß Sie ruhelos in Ihrem Bett liegen und sich von einer Seite auf die andere wälzen. Wenn Sie weiterhin so vernünftig leben, werden Sie diese Erfahrung nie zu machen brauchen.

**26 bis 40 Punkte:**
Einschlafschwierigkeiten sind Ihnen durchaus ein Begriff. Aber haben Sie sich schon einmal überlegt, ob Sie sich einfach zu viel Schlaf abverlangen? Vielleicht gehören Sie zu jenen Menschen, die mit sechs bis sieben Stunden völlig auskommen. Versuchen Sie's mal!

**41 bis 53 Punkte:**
Die Nächte werden Ihnen häufig zur Qual. Aber andererseits unternehmen Sie auch nichts, um an diesem Zustand etwas zu ändern. Gehen Sie ruhig an den Abend heran. Lassen Sie die Schlaftabletten weg! Versuchen Sie es einmal mit warmen Tee und einem heißem Bad statt der Fernsehkrimis. Und sprechen Sie offen mit Ihrem Arzt über Ihr Problem!

## Ist Ihr Kreislauf okay?

1. Mal ehrlich: Wie ist Ihr Gewicht?
   - ○ *normal* — 1 Punkt
   - ○ *zu hoch* — 4 Punkte
   - ○ *zu niedrig* — 3 Punkte
2. Sind Sie weiblich oder männlich?
   - ○ *männlich* — 2 Punkte
   - ○ *weiblich* — 4 Punkte
3. Sind Sie
   - ○ *starker Raucher* — 5 Punkte
   - ○ *schwacher Raucher* — 3 Punkte
   - ○ *Nicht-Raucher* — 1 Punkt
4. Ernähren Sie sich gesundheits- und linienbewußt?
   - ○ *nein* — 6 Punkte
   - ○ *manchmal* — 4 Punkte
   - ○ *immer* — 1 Punkt
5. Haben Sie im Laufe eines normalen Tages ausreichend Bewegung?
   - ○ *ja* — 0 Punkte
   - ○ *nein* — 3 Punkte
6. Sind Sie vorbelastet, indem Ihre Eltern ebenfalls über Kreislaufschwäche klagten?
   - ○ *kein Elternteil* — 0 Punkte
   - ○ *ein Elternteil* — 2 Punkte
   - ○ *beide Elternteile* — 5 Punkte
7. Sie trinken Alkohol
   - ○ *mäßig* — 1 Punkt
   - ○ *stark* — 4 Punkte
   - ○ *gar nicht* — 0 Punkte

8. Stehen Sie häufig unter Streß?
   - ○ *ja immer* — 5 Punkte
   - ○ *manchmal* — 3 Punkte
   - ○ *fast nie* — 1 Punkt
9. Passiert es Ihnen, daß Sie zu schnell aufstehen und dann plötzlich ein Flimmern vor den Augen haben und einen Halt brauchen, wenn Sie nicht umfallen wollen?
   - ○ *ja häufig* — 5 Punkte
   - ○ *manchmal* — 3 Punkte
   - ○ *nein, nie* — 4 Punkte
10. Machen Sie Morgengymnastik?
    - ○ *regelmäßig* — 1 Punkt
    - ○ *manchmal* — 3 Punkte
    - ○ *nein, nie* — 4 Punkte
11. Merken Sie, daß ein Glas Sekt Sie merklich belebt?
    - ○ *ja* — 4 Punkte
    - ○ *nein* — 2 Punkte
12. Ermüden Sie rasch, wenn Sie sich anstrengen oder konzentrieren?
    - ○ *ja, sehr schnell* — 5 Punkte
    - ○ *nein, ich bin ziemlich belastbar* — 1 Punkt

**Auflösung:**
**Zu Frage 1:**
Mit einem starken Übergewicht wird die Pumparbeit des Herzens erheblich belastet. Kreislauf- und Durchblutungsstörungen sind dann keine Seltenheit.
**Zu Frage 2:**
Während die Männer im Durchschnitt sehr viel häufiger vom Herzinfarkt bedroht sind als die Frauen, leiden die Frauen rund dreimal so oft an Kreislaufschwächen wie die Vertreter des männlichen Geschlechts.
**Zu Frage 3:**
Nikotin wirkt gefäßverengend. Kein Wunder, daß starke Raucher besonders oft an Kreislaufstörungen leiden.
**Zu Frage 4:**
Eine falsche Ernährung, die u.a. erhöhte Blutfettwerte bedingen kann, unterstützt auch eine frühzeitiges Verkalken der Arterien und damit das Entstehen von Durchblutungsstörungen und Kreislaufschwächen.
**Zu Frage 5:**
Bewegung – vor allem das Laufen und Schwimmen, bei dem der gesamte Körper trainiert wird – ist ein ausgezeichnetes Mittel, die Zirkulation anzuregen. Ähnlich erfolgreich: morgentliche Wechselduschen, die gleichzeitig abhärten.
**Zu Frage 6:**
Es vererbt sich zwar nicht der Kreislauf als solcher, aber da Eß- und andere Lebensgewohnheiten oft übertragen werden, treten Kreislaufprobleme in manchen Familien gehäuft auf.

**Zu Frage 7:**
Ständiger Alkoholmißbrauch belastet den ganzen Körper. Erste Folgeerscheinungen, von der Abhängigkeit abgesehen, sind häufig Magengeschwüre und Kreislaufschwächen.

**Zu Frage 8:**
Ein Übermaß an Streß, so haben Mediziner festgestellt, ist eine norme Belastung für Herz und Kreislauf. Entspannung, genügend Urlaub und Ausgleichssport können diese Belastung zum Teil wieder wettmachen.

**Zu Frage 9:**
Wenn Sie mit Schwindelanfällen auf plötzliches Aufstehen reagieren, dann ist das ein sicheres Zeichen für eine akute Kreislaufschwäche. Also langsam aufstehen. Morgens erst eine Weile am Bettrand sitzen und tief durchatmen.

**Zu Frage 10:**
Morgengymnastik ist ein ausgezeichnetes Mittel, einen müden Kreislauf in Schwung zu bringen. Kurz nach dem Aufstehen ist der Blutdruck nämlich am niedrigsten und kann ein Aufmöbeln gut vertragen.

**Zu Frage 11:**
Viele Ärzte verschreiben ein Glas Sekt täglich für sehr kreislaufschwache Menschen. Aber auch ein starker Kaffee wirkt belebend. Kreislaufschwache sollten also nie ohne ein Frühstück aus dem Haus gehen.

**Zu Frage 12:**
Auch eine leichte Ermüdbarkeit, nicht selten mit Reizbarkeit gekoppelt, deutet auf einen sinkenden Blutdruck hin. Hier helfen etwas Bewegung, eine Wechseldusche, ein Kaffee oder ein Schluck Sekt.

**Punkte:**
**10 bis 25 Punkte:**
Ihr Kreislauf ist offensichtlich tip-top in Ordnung. Seien Sie dankbar dafür, denn das sorgt u.a. auch für Energie und Unternehmungslust. Leben Sie weiterhin vernünftig, damit Sie diese gesundheitlichen Vorteile wahren können! Trotzdem sind regelmäßige Untersuchungen natürlich auch für Sie angebracht.

**26 bis 40 Punkte:**
Es liegt noch in Ihrer Hand, ob Sie zu den wirklich Kreislaufschwachen gezählt werden müssen oder nicht. Jetzt können Sie noch durch die geeigneten Maßnahmen wie Wechselduschen, Sport, eine richtige Ernährung und auch ansonsten eine vernünftige Lebensweise dafür sorgen, daß Ihr Kreislauf wieder auf Vordermann kommt. Fangen Sie bald mit diesem Programm an!

**41 bis 54 Punkte:**
Um Ihren Kreislauf ist es wirklich nicht gut bestellt. Wahrscheinlich ist das morgentliche Aufstehen für Sie eine Qual. Tun Sie etwas dagegen. Ihre Lebensweise kann doch noch geändert werden. Und vergessen Sie nicht, Ihrem Arzt über Ihr Problem zu informieren. Schließlich gibt es kreislaufstützende Mittel.